KB203060

산당들을 폐하라

극우적 대중정치의 장소들에 대한 정치비평

박근혜 · 이명박 시대
**극우적 대중정치의
장소들에 대한
정치비평적**
성서 읽기

산당들을 폐하라

도지개 기획
김진호 지음

동연

산당을 폐하라
극우적 대중정치의 장소들에 대한 정치비평

나는 우리 시대의 보수주의가 극우주의적 성격을 띠고 있고, 특히 박근혜 정부 시대에 그 절정을 드러내고 있는 현실에 문제를 느낀다. 극우주의는 누군가를 향해 분노하고 배척하며 공격적 행동을 하도록 부추기고 있기 때문이다. 기업가적 정신을 강조했던 MB 정부도 실상은 이윤 중심적 실용성을 추구하기보다는 집권 기간 내내 신냉전주의적 이념 정치에 몰두했는데, 그것은 MB 정권 내에도 극우주의적 세력이 강력한 정치력을 구사했던 점과 무관하지 않다. 또한 그렇게 보수주의 정치가 극우적으로 재구성되고 더 강화되는 것을 적극적으로 지지하는 시민사회의 흐름이 있다는 점도 주목하지 않을 수 없다.

내가 보기엔 이것은 한국의 보수주의 안에는 일종의 사회적 유전자로서 '극우적 보수주의'가 뿌리 깊게 형성되어 있기 때문이다. 그리고 이런 극우적 유전자의 안착을 살피려면 무엇보다도 한국 개신교를 들여다 볼 필요가 있다. 여러 요인들이 복합적으로 작용하였지만 무엇보다도 한국 개신교가 이 점에서 가장 중요한 행위자였기 때문이다. 내가 준비하고 있는 다음 책은 바로 이것에 관한 것이다.

하지만 이 책은 전(前) 역사가 아니라 '지금 여기'의 현상에 초점을 두고 있다. 그것은 한국의 극우적 유전자가 '최근' 강력하게 활성화되고 있기 때문이다. MB 정부 시대와 박근혜 정부 시대에 말이다. 이러한 극우주의적 활성화의 사회적이고 종교적인 맥락을 읽어내고 비평하는 것이 이 책의 관심거리다. '종교적'인 비평이 필요한 것은 극우주의가 기본적으로 비성찰적인 종교성을 지니고 있기 때문이고, 특히 한국에서 그것은 개신교와 깊이 얽혀 있기 때문이다. 그런 점에서 여기서의 종교성은 개신교적 종교성이라고 하는 게 더 적절하다.

나는 극우주의적 유전자가 활성화되는 장소를 '극우적 대중정치의 장소들'이라고 불렀다. 가장 대표적인 것은 극우적인 대형교회 예배 현장이다. 성서에는 이렇게 대중을 호도하고 폭력적이게 하는 장소를 가리킬 때 '산당'이라는 표현을 썼다. 그런 점에서 이 책에서 나는 오늘의 '산당들'을 비평하려 한다. 그런데 나의 비평은 새로운 해석체계를 만들기보다는 독자들과 대화를 나누려는 데 목적을 두었다. 그런 점에서 나의 비평은 산당들에 대한, 그것의 형성과 작동에 관한 하나의 비판적 스케치다.

성서의 산당들을 철폐해야 하는 이유

'산당'(山堂)으로 번역된 히브리어 '바마'(bamah)는 제1성서(구약성서)에서 80회 이상 등장하는데, 거의 모든 경우에 극단의 부정적인 뉘앙스로 사용되고 있다. 도대체 산당이 무엇이길래 성서가 그토록 위험시하고 있을까? 더욱이 그렇게 위험한 것으로 이야기하고 있음에도 거의 모든 왕들은 문제의 산당 예배를 철폐하기는커녕 적극적으로 참여해 왔다. 이것을 어떻게 설명해야 할까?

이 문제를 이해하기 위해 우리는 기원전 7세기 유다국의 역사로 거슬러 올라가보자. 특히 기원전 639~609년 재위에 있던 요시야 왕정의 사관실로 찾아가보자. 이곳에서 유다국 역사상 처음으로 왕국 역사가 편찬되었다. 또한 선사(先史), 그리고 예언자들의 문서 등도 편찬되었다. 이 문서들이 오늘 우리가 가지고 있는 제1성서의 토라(오경), 〈사무엘기상/하〉〈사사기〉〈열왕기상/하〉, 그리고 〈이사야서〉 같은 예언서들의 최초 문헌본이다.

이들 요시야 왕실 사관들은 유다국과 이스라엘국의 선왕들을 평가하는 가장 중요한 기준을 '산당'의 처리 문제에 두었다. 이에 따라 오직 두 명의 왕, 유다국의 히스기야와 요시야가 산당 철폐를 추진한 이로서 칭송되고 있다. 또 이사야, 미가, 호세아, 아모스 등의 예언집들에서도 한결같이 산당은 치명적인 사회문제의 온상처럼 언급되어 있다. 심지어는 왕국 시조의 한 사람인 솔로몬조차 산당을 짓고 그곳에서 예배를 드린 것 때문에 비판의 대상이 되고 있다.(《열왕기상》3,3) 그리고 모든 왕들 가운데 이 일로 가장 극렬한 비판을 받고 있는 이는 바로, 요시야 왕의 아비이자 선대왕인 므낫세다.

　여기서 우리가 추정할 수 있는 것은 산당 문제가 요시야 왕실 정치의 가장 예민한 의제였고, 그것은 무엇보다도 므낫세의 정치와 정반대의 입장에 있는 것이라는 점이다. 그리고 요시야 왕실의 문헌 편찬 작업이 왕성하게 펼쳐지고 있는 당시에도 이 문제를 놓고 격렬한 싸움이 벌어지고 있다는 점이다. 그러니까 제1성서에 나오는 산당에 대한 비판적 논점은 아하스, 히스기야, 므낫세, 요시야, 이 네 명의 왕 시대에 벌어진 격렬한 논쟁을 히스기야-요시야의 시각에서 기술한 결과다. 하여 이 시대 이전의 산당에 대한 기술도 이 시대의 시각에서 재평가된 판단에 따른 것이었다.

　그렇다면 산당이라는 장소의 존치와 철폐를 놓고 벌인 정쟁의 실체는 무엇이었을까? 여기서 주지할 것은 이스라엘 부족동맹 시대의 가장 위대한 제사장이자 예언자였던 사무엘의 본거지가 실로의 산당이었다는 사실이다.(《사무엘기상》9,19) 그러니까 요시야 왕실 사관들의 주장과는 달리 모든 산당이 우상숭배의 장소는 아니었다는 점이다. 아니 오히려 예루살렘 성전이 생기기 훨씬 전에 산당은 야훼의 전형적인 성소였다.

말했듯이 요시야 왕실이 문제시한 산당은 므낫세의 산당이었다. 그곳에서는 당시 유다국을 식민화하고 있던 아시리아 제국 풍의 일월성신 의례가 벌어지고 있었다. 그러니까 요시야가 므낫세의 산당을 철폐한 것은 유다국 내에서 친아시리아 세력을 거세시키려는 의도였음을 추론할 수 있다.

　　이것은 역사를 좀 더 앞으로 돌려야 더 잘 이해될 수 있다. 므낫세의 아비이자 선왕인 히스기야는 당시 강력한 세력으로 메소포타미아 전역과 이집트 지역을 크게 위협하던 아시리아에 반기를 들었다가 처절하게 패배하여 항복하고 말았다. 이 전쟁 이후 히스기야는 그냥 왕위만 유지할 뿐 아무것도 할 수 없는 식물통치자에 다름 아니었다. 이때 공동통치자로 그의 아들 므낫세가 등극하지만, 그 나이가 12세에 불과했으니 사실상의 권력은 아시리아를 지지하는 귀족당파가 장악했을 것이다. 필경 므낫세 모친의 가문은 친아시리아 정파의 유력 가문이었을 것이다.

　　그렇게 9년이 흘렀고 히스기야가 사망했다. 그리고 어린 므낫세는 어느새 권력의 핵심으로 성장했다. 이후 그가 단독 왕으로 다스린 기간은 무려 46년이다. 도합 55년간 왕으로 군림했던 이는 유다국은 물론이고 이스라엘국에도 전무후무하다. 그 긴 시간은 친아시리아 당파가 정국을 주도한 시기였다. 하지만 아마도 어느 때부턴가는 므낫세 자신이 완전히 권력을 장악했던 것으로 보인다. 그동안 유다국은 친아시리아 동맹의 열렬한 일원이었다. 그리고 이 시기에 히스기야식 정치가 철저히 파괴되었으며, 적지 않은 히스기야의 잔당들이 비참하게 살해되었다.

한데 그가 죽은 뒤 아들 아몬이 즉위했다가 2년 만[1]에 궁중 정변으로 살해당하자, 민중적 농민세력(암하아레츠)이 들고 일어나 정변을 수습하고 다른 아들 요시야를 왕으로 추대[2]했는데, 이때 요시야를 추대한 세력은 히스기야를 추종했던 반아시리아파 귀족들과 예루살렘 성전의 귀족들, 그리고 민중세력 등이었다. 하여 이 왕은 므낫세에 반대하고 히스기야를 계승하는 정책을 폈다.

여기서 요시야가 왕이 되는 데 민중적 농민세력이 큰 역할을 했다는 점이 특히 중요하다. 그것은 선왕 므낫세의 정치가 친아시리아적일 뿐 아니라 반농민적이었다는 것을 뜻하기 때문이다. 필경 그가 피를 많이 흘린 통치자라는 점(〈열왕기하〉 21,15; 〈역대기하〉 33,9)은 정적을 가혹하게 처벌했을 뿐 아니라 반민중적 정책으로 많은 농민들이 희생되었다는 의미도 포함하였을 것이다. 그렇다면 히스기야-므낫세-요시

---

1 유다국의 연대계산법에서 2년은 햇수계산방식에 따른 것이다. 그러니까 극단적으로 말하면 한 해의 마지막 날에 재위하게 되었다 하더라도 새해가 되면 재위 2년째로 계산하는 것이다. 따라서 아몬이 2년 만에 살해되었다는 정보로 24개월 안에 살해된 것인지 며칠 만에 살해된 것인지를 판단하기는 어렵다. 아무튼 그는 재위한 지 얼마 안 돼서 궁중암투의 희생자가 되었다.
2 민중적 농민세력이 아몬이 죽임당한 정변에서 어떤 역할을 했는지는 알 수 없다. 분명한 것은 이들이 요시야를 추대하는 주역으로 등장한다는 사실이다.

야로 이어지는 산당을 둘러싼 갈등의 배후에는 대(對) 아시리아 정치만이 아니라 농민의 권익을 둘러싼 정치도 깔려 있음을 알 수 있다.

　　여기서 우리는 아하스-히스기야-므낫세-요시야로 이어지는 네 명의 유다국 군주 시대에 산당을 둘러싼 격렬한 갈등의 역사가 시종 '몰렉 제사' 문제와 얽혀 있다는 점에 주목해야 한다.(《열왕기하》 21,6: 〈역대기하〉 33,6) 사람을 제물로 바치는 몰렉 제사는 절체절명의 긴박한 위기에 처한 이들의 제사 형식의 하나였다. 하지만 이런 인신제사는 대체로 비난의 대상이 되었다. 한데 시리아의 다마스쿠스 왕국과 이스라엘 연합군이 공격해 들어왔을 때 국가는 존폐의 위기에 놓였고 히스기야의 부친인 아하스 왕이 장자를 제물로 바치는 의례를 지냈다. 한데, 거짓말처럼 적들이 물러간 데다, 그 침공자들이 아시리아에 의해 역사의 무대에서 영원히 퇴장하는 일이 벌어졌다.

　　이것은 아시리아라는 제국이 유다를 구원하기 위해 야훼가 불러일으킨 제국이라는 신앙을 낳았고, 그것을 가능하게 한 것이 아브라함처럼 아들을 죽이기까지 스스로를 희생한 왕 아하스의 신실함 때문이라는 여론을 낳았다. 게다가 그는 유다국 역사상 처음으로 강국의 반열에 오르게 한 장본인이었다.

　　한데 여기서 간과해서는 안 되는 점은 그가 유다국을 번성케 할 때, 이 나라의 기득권 세력이 출현했다는 사실이다. 그것은 물리적인 힘만을 갖춘 것이 아니라 권력을 장기간 유지할 수 있게 하는 담론적 장치를 보유한 세력이 형성되었다는 것을 뜻한다. 대중의 수탈자임에도 대중의 지지를 유지할 수 있는 담론적 장치로서 가장 중요한 것은 '산당'이라고 묘사된 '성소'다. 풍요제의를 드리고 온갖 사적·공적 재앙에서 사람들을 보호해주는 신의 장소가 성소인데, 그곳이 이들 기득권층의 이해를 위해 종사하는 사제들에 의해 장악되어 대중을 포섭하게 되었다는 것이다. 이들이 아하스의 인신제사를 칭송하고 대중의 수탈을 정당화하는 장소가 바로 산당이었던 것이다.

히스기야가 이 성소, 곧 산당을 철폐하고자 했던 것은 아하스의 정치, 곧 귀족 중심의 정치를 종식하려는 것을 의미했다. 한데 이것이 실패로 돌아간 것은 아하스 대에 형성된 기득권 세력이 친아시리아파였고, 아시리아의 개입에 의해 반아시리아를 표방한 히스기야가 무력화되었기 때문이다.

므낫세의 부상은 친아시리아파의 승리를 의미했고 민중의 절망을 뜻했다. 그런 점에서 요시야의 반므낫세 정치는 곧 반아시리아 노선의 개혁세력이 부상했다는 것을 뜻하고, 대중 중심의 정치의 부활을 의미했다.

박정희, 이명박 찍고 박근혜

2013년 한국에서 산업화 시대의 전통적인 극우정부가 재집권했다. 복지를 주장했고 경제민주화를 부르짖었음에도, 이 정부가 기본적으로 기득권층을 중심으로 하는 체제를 지향하고 있다는 데 의심의 여지는 없다.

알다시피 박정희 정부 때 한국에서 산업화 시대의 기득권체제가 안착되었다. 이 정부는 본래 한국전쟁을 전후로 하여 압도적인 권력집단으로 부상한 군부세력에서 나왔지만, 1970년대 영동(강남권) 개발 과정에서 신흥부유층이 관료, 법조계, 정치계, 학계, 언론계, 그리고 종교계를 아우르는 기득권 세력으로 부상하게 되고, 군부와의 동맹체제를 구축하게 되면서 산업화 시대의 기득권 세력이 형성된 것이다. 이후 민주화를 거치면서 전통적인 기득권 동맹이 와해되었다가 다시 군부와 기타 엘리트 세력이 재동맹을 맺고 등장한 것이 바로 박근혜 정부인 것이다.

내가 이 짧은 문단으로 말하고자 한 것은, 박근혜 정부는 박정희 정부의 닮은꼴이라는 것이다. 이른바 '아시아의 세 마리 용' 운운하면서 대두한 '신권위주의 체제'에 대한 설명처럼, 1인의 카리스마적 독재자, 그에게 절대 충성하는 테크노크라트, 강력한 지지기반으로 형성된 중산층 등에서 박정희 정부와 박근혜 정부는 일면 유사성이 있다는 얘기다.

하지만 이 유사성은 형식적 유사성일 뿐이다. 두 정권은 닮았지만 명백히 구별된다. 우선 박정희 시대 때와는 상상할 수 없을 만큼 사회는 복잡해졌다. 이와 연관해서 그를 지지하는 테크노크라트의 성격도 복잡해졌다. 언론이나 법률권력 등은 더 이상 하나의 일사불란한 조직이 아니다. 수많은 언론기업들은 대체로 극우적 이데올로기를 갖고 있지만 그들 각개는 서로 치열한 경쟁과정에서 이데올로기를 도구적으로 활용하는 실용적 주체들이다. 법률권력도 검찰에서 대법관으로 이어지는 단선적 체계에 의해 작동하는 것이 아니라 '검찰-대형로펌들-정치계와 경제계'로 연계되는 복선적 체계에 의해 작동된다. 그런 점에서 법률권력도 충성으로 결속시킬 수 없는 이해집단적 성격이 더 강하다. 기업 또한 일국적 질서에 통합될 수 없을 만큼 다국적 혹은 초국적 형식을 띠고 있다. 비록 박근혜 정부 아래 광범위한 권력집단이 '잘 결속'된 것 같은 양상을 보이고 있지만, 이 정권은 근원적으로 탈중심적이다. 각 집단이 자기의 이해관계에 따라 다중적으로 행동하고 있는데, 그러한 다중적 행동들이 '박근혜'라는 '일시적 소실점'을 향해 수렴하고 있는 것은 그녀의 콘크리트 지지율 때문이다. 민주주의라는 게임의 법칙이 그것을 가능하게 한 것이다. 한데 이 콘크리트 지지율의 주요 요소의 하나는 박정희 메시아니즘이다. 박정희는 박근혜를 통해 이 시대로 현현한 것이라는 종교적 현상이 실현된 것이다.

알다시피 박근혜로 현현한 박정희 메시아니즘은 극우적 보수주의 언론이 만들어낸 창작물이다. 조갑제, 김정렴, 이인화 같은 예언자들이 그것을 서사화하였고, 언론들은 그것을 증폭시켜 대중화했다. 또 재정치화된 군부가 종북마케팅을 통해 그것의 강력한 발동기를 장착했다.

여기서 우리는 MB 정부를 주목하게 된다. 신자유주의에만 관심을 가졌던 이 정권은 대북안보를 중요한 변수로 간주하지 않았고, 그 결과 청와대는 대북 정보에 무능했다. 한데 그 정권 초기에 천안함 사건이 터졌다. 청와대가 상황도 파악 못 하고 갈팡질팡할 때 정보를 독점하고 있던 군부의 위상이 급상승했고, 결국 이 과정은 김영삼 정부 때에 단행한, 정치화된 군부조직인 '하나회'의 해체로 탈정치화된 군부가 재정치화되었다. 이른바 정치군인들의 설레발이 시작된 것이다.

게다가 MB 정부의 신자유주의 정책은 기업과 일부 정권 인사와 그 인맥을 제외한 사회 전체를 위기에 빠뜨렸다. 결과적으로 MB 정부의 친신자유주의적 정치경제는 국가를 파탄으로 몰아갔다. 그런 상황에서 정권 안보를 위해 언론을 국가화하는 반민주적 정치를 폈다. 그리고 대형로펌들은 MB 정부를 구성하는 주요 행위자로 참여하였다. 그 사이 법이 모든 논의를 종결짓는 최종 결정자가 될 만큼 법지상주의적 사회가 되었다.

또 하나, 이 정권 창출에 가장 중요한 기여를 하면서 정치세력화된 개신교 교회, 특히 대형교회를 주목하지 않을 수 없다. MB 정권이 등장하기 직전 한국 역사에서 전무후무한 바이블벨트가 형성되었는데, 이는 해방정국과 이승만 정권기에 난폭하게 활동했던 개신교를 재현하려는 극우주의적 욕구의 부활을 의미했다. 특히 최근의 이 현상에서 주목할 것은 일부 대형교회 담임목회자들 중심의 한국기독교총연합회(한기총)의 존재다.[3] 아무튼 이후 (대형)교회는 신자유주의적 질서와 극우적 권위주의 질서가 체험되고 확산하게 하는 가장 중요한 장(field)으로서 존재하게 되었다.

이렇게 본다면 MB 정부는 박정희에서 박근혜로 연결되는 권위주의 사회의 부활에 가장 중요한 기여를 했다. 의도하지 않은 것이겠지만 말이다. 아무튼 이 정권 시기에 언론과 법률, 그리고 교회는 우리 시대의 가장 문제적인 극우적 대중정치의 장소로서의 '산당들'이 되었다. 그리고 신자유주의적 정치경제의 실패로, 시민사회는 공공성을 상실했고 독자생존적 욕구의 화신으로 바뀌어 갔다.

그렇게 박근혜 정부가 탄생했다. 이 정권 초기에 터진 세월호 사건 때에 제기된 '이것이 국가인가'라는 통렬한 문제제기는 대통령 임기 중반을 넘긴 오늘에 이르면 의혹을 넘어 사실로 여겨지게 되었다. 그것은 사회의 몰락이 임박했다는 위기감으로 이어진다.

이 책은 바로 이런 문제의식에서 대중적 극우정치의 장소들,

---

3 한기총은 1989년 월남자 개신교 원로들이 중심이 되어서 출범하였지만, 1990년대 중반경부터는 이후 세대, 특히 남한 출신의 개신교 목회자들이 원로 목사들 못지않은 주도적 활동을 하게 되면서 한기총의 전국화가 실현된다. 이 조직에서 주목할 것은 1인1표제가 아니라 지분에 따른 의결구조를 지닌다는 점이다. 즉 한기총은 대형교회 중심적 조직이라는 것이다.

즉 우리 시대의 산당들에 대한 (비판적) 정치비평을 주요 내용으로 삼았다. 그 시기는 이명박 정부와 박근혜 정부 시대로 한정하였다. 특히 그것을 성서 시대의 역사적 현실과 대비시킴으로써, 일종의 정치비평적 성서 읽기의 양식을 띤다고 할 수 있다. 여기에 수록된 글들은 2009년부터 2016년 2월까지 여기저기 기고했던 글들을 모으고 다소간의 손질을 가한 것이다. 최종 수정은 2015년 12월부터 2016년 2월 사이에 수행되었다. 그러므로 마지막 손질에는 현재의 관점이 반영되었다. 또한 이 글들의 원본들을 먼저 읽었던 이들로부터 간간이 들을 수 있었던 코멘트들을 감안했다.

책의 구성은 머리글과 맺음글, 그리고 두 개의 부로 되어 있다. 제1부는 박근혜 정부 시대, 제2부는 MB 정부 시대의 정치비평적 성서 읽기에 관한 글들이다. 시기로 하면 MB 시대가 앞서지만, 정치적 시의성이 비평적 현장성의 가장 중요한 요소라는 점에서 박근혜 정부 시대에 대한 비평을 앞에 배치했다. 각 부에 수록된 글들은 글 서두에 성서 구절을 인용하고 그 구절을 중심으로 하는 우리 시대의 정치비평적 성서 읽기들이다. 글들의 순서는 인용된 성서 구절들의 순서에 따랐다. 여기서 내가 시도한 정치비평들은 대개 미시적인 사건들에 관한 것이다. 미시적인 것에서 좀 더 큰 범주를 이야기하는 방식이다. 이 글들의 출발점은 거의 설교들이었고, 그것을 다듬고 보충하여 여기저기에 기고한 것을 책으로 구성하는 최종단계에서 대폭 수정보완했다.

이 글들의 원본들을 독서했던 이들에게 감사한다. 특히 코멘트를 해준 몇몇 분들은 이 책의 공동저자인 셈이다. 그리고 무엇보다도 요즘처럼 독서가 위축된 상황에서 책을 만드는 모든 이들께 감사하지 않을 수 없다. 그이들 덕에 글에 대한 무관심이 너무나 심각해진 오늘의 시대에도 글을 통한 성찰이 여전히 가능성으로 남게 되었다. 마지막으로 나의 책을 출간하는 용기를 내준 동연출판사 대표와 동연의 모든 이들께 감사한다.

문득 20년 전에 돌아가신 아버지가 생각난다. 생전에 별로 대화도 없었고 그다지 이해하려 하지 않았지만, 나도 모르게 나는 아버지를 닮고 있었다. 그이는 청년 시절 와우아파트 붕괴사고에 대한 정치비평으로 잠시 곤욕을 겪었던 적이 있었다. 그 이후 아버지는 거의 정치적 관심을 접은 사람이 되었고 심지어는 전향자처럼 살았다. 새삼스레 아버지의 마음이 읽혀지는 것 같아 가슴 아프다. 물론 내가 이 책을 쓰는 시대는 그때보다는 훨씬 자유롭다. 그것은 그 시대를 살았던 '여러 아버지, 어머니, 누나, 형들'의 크고 작은 저항이 내게 준 선물이다. 그 모든 이들에 대한 감사와 아울러, 나의 아버지께도 생전에 못했던 감사의 밀을 드린다.

2016년 2월 마지막 날 새벽
올빼미의 골방에서

| 차례 |

• 머리글 – 산당을 폐하라 극우적 대중정치의 장소들에 대한 정치비평_ 4

1부 박근혜 정부 시대 정치비평과 종교

빠른 축복은 망각을 낳는다 5·18 사건과 세월호 사건, 기억의 장애물에
                            대하여_ 23

조용한 밀월성과 시끄러운 민주주의 종교인 과세에 관한 공공성 신학_ 32

시나이는 '없다' 카리스마적 지배자의 '법 도구화' 비판_ 49

'안전' 행정부 포스트민주화 시대, 정부의 공포 마케팅_ 64

궤 안의 야훼 사랑의교회 건축과 공공성_ 74

독점에 반대하라 '이것이 국가인가' 담론에 대한 재성찰_ 84

'예언자의 목소리'가 문지방에 있다 박근혜 정부의 '창조경제론' 비판_ 97

순박한 열정, 독재를 품다 아하스와 박정희, 므낫세와 박근혜_ 107

유민을 위한 나라는 '없다!' 신자유주의 시대의 사막에서 그달리야를
                            떠올리다_ 116

'그들의 전쟁'을 끝내라 증오의 시대, 예언자의 말_ 124

한恨의 사제, 정의의 사제 종북 마케팅에 몰두한 국가와 종교를 넘어_ 132

제도가 성찰하라 후기자본주의 사회의 권력과 일상에 관하여_ 140

"그들이 말한다" 신자유주의 시대, 5·18을 다시 말하다_ 150

'국정'國定 교과서 혹은 '신정'神定 성서라는 질병_ 163

"영들로 세일즈하게 하라!" 신자유주의 시대 영성 마케팅 현상 비판_ 172

자발적 유민과 비자발적 유민 박근혜 정부의 노동개혁안에 대한 신학적
비판_ 186

'성경대로' 하는 조세 박근혜 정부의 조세 정책에 대하여_ 197

2부 MB 정부 시대 정치비평과 종교

욕망의 습격 미친 성공주의적 자화상으로서의 MB 체제_ 211

'나쁜 피'는 자기를 복제한다 MB 정부와 '원한의 정치'_ 223

죽음 공간에 사는 자 소비사회의 상품으로 전락한 몸들에 대한 경고_ 231

밤의 발견, 세계화에 맞서다_ 240

악마와 이웃 로버트 박 방북사건에 대하여_ 250

악마가 사라지다 기업중심사회의 우울함_ 262

'생기 없는 바다' 천안함 사건, '죽음의 국가화'에 대하여_ 270

누가 '좋은 피'인가 미누 추방 사태를 보며_ 279

그것은 광장이 아니다 '광화문 광장'과 위조된 여흥_ 289

'완전된 폭력'을 넘어 폭력의 완충장치로서의 '원수사랑'_ 297

무덤 없는 주검들 가이사랴에서 강정까지_ 312

투명유리 오늘의 바울, 토건체제와 맞서다_ 324

길들여진 혀 MB 정부의 '공정사회론'에 대하여_ 333

• 맺음글 – 사회의 몰락을 저지하라_ 342

제1부

박근혜 정부 시대
정치비평과 종교

빠른 축복은 망각을 낳는다
5·18 사건과 세월호 사건, 기억의 장애물에 대하여

네가 나에게 복종하였으니,
세상 모든 민족이 네 자손의 덕을 입어서, 복을 받게 될 것이다.
— 〈창세기〉 22,18

하느님이 명을 내렸다. "네가 사랑하는 외아들 이삭을 … 번제물로 바쳐라."(〈창세기〉 22,2) 뒤늦게 낳은 귀한 외동아들이다. 이 아이를 통해 후손이 크게 번성하여 여러 민족의 조상이 되게 해주겠다는 하느님의 축복, 그 장본인이다.(〈창세기〉 17,16) 한데 하느님이 그 아들을 바치라고 한다.

왜 하느님은 마음을 바꾸었을까? 아브라함이 뭔가를 잘못했기 때문일까? 욥의 친구들은 재앙을 당한 욥에게 그런 식으로 추궁했다. 나면서부터 소경인 사람에 대해서 예수의 제자들도 그 자신이나 부모 혹은 조상의 죄가 있었던 탓이 아닌지를 예수에게 물었다.(〈요한복음〉 9,2) 하지만 이런 식의 생각이 얼마나 부적절한지는 세월호 사고로 자녀와 형제, 부모 등을 잃은 가족들을 떠올리면 더 분명해진다.

다행히 〈창세기〉에선 아브라함의 잘못이 추궁되지 않았다.

그러나 이 문서의 설명은 '더 문제적'이다. 그것이 하느님의 '시험'이었다는 것이다.(《창세기》 22,1) 그렇다면 이 시험의 정답은 아들을 죽이면서까지 하느님에게 순종하는 것이어야 한다. 그리고 아브라함은 그 시험을 무사히 통과하여 하느님이 약속한 더 큰 축복을 받게 되었다고 한다.(22,17) 하여 훗날 이 믿음은 세세손손까지 칭송의 대상이 되었다.

아브라함은 시험을 받을 때에, 믿음으로 이삭을 바쳤습니다. 더구나 약속을 받은 그가 그의 외아들을 기꺼이 바치려 했던 것입니다. 일찍이 하나님께서 아브라함에게 말씀하시기를 "이삭에게서 네 자손이라 불릴 자손들이 태어날 것이다" 하셨습니다. 하나님께서는 이삭을 죽은 사람들 가운데서도 되살리실 수 있다고 아브라함은 생각했던 것입니다. 그러므로 비유하자면, 아브라함은 이삭을 죽은 사람들 가운데서 되받은 것입니다.

—〈히브리서〉 11,17~19

우리 조상 아브라함이 자기 아들 이삭을 제단에 바치고서 행함으로 의롭게 된 것이 아닙니까?

—〈야고보서〉 2,21

하지만 그것을 축복으로 여기고 행복해한다면, 아브라함은 참으로 비정한 아비다. 또 그런 명을 내린 신도 비정하다. 요즘이라면 신들의 의회에서 청문회를 열어 그 신과 비정한 아비를 소환, 조사해야 한다는 여론이 빗발쳤을 것이다. 하여 위대한 유대인 철학자 마르틴 부버(Martin Buber)는 아브라함은 신의 소리가 아니라 '악마의 소리'를 들은 광신도'였다고 비난해마지 않았다.

아브라함은 이튿날 아침 짐을 챙겨 나귀에 싣고, 아들 이삭과 종 둘을 데리고 떠났다. 사흘을 걸어 신이 명한 모리아 산이 멀찍이 보이는 곳에 도달했다. 이 산은 훗날 솔로몬이 예루살렘 성전을 지은 바로 그곳이라고 알려진, 곧 훗날 축복의 장소로 상징화된 곳이다.(《역대기 하》3,1) 그 산 아래에 종들과 나귀를 두고, 그는 아들과 둘이서 산에 오른다.

한참을 가다 아들이 물었다. "아버지, 불과 장작은 여기 있는데, 번제물로 바칠 제물은 어디에 있나요?" 어쩌면 사흘 전 길을 떠날 때부터 내내 궁금했을 테지만 아비의 비장한 모습 때문에 감히 묻지 못한 것일지 모르겠다. 아비는 대답한다. "신이 준비해 놓으셨다."(《창세기》22,7~8) 물론 이 무뚝뚝한 대답이 그대로 그의 마음은 아니었겠다. 필경 속마음은 새카맣게 타들어 가고 있었을 것이겠다. 아들을 바쳐야 했던 아비이니 말이다.

아무튼 아비는 아직도 그 말을 아들에게 하지 않았다. 자기 속은 새카맣게 타들어 갔지만, 아들은 마지막 순간까지 죽음을 준비할

틈을 부여받지 못했다. 아비는 그 사흘간 처절한 고뇌의 행보를 하면서도 아들 목숨의 존엄함을 위해서는 끝까지 아무것도 하지 않았다.

신이 말씀한 그곳에 도착해서 돌로 제단을 쌓았다. 그리고 준비해온 장작을 거기에 펼쳐놓았다. 〈창세기〉는 그런 다음 이삭을 묶어 제단 위에 올려놓았다고 담담하게 묘사한다.(〈창세기〉 22,9)

이삭은 아비의 이 갑작스런 행동에 아무런 저항도 하지 않았을까? 죽음의 준비를 전혀 할 기회가 없었던 그가 말이다. 산을 오를 때 장작을 매고 갔다고 하니 아주 어린아이는 아닐 것이다. 그렇다면 도망칠 수도 있었겠다. 서기 1세기의 이스라엘계 역사학자인 요세푸스는 그때 이삭의 나이가 25세였다고 추정한다.(《유대고대사》 1,13,2) 만약 그렇다면 늙은 아비[1]를 힘으로 제압할 수도 있었을 것이다. 해서 아비는 아들을 혼절시킨 뒤 포박하여 제단에 올려놓았을 것이라는 주장도 제기되었다.

아비는 칼을 두 손으로 잡고 하늘을 향해 쳐들었다. 어쩌면 아들은 공포에 찬 눈으로 아비를 바라보았을지도 모른다. 어쩌면 아들과 아비는 그 순간 서로 눈이 마주쳤을지도 모른다. 어쩌면 아들은 아비를 향해 절규하듯 비명을 질러댔을지도 모른다.

그 순간 급히 신이 끼어들어 아비가 아들을 죽이는 비극은

---

1 〈창세기〉는 아브라함이 이삭을 낳았을 때 나이가 100살이라고 한다.(21,5)

일어나지 않았다고 〈창세기〉는 전한다.(22,11~12) 신이 준비한 다른 제물로 제사는 무사히 드려졌고,(22,13~14) 신이 아브라함에게 축복을 다시금 약속했다는 말과 함께.(22,16~18)

한데 이 단락의 마지막 구절(22,19)은 이렇게 되어 있다. "아브라함이 그의 종들에게로 돌아왔다. 그들은 브엘세바 쪽으로 길을 떠났다. 아브라함은 브엘세바에서 살았다." 이삭은 어디에 있는가? 제사드리러 가는 길에 수동적이나마 존재감이 부각되었던 아들이 돌아가는 길엔 전혀 등장하지 않는다.

이 구절 때문에 그리스도교와 유대교의 여러 사상가들과 해석가들은 이 텍스트를 해석하는 데 어려움을 겪어야 했다. 그중 일부는 이 구절을 실마리 삼아 '이삭의 상처'에 대한 상상의 나래를 편다. 즉 이삭은 돌아오는 길에 없었고, 그것은 이삭이 받은 심한 상처 때문이라고 한다. 그 연장선상에서 어떤 이는 이삭이 이 사건으로 인해 다리를 절었고, 아비에 대한 분노를 평생 지우지 못하며 살았다는 후일담을 상상해낸다.

있을 법한 상상이다. 근데 좀 더 상상해 볼 수는 없을까. 만약 그렇다면 다른 사람에겐 그의 이상한 증상이 나타나지는 않았을까? 그는 사람들에게 자주 화를 내는 사람이 되었을 수 있고, 그의 이상 행동은 주변사람을 심하게 불편하게 하였을 수도 있었을 것이다.

현대의 트라우마 연구들을 보면, 한 번 혹은 여러 번의 희생자 체험을 하여 무의식에 깊은 상흔(trauma)이 새겨진 사람들은 자주 공포감과 분노를 조절하는 데 실패함으로써 주변과의 관계 단절 상황에 놓일 뿐 아니라, 주변 사람들 또한 그로 인해 깊은 상처를 받게 된다고 한다. 이것을 아르헨티나의 사회학자 다니엘 파이어스타인(Daniel Feierstein)은 '간접적 희생자'라고 불렀는데, 이 개념은 어느 순간부터는 더 이상 희생자-가해자의 틀이 사라지고 거의 모든 이들이 희생자가 되는 상황에 놓이게 된다는 것을 의미한다.

아마도 이삭이 그런 상흔에 평생 시달리게 되었다면, 그로 인해 아비뿐 아니라 어미, 식솔, 이웃, 심지어는 가축들까지도 그 관계의 뒤틀림으로 인해 피해를 겪게 되었다고도 할 수 있다. 〈창세기〉는 이 사건 직후 사라가 죽었다고 한다.(23.2) 혹자는 그녀의 죽음을 이 사건이 낳은 또 하나의 부산물이라고 해석하였다. 만약 그렇다면 하느님이 축복했다는 아브라함의 믿음이 그의 가족 해체의 사건이기도 했다고 할 수 있다.

나는 이 대목에서 5·18 사건 34주기(2014.5.18.)를 앞두고, 5·18 사건과 세월호 사건을 연계시킨 문재인 의원의 말을 떠올린다. 그는 이 두 사건을 연계시키면서 그 연결고리를 '생명과 안전이 중시되는 사회'에 대한 요구라고 해석하였다. 이 말은 그 의미에 대한 해석이 필요하고 논쟁이 요구되는 중요한 논점을 담고 있다.

5·18 사건은 부당한 국가에 의해 자행된 대대적인 자국민학

살 사건이고, 세월호 사건은 무능하고 부패한 국가로 인해 무수한 자국민을 죽음으로 몰아간 사건이다. 전자는 국가의 기획된 의도가 낳은 사건이라면 후자는 국가의 기획이 부재함으로써 나타난 사건이다. 양자는 발생의 관점에서 분명 다른 성격의 사건임에 분명하다. 하지만 문재인 의원이 제기하는 유사성은 그 사건이 미치는 담론적 파급이라는 점에 있다. 내가 생각하기에, 그가 원인에 대한 비판적 점검이 중요하지 않다고 생각했을 가능성은 없다. 하지만 아마도 그는 그 사건이 어떤 방식으로 사람들에게 소비되고 있는지를 더 중요시했다. 즉 그것의 의미화를 주목한 것이다.

1980년과 그 직후 군사정권은 '광주의 희생자들'을 폭도, 아니 간첩으로 몰아 소탕함으로써 국가 발전을 이룩할 수 있었다는 축복의 서사를 만들어냈다. 이때 5·18 사건의 의미는 '대북안보와 국가발전'이었다. 한편 민주정부들은 '5·18의 숭고한 희생자' 덕에 민주국가가 이룩된 것이라는 축복의 서사를 만들었다. 요컨대 여기서는 '반독재 민주화'가 중요한 의미소인 셈이다.

하여 이 둘은, 서로 반대 방향이지만, 희생자와 축복의 조합을 직결시키고 있다는 점에서 공통된다. 이 서사에서 희생자는 악의 표상이거나 숭고의 표상으로만 묘사될 뿐이다. 그러나 악하지도 숭고하지도 않은 대다수 희생자들의 실제 체험들, 그리고 그들 주위의 평범한 간접적 희생자들의 고통들은 여기서 망각되었다. 문재인 의원의 용어로 말하면, 그이들의 생명과 안전은 민족과 국가의 발전 혹은 정의라는 대의의 소모품으로 취급되었다.

어쩌면 문재인 의원은 민주주의적 가치와 생명과 안전이라는 가치가 한 고리라고 생각하고 말했을지도 모른다. 하지만 입에 발린 말로서 반복되는 '생명과 안전'의 주장과는 달리 실제로 민주주의적 가치가 희생자의 생명과 안전에 위해(危害)가 되었던 숱한 사례들을 간과할 수 없다. 양자는 그렇게 자명하게 만나지 않는다. 참여정부는 그 점에서 그다지 할 말이 많지 않다. 그런 점에서 나는 문 의원이 그렇게 둘을 일체화했다고 생각하지 않는다. 그보다는 참여정부 시대에 대한 반성적 성찰을 포함하는 주장으로서 '생명과 안전'의 가치를 표명했다고 생각한다.

다시 〈창세기〉의 이삭 얘기로 돌아가보자. 이삭도 그랬다. 성서 어디서도 아브라함의 순종이 칭송되지만, 그 순간 이삭이 받았을 충격과 배신감, 평생을 좌우했을 그의 상흔, 그리고 그 상흔 때문에 일어난 관계의 단절과 파행, 그로 인한 간접적 희생자들의 고통은 전혀 다루어지지 않는다. 그 '위대한 순종'으로 인해 축복이 주어졌다는 바로 그 이야기는 이삭의 상처를 망각하게 했고, 그로 인해 발생했을 모든 고통의 소리들을 침묵하게 했던 것이다. 오히려 희생자의 생명과 안전이 전제되지 않는 축복의 이야기만이 언급되었을 뿐이다.

5 · 18 사건 34주기를 맞는 2014년에 우리는 또 한 번의 대대

적인 희생자들의 울부짖는 소리를 접하게 되었다. 세월호에서 들려오는 죽음의 소리들이다. 실은 1980년 당시에는 그런 소리 자체가 금지되었다. 그리고 아직까지도 5·18을 둘러싼 '위대한 소리들'에 감추어져 있기도 하다. 하지만 세월호 사건은 좀 달랐다. 전 국민이 아니 전 세계가 그 생생한, 날것 상태의 울부짖음을 들었고, 함께 고통에 휩싸이게 되었다. 그 소리에 너무 아프고 너무 화가 나서 많은 이들이 유가족처럼 슬피 애도하면서 그 가해의 체계를 색출하라고 분노하며 소리 질렀다.

누구는 이런 무질서한 소리들이 경제를 위축시키고 사회를 위태롭게 한다고 하고, 또 누구는 이 소리들이 민주주의를 기사회생시키는 위대한 계기적 사건이라고 말한다. 하지만 이런 이야기들은 너무 빨리 나왔다. 거기에는 희생자들의 생명과 안전보다, 국가와 민족의 축복에 관한 관심이 앞선다. 그것은 그이들 주변의 모든 존재를 간접적 희생자로 전락시키는 '냉혹한 축복'의 서사에 다름 아닐 수 있다.

아직은 슬피 애도하고 분노하는 시간이 더 필요하다. 그 무질서가 더 계속되어야 한다. 그리고 충분한 애도와 함께 그이들의 상흔이 아물도록 하는 충분한 사회적 지원이 필요하다. 그것은 생명과 안전을 방기한 탓에 우리 모두가 짊어져야 하는 책무다. 그 뒤에야 비로소 그것의 국가적이고 민족적인 의의에 대한 해석이 시도되어야 한다. 국민의 생명과 안전을 진정 중요시하는 국가와 사회는 이렇다.

조용한 밀월성과 시끄러운 민주주의
종교인 과세에 관한 공공성 신학

> 이튿날 그들은 일찍 일어나서, 번제를 올리고, 화목제를 드렸다.
> 그런 다음에, 백성은 앉아서 먹고 마시다가, 일어나서 흥청거리며 뛰놀았다.
> ─〈출애굽기〉 32,6

부족동맹체사회였던 이스라엘에서 사울은 최초의 원시국가 형태의 정치권력을 행사한 이로 등장한다. 성서의 스토리에 따르면 블레셋과의 전쟁에서 사울이 전사한 뒤, 다윗이 새 왕국을 세웠다. 그리고 이 나라는 그의 아들 솔로몬을 이어 왕이 된 르호보암 때에 북쪽 부족들의 대대적인 이탈로 인해 두 개의 나라로 분열되었다고 한다. 이때 분열을 주도한 이가 여로보암이고, 그에 의해 이스라엘국이 창건되었다.

하지만 실제 역사에서 다윗의 나라는 정체가 모호하다. 성서 스토리에 나오는, 시리아-팔레스티나 지역의 소제국 유다가 존재했음을 뒷받침할 만한 문헌자료나 고고학자료가 없다. 오히려 소제국으로 부상한 것은 유다가 아니라, 북쪽의 이스라엘국, 특히 오므리 왕조 때이다. 더구나 (성서의 다윗 스토리가 역사적이라고 가정할 때) 다윗보다는 한 세기 이상 후대다. 그가 건립한 나라가 있었다 하더라도, 너무 미미해서 성서가 말하듯 팔레스티나의 소제국이 아니라 예루살렘 인근 지역의 작은 도시국가 정도였던 것 같다.

그렇다면 사울 이후 팔레스티나는 어떻게 되었을까? 추측컨대 이스라엘은 사울 이후 꽤 발전한 국가의 지배를 받았던 것 같다. 이 제국은 아마도 이집트일 가능성이 높다. 그런 외세의 지배 이후 얼마의 세월이 흘렀는지 모르겠지만, 여로보암[1]이라는 인물이 등장하면서 비로소 이스라엘국이 건국되었다.

여로보암은 여러모로 모세와 비슷한 스토리를 가진 인물이다. 압제자의 관리였다가(모세: 파라오의 아들, 여로보암: 부역책임자) 고통당하는 이스라엘을 대변하는 이가 되고, 그 일로 인해 이집트로 망명하였다가 되돌아와서 결국은 이스라엘을 구원하는 이가 되었다.

아마도 건국의 시조인 여로보암의 영웅설화가 만들어지면서 전설상의 지도자인 모세 설화를 덧입은 결과겠다. 그럼에도 외세의 압제로 인해 고통당하던 이스라엘이 결속하여 독자적인 정치세력으로 자리 잡는 과정에서 여로보암의 지도력이 중요한 역할을 했다는 점은 의심할 수 없는 사실로 보인다.

---

1 이스라엘국의 창건자인 여로보암과 동명의 다른 이스라엘국의 왕이 있다. 그는 이 나라의 13번째 왕으로, 예후 왕조의 여로보암(기원전 785~745년 재위)이다. 일반적으로 학계는 이 둘을 구별하기 위해 편의상 전자는 1세, 후자는 2세로 표기한다.

성서가 그에 대해 악평을 퍼붓는 것은, 그 역사적 스토리를 만들어낸 이들이 (여로보암이 건국한 이스라엘국 사관이 아니라) 유다국의 사관들이었기 때문이다. 그 역사적 내막은 이러하다.

기원전 722년 이스라엘국이 아시리아에 의해 멸망하게 되는 시기 전후에 유민들이 대대적으로 남하하여 아하스 왕과 그의 아들 히스기야 왕 치하의 유다국에 편입되었다. 왕은 왕국 내에 널려 있는 황무지에 그들을 정착시키고 왕실 사유지로 편입시킴으로써, 그곳에서 산출되는 생산물로 왕실의 부를 크게 늘렸다. 이로 인해 처음으로 유다국은 중앙집권적 국가로서 부상할 수 있었고, 히스기야와 그의 손자 요시야는 왕권 강화에 목적을 둔 정치개혁에 착수하게 된다. 이때 유다국의 사관들이 왕실의 역사를 만들어냈는데, 여기에서 이스라엘국은 원래 동족으로 다윗-솔로몬의 유다국에 일원이던 북쪽의 부족들이 왕에 반기를 들어 떨어져나간 나라로 서술된다. 이런 북쪽 부족들의 반란을 선동한 자가 여로보암이다. 그러니 여로보암은 모든 이스라엘국 왕들이 저지른 죄들의 기원이 되는 자이다.

이러한 유다국의 역사 날조는 성서 속에 고스란히 남겨졌다. 반면 초기부터 시리아-팔레스티나의 최강 군사력을 보유한 국가였던 이스라엘국은 유다국보다 훨씬 전에 역사를 만들어냈던 것 같고, 왕조 이데올로기를 일찍부터 발전시킨 강대국이었다. 하지만 이 나라의 사관들이 만들어낸 역사는 전해지지 않는다. 다만 〈열왕기〉와 〈역대기〉

에 "이스라엘 왕의 역대지략"을 참조했다는 표현이 19회 정도 나오고, 고고학적으로 건축물 등의 유적들이 적지 아니 발굴되었으며, 이 지역을 침공했던 아시리아제국의 황제가 세운 비문 속에 반영된 역사적 정보들은 이스라엘국이 가히 이 지역 최강국이었음을 증거하고 있다.

그런데 이 나라의 건국 시조인 여로보암은 얼마 후 구축된 강력한 중앙집권적 고대국가이자 시리아-팔레스티나의 정복국가로서 소제국이 된 나라의 면모와는 상당히 다른 나라를 꿈꾸었던 것으로 보인다. 우선 그는 자신이 '제2의 모세'임을 자임했다. 앞서 말했듯이 이스라엘국의 사관들은 그의 영웅설화를 모세영웅설화와 엇비슷하게 만들어냈다. 그 설화의 뼈대가 성서 속에 반영되었는데, 유다국의 사관들이 이스라엘국의 시조설화를 변형시켜 수용한 결과다. 이 설화에서 무엇보다도 중요한 것은 그가 모세처럼 압제당하는 이들을 규합해서 나라를 만들어냈는데, 그 나라는 왕이 함부로 농민을 압제하고 수탈하지 못하는 나라였다는 점이다. 제2의 모세라는 상징이 의미하는 바는 이렇다.

사실 모세설화는 이스라엘 부족동맹사회의 얼을 지탱하는 핵심설화다. 많은 제1성서(구약성서) 역사가들은 이 사회가 '왕 없는 사회'를 추구한 역사적 구성체였음을 주장한다. 물론 끊임없이 권력을 추구하는 운동들과 인물들이 등장했고, 또한 왕 없는 사회를 지켜내기에는 위험스러울 정도의 불평등화와 권력집중화가 진행되고 있었다. 그럼에도 어쨌든, 그 이상만큼이나 잘 구축되지는 않았지만, 두 세기 정도 지속된 비(非)왕권제 사회가 이스라엘 부족동맹체다. 바로 이런 사회의 이상을 담고 있는 설화의 핵심에 모세설화가 있다는 것이다.

앞서 이야기한 것처럼 그것은 하느님이 모세를 통해 압제당하는 이스라엘을 구원했으며, 기나긴 유랑을 통해 초과권력에 대한 욕망이 제거된 부족사회를 이뤄냈다는 것이다. 흥미로운 것은 이 설화에서 모세 자신도 그 새 사회의 시조가 되지 못했다는 점이다.[2] 즉 일체의 낡은 관습과 기억이 제거된 새로운 사회, 그것이 이스라엘 부족동맹사회의 정신이었다.

모세는 이런 가치를 상징하는 존재다. 한데 여로보암이 그런 모세를 자임했다. 물론 그는 왕이다. 왕이 될 수 없었고, 왕 없는 사회의 위대한 통치자도 될 수 없는 모세와는 다르다. 하지만 그는 왕이 되었음에도 모세의 정신을 따라 강제부역을 부과하는 압제자가 아님을 자신의 지지세력인 농민들에게 천명하였다. 그것이 제2의 모세라는 주장의 골격이다. 그런 주장을 여기서는 그가 실시한 종교개혁에서 살펴보자.

---

2 〈신명기〉 34장. 모세의 죽음 이야기에 의하면 그는 출애굽한 이스라엘을 이끌고 온갖 고생을 다하다 기어이 약속의 땅 가나안에 집입하기 직전, 그 땅이 바라다 보이는 땅에서 숨을 거두었다. 또한 성서 어디에도 모세의 혈통이 이스라엘 부족동맹사회에서 특별한 지도력을 행사했다는 정보가 들어 있지 않다.

첫째, 그는 왕궁과 국가성소를 분리하였다. 가령 유다국의 예루살렘처럼 왕궁 내에 국가성소를 설치하고, 이스라엘국의 오므리 왕조처럼 왕실요새 속에도 국가성소를 두는 것이 왕정사회의 상례인 데 반해, 여로보암은 왕궁 밖에 성소들을 세웠다. 그것도 자기가 성소를 새로 세우고 사제들을 임명한 것이 아니라, 기존에 있던 주요 성소들을 존치시키고 그곳의 사제들과 예언자들이 그곳에서 사역을 하도록 허용했다. 특히 베델이나 단 같은 일부 오래된 성소를 특화시켰다.(《열왕기상》12,29)

그런 전통 있는 성소는 호락호락하지 않다. 그들은 걸핏하면 왕에 반대하고 그런 반대 주장 속으로 대중을 끌어들일 수 있는 막강한 영향력을 가지고 있었다. 그런 성소를 왕은 존치시키며 존중했다. 이것은 모세와 아론이, 그리고 사울과 사무엘이 서로 견제하며 공존하듯, 예언자와 사제의 독립을 존중했던 이스라엘 전통이 반영된 국가관이 여로보암에 의해 재천명되었음을 뜻한다.

둘째로 예루살렘에 야훼를 상징하는 법궤가 있다면, 그는 황소상으로 야훼를 상징하고자 했다.(《열왕기상》12,28) 법궤는 (베냐민 부족의 땅인) 실로 성소 전통의 야훼의 상징이었는데, 이것은 주로 전쟁 때에 이스라엘을 돌봐주는 야훼를 표상하고 있었다. 반면 황소[3]는 무한한

---

3 훗날 유다국의 역사가들은 황소를 송아지로 묘사하여 이스라엘국의 상징을 폄하했다.

힘을 시사하고, 또한 풍요를 나타내기도 하는 상징이다. 이것은 군인보다는 농민이 더 중요한 국가의 근간임을 표상하는 것이라고 할 수 있다.

셋째, 예루살렘의 법궤가 성소의 깊은 곳에 감추어져 대중과 분리되어 있다면, 황소상은 대중에게 개방되었다. 〈호세아서〉 13,2에 묘사된 것처럼 대중은 성소에서 황소상에 입을 맞추곤 했다. 이것을 여로보암의 종교가 모든 대중이 볼 수 있고 다가가서 입맞춤할 수 있을 만큼 개방된 참여의 종교였음을 시사한다.

마지막으로, 여로보암이 개축한 국가성소들에서는 시끄러운 축제가 열렸다. 이 글 서두에 인용된 〈출애굽기〉 32,6은 그것을 여실히 보여준다. 모세가 십계명이 새겨진 판을 가지고 돌아왔을 때 이스라엘이 송아지상을 만들고 흥청대며 뛰놀았다는 얘기다. 여기에는 유다국 사관이 이스라엘국에서 행해졌던 예배를 비아냥대는 말투가 담겨 있다. 십계명판은 법궤 속에 안치된 상징물이다. 즉 그것은 유다국의 야훼를 상징한다. 반면 앞서 말한 것처럼 송아지상은 이스라엘국의 야훼의 상징물인 황소를 유다국 사관들이 비하해서 묘사한 것이다. 즉 이 구절에는 유다국 사관들이 보는 이스라엘국 제의에 대한 비판적 시선이 들어 있다. 이런 편견을 감안하고 바라보면, 팩트는 이스라엘국의 야훼제의가 황소상을 둘러싸고 대중들이 흥청대며 나누는 축제처럼 진행되었다는 것이다. 반면 유다국에서 법궤는 아무도 볼 수 없는 곳에 안치되었고, 대제사장만이 지성소에 들어가 법궤 앞에서 의례를 행한다.

이렇게 여로보암의 야훼제의는 사람들이 흥청대며 즐기는 축제였다. 물론 그것은 즐거움만 깃들어 있다는 뜻은 아니다. 때로 여기서는 왕에 반대하는 제사장이나 예언자들이 대중 앞에서 공공연히 왕을 비난하며 반체제의 구호를 외치는 의례가 행해지고 신탁이 설파되는 제의이기도 했다. 여로보암의 개혁이 허용한 것에는 이것도 포함된다. 대중과 제사장, 예언자는 왕에 반대할 권리도 있다고.

요약하면 여로보암의 종교개혁은 종교에 대한 두 가지 주장이 함축되어 있다. 첫째는 왕실이 독점할 수 없는 종교, 둘째는 대중의 참여가 보장된 종교라는 것. 하여 여로보암의 종교는 왕실과 종교엘리트의 밀월성의 종교가 아니라, 대중적 공공성의 종교였다. 왕은 이를 존중해야 하는 의무를 가진 자이다. 이런 방식으로 그는 모세의 야훼주의를 계승하고자 했다.

물론 그러한 종교제도는 점차 사라지고, 이스라엘에도 왕실이 종교엘리트에게 종교자원의 독점을 허용해주고, 종교엘리트가 왕실을 향한 대중의 지지를 보장해주는 밀월성의 종교제도가 자리잡게 되었다. 오므리 왕조의 군주인 아합이 이세벨을 통해 페니키아의 바알주의를 도입하려 했던 것도 여로보암식의 야훼주의가 아니라, 통치자에게 초과권력을 보장해주는 페니키아식 바알주의, 그런 바알의 내용을 한 야훼주의로의 개혁을 위함이었다. 해서 그는 지방 농민이었던 나봇의 포도원을 강탈할 수 있었다. 그렇게 여로보암의 꿈은 그 나라의 왕위를 계승했던 후계자들에게서 전도되어버렸다.

그러나 여로보암의 실험은 밀월성의 종교를 비판하고 대중의 참여를 주장하는 대중예언자의 운동으로 역사 속에서 환생하곤 했다. 그리고 오늘날 국가와 종교의 관계를 논하는 현대신학에서도 그 메아리를 들을 수 있다.

최근 우리는 국가와 종교의 관계에 관한 신학적 논의가 필요한 하나의 사건에 직면했다. 과거 군부독재 시대에는 정부에 의한 시민권과 인권의 유린이 국가와 종교에 관한 신학적 논의를 부추겼다면, 민주화 이후에는 종교기관과 종교인 과세 문제가 신학적 논의의 필요성을 제기하는 주요한 사건적 배후의 하나로 떠오르고 있는 것이다.

민주화 이후 이 문제가 처음 불거진 것은 1990년대 초, 토지공개념의 입법화, 금융실명제와 부동산실명제 입법 등과 관련이 있다. 법률적 근거에 기초하지 않고 비과세 특혜를 누리고 있던 종교인과 종교기관에 대한 과세 문제가 제기되었고, 조세정의 차원에서 종교계가 누리고 있는 특혜들이 철회되어야 한다는 사회적 압박이 거세진 것이다. 이에 종교계, 특히 개신교와 불교계가 강력하게 반발하면서 조세 논쟁이 벌어졌다. 그러나 1997년 외환위기 이후 정부의 개혁입법들이 철회되면서 이 논쟁은 일단락되었고, 종교인과 종교기관에 대한 과세 문제는 흐지부지되었다.

한편 이 조세 분쟁에 가장 강력하게 반발했던 개신교계 내에서 일부 시민단체들의 주도로 투명성운동이 일어났다. 주로 자발적 납세와 재정공개 형식으로 진행된 이 운동은 민주 개혁적 입법들이 철회되고 사회적 압박이 거의 사라진 1990년대 말의 담론지형에서도 계속되었다는 점에서 그 의의가 돋보인다.

그러나 목회자들의 무관심으로 그 영향력은 거의 없었고, 신학자들의 무관심으로 이 문제에 대한 신학적 논의 또한 전무하다고 해도 과언이 아니다. 시민사회는 교회와 사회의 관계에 대해 다양하게 문제를 제기하고 있었지만, 목회자들과 신학자들의 눈에는 그것이 보이지 않았다. 민주화 이전 시대에는 국가에 의한 인권과 시민권 유린이 너무나 폭압적이었기에 이에 대한 일부 교회와 그리스도인들의 저항의 기록들이 교회와 국가의 관계에 관한 주된 신학적 소재로서 충분했다. 그러나 민주화 이후 시대에는 민주화운동 전력만으로 교회의 공공성이나 교회와 국가의 관계에 관한 충분한 의의를 논하기에 부족했다.

무엇보다도 불법, 비법적 조세 혜택은 조세정의에 위배되는 현상, 곧 반민주적 현상임이 명백했기에 목회자와 신학자들이 이 새로운 논점을 중심으로 그리스도교의 의심받는 사회적 공공성을 회복하고, 국가와의 관계에서 교회와 그리스도인의 의미를 재논의하는 것은 매우 중요한 의제였다. 그럼에도 개신교 내의 투명성운동가들의 활동은 메아리 없는 고독한 외침 같았다.

2천 년대 들어서면서 개신교에 대한 사회적 혐오는 급속도로 확산되었다. 민주화 시대의 개혁 기조를 몸에 체화하지 못하고, 과거의 불법, 비법적 특혜 관행을 수호하는 데 급급했던 개신교 엘리트 집단의 경제범죄, (변칙)세습을 통한 종교재산의 독점화, 일부 특권적 목사들의 사치생활 등이 세간에 회자되면서, 개신교권 외부의 시민사회단체들과 언론들, 그리고 비판적 담론을 개진하였던 각종 온·오프라인 매체들의 폭로와 비판이 점점 활기를 띠게 된 것이다. 이제 개신교는 그 사회적 공공성에 대한 평가는커녕 '공공의 적'으로 표상되고 있다.

　　　최근 이러한 위기의식 속에서 개신교 목회자들의 자발적 과세 현상이 점점 확산되고 있다. 또한 이 문제를 계속 펼쳐왔던 복음주의계열의 투명성 운동기구들 외에도, 그동안 큰 관심을 보이지 않았던 개신교 단체들 또한 이 문제에 새롭게 관심을 기울이고 있다. 가령 한국기독교교회협의회(NCCK)도 교회의 사회적 공공성의 회복에 주목하면서 종교인 과세 문제의 공론화를 시도하고 있다. 이에 과세에 관한 공청회를 열고, 각 교단들의 협력을 요청하며, 특정 교단에 편중되지 않고 교단별로 폭넓게 확산되고 있는 종교인 과세에 호의적인 목회자들을 규합하여 목회자 과세운동을 벌이고자 시도 중에 있다. 이와 같이 좀 뒤늦었지만 개신교권 내부의 개혁 움직임이 활기를 띠면서 성직자의 소득세 납부 논의가 재활성화되고 있다. 또한 이것은 교회와 국가에 대한 신학적 논점으로 새롭게 부각되고 있다.

그러던 중 4.11 총선을 20여 일 앞둔 2012년 3월 19일, MB 정부의 박재환 기획재정부 장관이 성직자의 소득세 부과 방침을 밝혔다. 대형교회 목회자들의 반발이 예상되는 가운데 문민정부나 참여정부에서 종교인 과세 문제를 제도화하려는 시도는 불발에 그쳤다. 그런데 이제까지 이에 관해 아무런 관심을 기울이지 않던, 아니 실은 대형교회를 주요 지지세력으로 하고 있는 MB 정부가 집권 말기에 갑자기 과세 의지를 표방한 것이다.

뜻밖의 상황이지만 곰곰이 생각하면 이러한 태도변화의 이유는 충분히 짐작할 만하다. MB 정부에 대한 국민적 비판기조가 널리 확산되고 있던 상황에서 치른, 쉽지 않은 선거 국면에서 이제까지 정부의 든든한 후견세력이던 대형교회 지도자들이 정부를 비판하면서 독자정당을 추진하자, 정부는 교회를 압박하고 표의 이탈을 막으려 했던 것이겠다. 이러한 압박 카드가 이 선거에서 얼마나 실효성이 있었는지를 확인하기 어렵지만, 이것은 정부가 종교인 과세 문제를 어떻게 활용하고 있는지를 보여주는 하나의 전형적 사례라고 할 수 있다. 개신교 안팎의 시민단체나 신학자들이 조세정의의 관점이나 교회의 사회적 공공성을 진작하기 위해 이 문제를 제기했다면, MB 정부는 전혀 다른 관심에서 이 문제를 다루고 있었던 것이다. 간략히 정리하면 이것은 종교에 대한 국가의 관리 전략에 지나지 않다.

하지만 그것이 과세 목적이 아니었다고 해도 일단 과세를 둘러싼 공론의 장에 제출된 이상, 과세를 둘러싼 논쟁에서 자유로울 수 없다. 바로 그 연장선상에서 2015년 12월 2일, 박근혜 정부가 제출한 소득세법 개정안이 국회 본회의에서 통과되었는데, 여기에 종교인 과세에 대한 규정이 포함되어 있다. 이에 의하면 종교인 소득을 '기타소득 중 종교인 소득'으로 규정하여 과세하되, 종교인이 자신의 소득을 근로소득으로 신고할 경우 근로소득으로 본다는 내용을 골자로 하고 있다. 하여 종교인 과세 문제가 드디어 명문화된 법률적 규정으로 제안된 것이다. 한데 이 법안이 고시되자마자 그동안 종교인 과세를 주장했던 이들에게조차 비판을 받는다. 그것은 종교인 소득을 기타소득으로 규정한 것 때문이다.

첫째로 제기된 비판은 조세형평성에 맞지 않다는 것이다. 기타소득은 소득액의 80%를 필요경비로 간주하여 나머지 20%에 대하여만 과세하는 것을 원칙으로 하기 때문이다. 가령 월소득 300만 원 이상의 중산층의 경우 근로소득자가 종교인보다 거의 6배나 더 많은 세금을 내야 하지만, 월소득 100만 원 이하의 저소득층은 근로소득자보다 종교인이 거의 2배의 조세의무를 져야 한다.

둘째로, 조세의 기대효과의 하나인 소득재분배의 효과가 없으며 도리어 그 반대라는 비판도 나왔다. 우선 기타소득은 소득에 따른 누진세율이 적용되지 않는 소득인데다, 저소득층에 대한 면세도 없고 복지혜택도 없기 때문이다. 실제로 고소득 종교인은, 개신교의 경우 극소수에 불과하고, 극빈층이라고 할 정도의 저소득자는 전체 성직자의 60~80%나 되는 형편이다. 거기에 성직자 이외의 종교기관(또는 교회) 종사자의 경우도 못지않게 심각하다.

셋째로 제기된 문제는 종교기관의 재정이 전혀 공개되지 않는 상황에서 부과된 종교인 과세는 사실상의 탈세를 정당화하는 셈이 된다는 것이다. 뜻하지 않게 교회재정이 공개된 어느 대형교회의 경우 실제소득과 임금소득으로 명문화된 소득 간의 차이가 무려 6배 이상이나 되었다. 게다가 여기에는 촌지수입(심방비, 주례비, 장례비 등)은 고려되지 않았다. 그런데 대형교회의 경우 촌지수입이 예산상의 실소득보다 훨씬 더 크다고 알려져 있다. 이는 소득이 있는 곳에 세금이 있다는 국민개세주의(國民皆稅主義)를 명분으로 각종 과세를 실행에 옮겼던 박근혜 정부의 주장을 무색하게 만드는 현상이다.

마지막으로 이런 식의 과세는 종교기관의 재정투명성에 전혀 기여하지 못한다는 비판이다. 중대형교회의 경우 연간 지출액의 40% 이상이 교회당 건축을 포함한 부동산 지출에 몰려 있다. 한데 많은 경우 종교기관의 부동산 거래는 거의 과세하지 않는다. 이를 이용해서 많은 교회들은 많은 부동산 거래로 인한 시세차익을 올렸고, 또 교회당 건축을 둘러싼 무수한 비리들이 난무한 실정이다. 게다가 몇몇 성직자들의 경우는 교회재정에 대한 비리와 배임의 정도가 엄청나다. 심지어 재계와 정계의 부정한 돈의 세탁 장소로 교회가 이용되기도 한다는 소문이, 배우 클라라의 소속사 사장이자 무기브로커였던 이규태 회장 사건에서 사실로 드러났다. 한데 이런 종교기관의 재정문제에 관한 숱한 의혹들이 그 종교인 과세로 인해 묻혀버릴 수 있다는 것이다.

이러한 문제제기는, 앞서 말했듯이, 종교인 과세의 필요성에 원칙적인 동의를 표하는 이들로부터 나온 것이다. 일부 대형교회 목사를 포함한, 개신교의 많은 성직자들은 여전히 종교인 과세에 반대한다. 그들은 종교인, 특히 성직자의 수입은 신의 위탁을 받은 이들이 받는 '사례금'이기 때문에 노동에 대한 임금에 부과하는 과세대상일 수 없다는 것이다. 물론 이런 주장은 타당성이 없다. 하지만 그렇게 확신하는 이들이 많은 데다 그들이 과점하고 있는 사회적 권력이 막강한 탓에, 또한 그런 관행이 건국 이래 계속되어온 탓에, 국가는 함부로 과세하기가 쉽지 않다.

과세안을 마련한 이들은 그런 사정을 염두에 두었기 때문에 기타소득이라는, 특혜성 강한 과세안을 마련한 것이겠다. 게다가 저소득 종교인에게 복지수혜를 주려면 과세안이 도리어 정부의 재정지출을 증가시킬 것을 우려한 결과일 것이다. 근로소득으로 신고한 이들에게는 근로소득으로 간주한다는 예외조항을 둔 것도 기타소득안이 제출되었을 때의 반발을 고려한 조치겠다. 어차피 과세에 대해 계몽되지 않은 대다수 종교인들은 과세안이 나와도 소득신고를 하지 않을 것으로 예측되기 때문이다.

게다가 그 시행을 2018년 이후로 미루었다. 그것은 박근혜 정부 당대에는 시행하지 않겠다는 얘기다. 개신교계의 반대를 무릅쓰고 과세를 추진하는 부담을 지지는 않겠다는 것이겠다. 법안을 마련한 정부가 그렇게 한다면, 다음 정부는 과연 그것을 감수할 것인가? 어떤 다른 변수가 과세를 시행할 수 있도록 강제하지 않는 한, 이 과세안은 향후 오랫동안 시행되지 않을 수도 있다.

아마도 많은 대형교회들과 개신교계 지도자들은 그것을 잘 알고 있을 것이다. 해서 뜻밖에도 적극적인 저항은 별로 나타나지 않았다. 아마도 박근혜 정부의 비적대적 징세안이라는 신호를 교회는 알아차린 것이 아닐까. 여기서 추론되는 교회와 국가의 관계를 나는 '조용한 밀월성'이라고 부르려 한다.

한데 시민사회와 종교계 내부의 개혁집단은 좀 더 '시끄럽게' 문제를 제기하려 한다. 대중의 참여를 자극하고, 정치권력과 종교권력 사이의 밀월성을 공개적으로 경계하고자 함이겠다. 또한 시끄럽게 논의하는 중에 문제는 복잡해지고, 생각은 급진적인 데까지 다양하게 펼쳐지게 마련이다. 이렇게 시끄럽게 논의하는 중에 대중은 종교인 과세를 둘러싼 국가와 종교엘리트 간의 밀월적 담합을 견제하는 참여적 주체가 될 수 있다. 또 종교인 과세가 아닌, 종교과세를 둘러싼 논의를 통해 생각을 더 발전시켜 종교의 공공성 문제를 성찰할 계기를 얻을 수 있다. 민주주의는 이렇게 늘 시끄럽게 얻어지게 된다.

정리해보자. 종교인과 종교기관에 대한 과세 문제는 민주주의 사회에서 시민사회의 조세정의에 관한 문제와 무관할 수 없다. 그것은 모든 조세가 그렇듯이 형평성 문제, 소득재분배 문제, 그리고 재정 투명성의 문제 등을 고려해야 한다. 나아가 모든 과세 주체들의 가져야할 품격 논의의 연장선상에서 국가와 교회의 관계, 특히 사회적 공공성을 위한 교회의 역할에 대한 문제를 고려해야 한다. 그런 점에서 종교인과 종교기관 과세 논란은 개신교인들을 포함한 종교인들이 공공성을 고민할 계기가 되어야 한다는 것이다. 그것이 바로 시끄러운 민주주의의 장점이자 가능성이다.

시나이는 '없다'
카리스마적 지배자의 '법 도구화' 비판

> 모세는 주님께서 그에게 명하신 대로, 돌판 두 개를 처음 것과 같이 깎았다.
> 이튿날 아침에 일찍 일어나서, 그는 두 돌판을 손에 들고 시나이 산으로 올라갔다.
> ─〈출애굽기〉 34,4

'지금'이 어느 때인데

2014년 전반기 개신교계를 뜨겁게 달군 하나의 이슈는 교회정관 개정 논란이었다. 몇몇 대형교회들이 정관을 개정했거나 개정을 시도하고 있었는데, 이에 대해 개신교 시민단체들이 강력한 비판과 항의를 표한 것이다. 특히 사랑의교회의 정관 개정안이 그 논란을 더욱 격화시켰다.

이 교회는 1990년대 이후 한국의 대형교회 가운데 개신교 신자들 사이에서 가장 좋은 평판을 받고 있는 교회의 하나였다. 심지어는 새로운 대형교회 패러다임의 하나로서 평가되기까지 했다. 그러나 최근 들어 한국교회 역사에서 전례 없는 초대형 규모의 교회 건축이 논란을 불러일으켰고 심지어 담임목사의 석·박사 학위논문 표절 시비로 그 이미지가 크게 실추된 상태에 있다. 게다가 담임목사의 비리 혹은 배임의 혐의, 반대파 교인에 대한 집단폭행 사건, 전직 정치깡패 출신 신자의 난동 등이 잇따르자, 외부의 차가운 시선은 말할 것도 없고, 교회 내부의 갈등의 골은 일파만파로 깊어지고 있다. 이런 상황에서 교회가 정관 개정을 밀어붙였는데, 아래에서 보겠지만, 그것이 반대파 교인에 대한 교회 당국의 강압적 통제의 시도로 보인다는 점에서 개신교 내의 민주적 개혁운동가들에게 대단히 문제적인 것으로 해석되지 않을 수 없었다.

그도 그럴 것이 그 개정의 내용이 너무나 어처구니없는 시대의 반동 그 자체를 보여준다. 그 골자는 두 가지로 요약된다. 하나는 목사와 당회의 권한을 더 강화하고, 이들 특권적 엘리트 교인을 제외한 교인들에 대해서는 권리보다는 의무를 강화하는 방식으로의 개정이다. 당회란 담임목사와 시무장로로 구성된 회의체로 사실상의 교회의 최고 권위기구인데, 교회의 비민주적 일방주의는 바로 당회를 중심으로 작동된다. 한데 흥미롭게도 장로교 특유의 이 기구가 한국에서는 대부분의 교파들에서 채택되고 있다. 유럽 장로교 역사에서 장로와 당회 제도는 제한적이나마 성직자 중심주의에 대한 견제의 맥락에서 도입된 교회 민주적인 장치의 측면을 갖고 있지만, 한국에서는 담임목사와 특권적 엘리트 교인의 전횡과 독재의 상징처럼 군림하고 있다.

더구나 개정된 정관은 당회의 의결정족수를 2/3에서 과반수로 낮춤으로써, 당회에 의한 교회의 법적 통제력을 크게 높이고 있다. 그리고 교인들의 공식적인 집회결사의 자유는 더 엄격히 제한하여, 당회의 승인이 없는 일체의 기관 회의 및 소모임을 불법화했다. 그럼으로써 '불법적' 모임에 참여한 교인을 당회는 징계할 수 있게 되었다. 게다가 교인의 자격에 관한 조항에서 십일조 등 기부금을 통한 재정봉사의 의무를 교인의 필수요건으로 적시함으로써 경제적으로 여유롭지 못한 사람들에게는 사실상의 교인 자격을 제한하는 셈이 되었다.[1]

정관 개정안의 두 번째 골자는 교회 재정의 비공개성을 더 높이는 것이다. 요컨대 교회의 재정장부 열람 요건을 더욱 강화하였다. 물론 정관 개정안이 나오기 전에도 대형교회 가운데 재정장부를 공개한 교회는 거의 없다. 대형교회란 일요일 대예배의 성인 참석자가 2천 명 이상의 교회를 말하는데, 한국에서 이런 교회는 대략 880여 개쯤으로 추산된다. 한데 이 880여 개 교회들 가운데 재정을 공개한 교회는 한두 교회 정도에 지나지 않는다. 하지만 거의 모든 교회는 정관상으로는 재정장부를 열람할 수 있게 되어 있다. 실제로 장로, 집사, 권사 등으로 구성된 교회의 실무 기구인 제직회를 통해 재정장부 열람을 요청하는 경우가 간간이 있었다. 하지만 그 모든 경우에 열람은 거부되었다.

---

1 이것은 입법 예고 단계에서 큰 논란을 불러일으켰고 교회는 이 교인 자격 조항을 삭제하겠다고 발표했다.

한데 정관 개정안은 전 교인의 2/3 이상의 찬성을 받아야만 재정장부를 열람할 수 있도록 함으로써 교회법 자체가 재정장부의 열람을 사실상 불가능하게 한 셈이 되었다. 게다가 교회는 재정장부를 포함한 공문서의 보존기간을 3년으로 축소함으로써 문제가 된 담임목사와 특권적 엘리트 교인의 비리와 배임 혐의를 입증할 가능성은 제도적으로 거의 불가능하게 되었다.

그해 3~4월경 사랑의교회의 정관 개정에 대한 개신교계 시민단체를 중심으로 하는 각종 토론회와 비판 집회들이 잇따랐다. 또 이 교회의 비판적 교인들은 신문광고 등을 통해 자신들의 의견을 전 사회를 향해 대대적으로 유포시켰다. 5월에는 MBC의 'PD수첩'에서 이 논란이 다뤄졌고, 인터넷을 중심으로 거의 성토에 가까운 비판이 불꽃처럼 일어났다. 이에 교회는 한편에서는 PD수첩 등에 대한 법적 대응[2]과 교회 내부의 비판적 교인에 대한 비난, 협박, 테러를 가하는 등 강경하게 대응하면서도, 다른 한편에서는 악화된 여론을 감안해서 보다 신중한 태도를 보이고 있다. 가령 교회는 정관 개정을 6월말까지 완료하겠다고 했으나, 미수에 그친 것으로 보인다.

이런 사태 추이를 보면서 적지 않은 사람들은 사랑의교회를 향해 이렇게 말했다. "지금이 어느 때인데 그런 짓을 하나." 한데 이 어

---

2 이 소송은 이듬해인 2015년 8월에 원고인 사랑의교회의 패소로 끝났다.

처구니없는 정관 개정을 시도한 교회의 당회원들과 일반 교인들 가운데는 놀랍게도 국회의원, 교수, 언론인, 법조인 등, 법의 기술자들, 이른바 '법을 가진 자들'이 다수 포함되어 있다. 즉 이 파동은 목사와 장로들이 법을 몰라서 야기된 것이 아니라 너무나 잘 알아서 일어난 것이라는 얘기다. 이들 법의 전문가들에게 '지금'은 바로 그런 어처구니없는 짓이 가능한 때다.

지금이 바로 그런 때이기에

실제로 '지금' 한국에선 민주주의라는 절름거리며 가까스로 도모했던 역사적 실험의 반대편을 향해 달려가려는 역진의 행보가 뚜렷하다. 한데 진보 인사들이 "역사의 반동을 향한 행보"라고 비판해 마지않았던 박근혜 정부는 집권 초부터 줄곧 '법치'를 누구보다도 강하게 주장해왔다.

　　　그이는 권위주의 시대가 지난 뒤 취임한 몇 명의 대통령 가운데 가장 권위주의적 특성이 두드러진 존재다. 사실 이 정부를 구성하는 권력연합은 외형상 그녀의 부친이 구축했던 그것처럼 1인의 권위주의적 지도자와 그에게 충성경쟁을 하는 다양한 테크노크라트로 구성되었다는 점에서 유사하다. 또 그 연합의 핵심역할을 '정치화된 군부'가 맡았고 충성스런 법률 전문가 집단도 깊이 관여되어 있다는 점에서 유사성이 있다. 물론 그 내막이 상당히 다르다는 점은, 권력연합을 내부에서 바라볼 수 없는 우리의 시선에도 종종 포착된다. 지금의 권력연합은 과거에 비해 결코 일사분란하지 않고, 1인의 절대적 권력자에 의해 전체가 지휘되기에는 너무나 복잡한 지형을 지니고 있다는 점을 우리는 그리 깊은 통찰력을 갖지 않더라도 충분히 알 수 있다. 그럼에도 언론이 권력연합을 향해 날 선 비판을 가할 때에도 대개 대통령 자신은 비판의 화살에서 비켜 있다. 그것은 그이가 적어도 이 권력연합의 외연 속에 포함되어 있는 자들에게는 일종의 특화된 존재, 즉 (모든 권력의 독점자인) '카리스마적 지도자'로 상징화되어 있다는 점을 시사한다. '카리스마적 지도자'란 특별한 신의 은총을 받은 자이고, 대중에게 그 은총을 전달해주는 존재라는 의미, 곧 메시아적 존재라는 뜻을 지닌 신학적 개념이다.

여기서 주지할 것은 메시아(적 존재)는 법적이라기보다는 종교적(혹은 도덕적) 함의가 강한 존재라는 사실이다. 그런 점에서 그이의 지배는 다분히 종교적(혹은 도덕적) 지배의 성격이 강하고, 법적 성격은 상대적으로 약하다. 실제로 박근혜 정부는 집권 초부터 '종북'이라는 이념적 세균(즉 종교적 죄성)에 감염된 국민을 정화시키려는 사명을 지닌 정권으로 법치보다는 종교적(혹은 도덕적) 정치에 몰입했다. 종교사회학이 '정치종교'라고 부른 지배양식과 유사한 정치 행태가 이 정부 처음부터 강력하게 작동된 것이다.

그러니 카리스마적 지도자인 그이는 법적 존재라기보다는

'법 위'의 존재다. 즉 '그이가 법을 (수호하기) 위해 존재하는 게 아니라 법이 그이를 위해 존재한다.' 그런 그이가 법치를 유난히 강조했다는 것은 일견 아이러니한 일이다. 물론 독일의 나치 체제처럼 역사적으로 정치종교로 평가되었던 체제는 거의 언제나 법적 지배를 강조했다. 그러니 논리적으로는 어색해도 역사적으로 그다지 어색한 일이 아니다. 그런 체제는 언제나 입법과 사법을 다른 체제들보다 훨씬 강력하게 통제하는 데 성공하였을 뿐 아니라, 법의 해석에서도 다른 해석에 대해 절대적 우위를 점하였고, 또 해석된 법의 유통에서도 대단히 유리한 상황에서 존립해왔기 때문이다. 그러므로 카리스마적 지도자 자신은 법 외부의 존재로서 법의 효력을 정지시키기도 하고 새로운 법을 창안해내는 역할을 하지만, 백성은 기존의 법이든 새롭게 창안된 법이든 그 법의 통제 아래 있어야 한다. 그것이 '지금'으로 해석된 (반민주화로의) 역진 시대의 '법'이다.

바로 '지금'이 그런 때여서 당회 안에 법의 전문가들이 즐비한 사랑의교회 등 일부 대형교회들이 정관에 대한 '터무니없는 개정 국면'을 연출하였고, 집권당인 새누리당은 자기들이 주도하여 만든 국회선진화법을 폐기하려는 작업을 이미 착수하였으며, 또한 자신들이 주도하여 만든 교육감 직선제 법안도 폐기하려는 의도를 공공연히 드러내고 있다. 또 무수한 법률들이 자의적으로 해석되는 일이 비일비재했다. 지금이 바로 그런 때이다.

민주화 이후 역대 정부들도 그런 문제제기에서 빗겨갈 처지는 아니지만, 이 정부는 권위주의 정권 시대의 그것처럼, 너무 심하다. 어느덧 법의 공공적 성격은 뒷방 신세로 밀려났다. 반면 법이 가장 열렬히 변호하고 정당화하는 것은 권력과 돈이다. 말했듯이 '지금'이라는 정국이 바로 그렇다. 이른바 법의 전문가들은, 바로 '그 지금'을 읽어내는 전문가이며 그 지금의 해석에 기반을 둔 법의 해석을 이끌고 있는 자다.

하여 사랑의교회 오정현 목사는 세월호 사건에 대해 막말을 했고, 이를 보도한 PD수첩은 교회의 손해배상청구의 대상이 되었다. 또 총리후보자였던 문창극 씨는 한일합방과 한국전쟁이 하느님의 축복이라고 강연한 내용을 보도한 KBS에 손해배상청구를 하겠다는 입장을 표명했다. 그 외에도 많은 대형교회 목사들, 정치인들, 심지어 청와대 등도 손해배상청구의 주체가 되곤 한다. 또 많은 기업들이 노동쟁의를 벌인 노동자들에게 저 악명 높은 손해배상청구를 하는 일이 비일비재하다.

그런데 성서의 '법치'는 다르다

멸망을 앞둔 유다국의 악취 나는 풍경 하나를 고발하고 있는 예레미야 예언자의 말에도 바로 그런 법의 전문가, 아니 '그때'에 관한 해석의 전문가인 법률가들이 언급되고 있다. 예언자는 말한다.

> 너희가 어떻게 "우리는 지혜를 가진 사람들이요, 우리는 주님의
> 율법을 안다" 하고 말할 수가 있느냐? 사실은 서기관들의 거짓된
> 붓이 율법을 거짓말로 바꾸어 놓았다.
>
> —〈예레미야서〉 8,8

여기서 그들은 '율법을 아는 자들'일 뿐 아니라 '지혜를 가진 자들'이다. 요컨대 그들은 법의 해석자들인 동시에 시대에 관한 해석자들, 곧 '그때'의 해석자들이다. 한데 이 텍스트는 그런 이들이 자행한 법 해석의 장난질이 국가를 멸망의 길로 치닫게 했다고 비판하는 예언자의 말을 담고 있다.

유다국은 오랫동안 법치국가를 이루지 못한 저발전의 국가였다. 이웃나라인 이스라엘국은 인구도 많고 영토도 넓을 뿐 아니라 법률체계나 종교체계에서도 월등히 앞서갔던 선진국이었고, 유다국은 긴 시간 동안 그 나라의 봉신국에 지나지 않았다. 이런 저발전 군주국의 왕은 국가의 시조로 추앙되는 다윗 왕을 모범으로 삼으며 국가를 다스렸다. 이 나라 백성에게서 다윗은 어느 나라의 왕보다도 뛰어난 군주였고, 신과 인간에 대한 신실함에서도 더없이 위대한 존재였다. 그들의 상상 속에서 말이다. 물론 그 왕의 흠결이 없는 것은 아니지만 그런

단점을 넘어서는 인간적 위대함이 돋보이는 존재라는 것이다. 하여 신은 그런 그를 무조건 신뢰하고 무한한 축복을 선사한다. 이런 비교될 수 없는 축복의 수혜자이고 타의 추종을 불허하는 권위의 주체, 그리고 그이의 백성을 신의 축복의 수혜자가 되도록 하는 매개자를 일컫는 용어가 '카리스마적 지도자'다. 다윗은 바로 그런 카리스마적 지도자의 상징이었고, 이후의 모든 왕은 그를 모범 삼아 왕이 되고 통치를 한다. 하여 이론상 유다국의 모든 왕들도 카리스마적 지도자다.

　　한데 그런 유다국이 전에 비해 영토를 상당히 확장하는 데 성공했고 정치와 법, 종교 등에서 제법 국가다운 면모를 갖추게 된 때가 왔다. 그런데 그 속도는 너무 빨랐고 그만큼 제도의 정비는 부실했다. 그리고 몰락의 시간도 빠르게 도래했다. 즉 잠깐의 황금기, 바로 그 시기에 법의 전문가에 대한 예언자의 비판이 바로 위에서 인용한 성서 텍스트다.

　　좀 더 구체적으로 말하면 이 텍스트의 시기는 유다국의 요시야 왕이 죽은 직후로 보인다. 요시야 왕은 한참 발전일로에 있던 국가에 법제를 도입하고 정치적으로나 신학적으로나 이스라엘국[3]에 버금가는 발전을 이룩한 개혁군주다.

　　그의 개혁을 좀 더 살펴보자. 증조부(아하스 왕) 때부터 시작된

---

3 요시야 당대에는 이스라엘국은 멸망한 뒤였다.

국가발전의 과정에서 귀족과 공신세력이 확고해졌다. 그리고 왕들은 그들 귀족들의 당파와 결합하여 귀족 중심의 정치를 구사하는 존재가 되었고, 그 과정에서 소농들과 소목장주들의 몰락이 잇따랐다. 즉 이 시기에 유다국도 많은 다른 나라들처럼 왕족-귀족의 부와 권력이 강화되는 동시에 소농의 몰락이라는 양극화의 길로 거세게 달음질하고 있었다.

그러나 그럴수록 이에 대한 민중론적 비판과 민중적 저항들도 드셌다. '암하아레츠'라는 히브리어는 농민 일반을 일컫는 보통명사인데, 성서의 〈열왕기〉에 등장하는 이 단어는 필경 민중적 정파를 지칭하는, 다분히 고유명사화된 용례를 보인다. 그들은 유다국의 정변에 등장했고 번번이 개혁을 지지하는 정치세력화된 집단처럼 행동한다. 특히 요시야 왕은 이들의 지지 없이는 결코 왕이 될 수 없었다. 그러니 그런 그가 강력한 민중적 개혁정치를 편다는 것은 당연한 일이겠다.

그는 귀족의 권력을 제한했고, 소농의 몰락을 억제하려는 정치를 폈다. 그것을 위해 그는 법치를 강조하여 광범위한 법전을 편찬했는데, 그것이 〈신명기〉다. 더구나 백성의 절대다수가 글을 읽지 못함으로써 법의 주체가 되지 못한다는 점을 감안하여 법을 압축하여 대중화하는 다이제스트 법전을 만들어 유포했는데 그것이 〈신명기〉5장 속에 들어 있는 십계명이다. 이는 보다 오래된 〈출애굽기〉20장의 십계명을 거의 그대로 수용하면서 법정신 부분을 보완한 개정본 십계명이다.

한편 왕은 유다국 전례의 다윗계약도 수정하는 신학적 작업을 추진했다. 말했듯이 다윗계약은 메시아적이다. 왕은 '법 밖의 존재'인 것이다. 신은 그가 어떻게 하든 그를 지지했기 때문이다. 한데 요시야 왕실은 무조건축복에서 조건부축복의 방식으로 왕권계약의 신학을 수정한 것이다. 즉 왕도 법을 지켜야 한다. 왕도 백성처럼 '법 안의 존재'다. 그 법은 귀족들에 의해 몰락하고 있던 백성의 권리를 지키는 법이다. 권력관계의 비대칭에 거스르는 법인 것이다. 그것을 '하느님의 공의'라고 주장했고, 왕권계약은 그러한 법적 공의를 준수하는 왕에게만 축복을 계속 선사한다는 계약이다.

그런데 요시야 왕이 이집트의 파라오에 의해 비운의 최후를 맞이했다. 이후 유다국은 급전직하 몰락의 길로 떨어져 갔다. 근데 여기서 주목할 것은 요시야 이후의 군주들은 누구든 카리스마적 지도자가 아닌 법치의 중심으로 통치를 하게 되었다는 점이다. 이미 유다국은 법치를 위한 다양한 제도를 갖추었던 것이다. 하여 과거처럼 카리스마적 리더십을 주장하는 모호한 통치가 더 이상은 불가능했다. 문제는 '포스트 요시야' 시대의 법치는, 예레미야 예언자가 독설을 퍼붓는 것처럼, '법을 아는 자들'의 농간에 의해 법이 권력을 옹호하고 심지어 힘의 남용을 정당화하는 장치로 사용되고 있었다는 데 있다. 그리고 그들은, 예레미야에 의하면, 자칭 '지혜를 가진 자', 곧 그 시대의 권력관계를 간파하여 거기에 맞추어 행보하며 법을 해석하는 전문가였다.

시나이는 '없다'

우리 시대가 꼭 그렇다. 법의 전문가들이 법을 농간하며 권력과 돈을 위해 법을 해석한다. 어느 때보다도 현격한 법의 농간이 난무한 사회가 '지금'인 것이다. 정부는 그런 법률가들을 모아 권력연합을 만들었다. 해서 그들은 공직자 청문회가 가장 두려운 자들이다.

한데 그런 체제의 중심에 카리스마적 리더가 있다. 상징적이든 실질적이든 그이는 권력의 중심이고, 무수한 테크노크라트들을 휘하에 두고 그들 간의 충성경쟁을 만끽하는 자다. 그런 모습이 이 체제의 '지금'의 풍경이고, 그이 휘하의 법 전문가들은 그런 '지금'의 해석에 기반을 두고 법을 조작해낸다.

그런 법의 전문가들을 우리는 많이 안다. 무엇보다도 매스미디어를 통해 그이들은 무수한 법 해석의 농간을 쏟아냈다. 한데 매스미디어가 유포하는 그런 해석자들의 언변은 놀라울 정도로 거칠다. 이른바 막말이 난무한다. 아마도 그이들의 '지금' 해석에서 경의를 다할 대상과 막말을 퍼부을 대상이 가려졌겠다. 최근 막말의 주인공으로 우리의 주목을 끌었던 문창극 씨나 오정현 목사도 그런 법의 전문가들에게 둘러싸인 이들이고 그 자신 또한 법의 해석자이다.

그런데 주목할 것은 문창극 씨나 오정현 목사 등은 그런 법 해석자들과 결정적으로 중요한 논점을 공유하고 있다는 사실이다. 그리고 그것은 메시아적 존재를 둘러싼 담론의 논리이기도 하다. 그것에 의하면 대중은 무지하고 게으르며 미개하므로 그들을 지도할 엘리트가 필요하고, 이들 엘리트는 더 큰 가치를 위해 미개한 대중의 희생을 감수할 수도 있다는 것, 바로 이런 가치관을 그들은 공유하고 있다는 것이다. 이것은 죽은 박정희에게 메시아 신학의 옷을 입혀 오늘 우리의 시대로 재림하게 한 '신학자들'인 조갑제, 이인화 등의 '지금론'의 '대중편'의 핵심 논지이기도 하다.

여기서 다시 요시야 왕의 개혁 담론을 참고하자. 요시야 왕정의 법치는 결정적으로 중요한 논점을 우리에게 남겨주었다. 법은 시나이에서 출발한다. 그 산에서 모세가 법을 받아 백성에게 나눠줌으로써 백성은 법의 백성이 된 것이다.

한데 여기서 핵심은 그 장소가 바로 '시나이'라는 점이다. 당연히 법의 장소는 예루살렘이어야 할 터인데, 유다국 전례에 따르면 국가의 신이 안치된 곳은 예루살렘 성 안의 성전이고, 성전 가운데서도 본관 건물 안이며, 그중에서도 건물의 가장 은밀한 곳(지성소)이 바로 야훼가 있는 장소다. 한데 요시야 왕의 법치 담론에서 야훼가 부여한 법은 예루살렘 성전 안의 지성소가 아니라 시나이라는 것이다. 더욱 놀라운 것은 이 장소는 국경 밖의 장소다. 즉 누구도 점거할 수 없는 장소에서 신의 법의 통치가 시작되었다는 얘기다. 그런데 더더욱 놀라운 점은 그곳은 단순한 국경 밖이 아니라 어느 곳인지 알 수 없는 '미지의 산'이라는 사실이다. 어느 나라에 있는지, 어느 도시 근처인지 도무지 정보를 주지 않고 단지 광야에 있는 미지의 산이라는 점만이 알려졌을 뿐이다. 이 점을 보완하기 위해 모세의 법전을 성전 안 지성소에 안치하였음에도 사람들에게 '시나이' 지향성은 유다국이 멸망한 이후까지도 계속되었으니 예루살렘 성전 중심주의를 넘어서는 파급력을 지녔음이 분명하다.

아무튼 요시야 왕의 법치 담론에서 법의 근원적 장소인 시나이는 '부재함으로써 존재하는 산'이다. 곧 시나이는 어떠한 권력도 미치지 않는 곳, 누구도 점거할 수 없는 곳에 있는 '미지의 산'이다. 누구도 그 산을 알지 못하고, 누구도 그 산에 도달하지 못한다. 법의 제정자인 모세조차 국가의 창건자가 되지 못하고 사라져야 했다. 곧 법은 누구도 독점할 수 없고, 독점해서도 안 된다는 것이다. 그래야만 법이 누구에게나 공평하게 작동하듯이, 누구도 대중의 가치를 함부로 도구화할 수 없다는 것이다.

법의 해석에 참여하고 있는 모두는 성서의 한 법치론, 법의 장소에 관한 이 해석을 경청할 필요가 있다. 특히 법치를 유난히 강조하는 박근혜 정부의 인사들, 그리고 법치를 주장하며 정관 개정을 도모하는 성직자들은 '시나이는 없다'라는 메시지를 반드시 숙고하기를 권한다.

'안전'행정부

포스트민주화 시대, 정부의 공포 마케팅

> 주님께서 이 언약을 우리 조상과 세우신 것이 아니라,
> 오늘 여기 살아 있는 우리 모두와 세우신 것입니다.
> — 〈신명기〉 5,3

2008년, MB 정권이 집권한 첫해 제헌절은 법정 공휴일에서 제외되었다. 국민들이 너무 많이 쉰다는 게 이유였다. 이렇게 하여 한국은 '유엔의 날'(10.24), '국군의 날'(10.1), '한글날'(10.9), '식목일'(4.5), 그리고 제헌절(7.17)까지 5일이 줄어 법정공휴일 수가 총 14일이 되었는데, 이는 법정 공휴일이 제일 많은 영국(28일)을 포함하여 2~10위(25~26일)에 랭크된 나라들의 절반에 지나지 않는다. 한편 현재 자본주의적 경쟁 시스템이 가장 치열하게 작동하는 나라들이라고 할 수 있는 경제협력개발기구(OECD) 회원국 가운데 한국은 가장 많은 시간을 일하는 나라에 속한다. 2015년 통계에 의하면 우리나라 노동자의 연간 노동시간은 2,124시간으로 OECD 32개국 중 2,228시간을 일하는 멕시코 다음으로 많다. 이런 간단한 지표만 보더라도 우리나라가 세계 최고의 '과로사회'에 속한

다는 것은 명백하다.

　　제헌절이 법정 공휴일로 제정된 것은 1948년이다. 남북한 통일정부를 세우자는 국민의 열망과 여러 정치세력들의 주장을 물리치고 남한만의 단독정부를 강행한 이승만 정권이 조선 건국일을 기념하는 날인 7월 17일을 제헌절로 정한 것이다. 이렇게 처음부터 제헌절은 사회통합적 가치와는 다른 취지로 시작했다. 그러니 이후 한국 현대사에서 헌법이 겪은 수모들은 이미 처음부터 노정된 것이겠다. 그런 점에서 제헌절이 법정 공휴일에서 퇴출된 것은 한국 현대사의 법의 비극적 운명을 시사하는 단적인 사건이다. 더욱이 성공했든 실패했든 법의 정의 구현적 가치에 대한 시민적 갈망으로 탄생했던 두 번의 개혁정부(국민의정부와 참여정부) 이후, 그러니까 포스트민주화가 퇴행적 시장주의로 귀결된 MB 정부 시대에 제헌절 퇴출사건이 벌어졌다는 점은 향후 우리 사회의 '법의 눈물'이 아직 끝나지 않았음을 단적으로 시사한다. 실제로 MB 정부 5년은 탈법과 불법, 편법의 시대였다.

　　시도 때도 없이 "법대로"를 외쳐댔던 박근혜는 과연 법치를 복권하는 대통령이 될 수 있을까. 그런데 취임 이후 얼마 되지 않아서 벌써 그런 기대는 무망한 것임이 드러나버렸다. 취임 후 첫 번째 제헌절이었던 2013년 7월 17일도 초라해진 법의 시간이었다는 점에서 예년과 다르지 않다. 그날도 국정원의 불법적인 정치개입을 비판하는 시민들의 거리시위와 시국선언이 잇달았지만, 자칭 '법대로' 대통령은 헌

법수호를 재천명하는 입에 발린 성명 하나 발표하지 않았다. 게다가 8월 5일, 청와대 비서관들을 대폭 경질하면서, 신임 비서실장으로 임명된 김기춘은 법률가였음에도 헌법 유린의 최전선에 있던 자였다. 또한이 정부의 첫 번째 내각과 수석비서관으로 임명된 이들 중 9명이 대형로펌출신이니, 이 정부의 정책은 편중된 법해석을 반영할 우려가 크다는 것이 이미 취임 직후부터 지적되었다. 그리고 그것은 현재까지 변함없는 이 정부의 법 운용 방식이다. 법이 강자의 편이라는, 비관론적 법이해가 '법대로' 대통령이 이끄는 정부 자신에 의해 공공연히 표상된 것이다.

　　그나마 대통령의 '법대로' 구호가 나름의 적극적인 의지로 표명된 경우도 있기는 하다. 지난 2013년 4월 5일 법무부와 안전행정부업무보고를 받고 나서, 대통령이 '4대악 근절'의 강력한 의지를 표명한것이 그런 예일 것이다. 성폭력, 학교폭력, 가정파괴범, 불량식품이 저유명한 4대악의 정체다. 임기 중에 이것들을 반드시 뿌리 뽑아 국민의'안전한 삶'을 지켜주겠다는 말은, 필시 집권초기의 자신감이 낳은 허언(虛言)이겠지만, 적어도 이 말을 할 당대에는 진심을 담은 것이라고 이해해볼 만도 하다. 이후 '안전'을 최우선으로 한다는 이름으로 개칭된이 정부부처(안전행정부)는 향후 5년 동안 적어도 이 '4대악' 근절에는 적지 않은 힘을 쏟을 것이다.

　　그런데 특정 대상이 '4대악', '근절' 등과 같이 강한 뉘앙스의 용어로 표현되면, 다른 위법적 요소들이 간과될 수 있다는 우려가 제기된다. 바로 이것이 걱정스러운 일인데, 가령 4대악에 빠져 있는 권력형 범죄 문제는 좀 슬슬 다뤄도 된다는 것일까 하는 의문이 든다. 이는 더 나아가 권력형 범죄가 4대악에 포함되지 않았다는 것과 대형 로펌 출신 인사들이 정부 요직에 두루 임명되었다는 것 사이에는 아무런 인과관계가 없을까 하는 의혹이 생기기도 한다. 심지어는 국정원 선거개입 사건이나 전직 국정원장의 뇌물수수 사건 같은 데서 보듯 국가가 권력형 범죄의 중심에 있을 수도 있다는 점이 현안의 문제로 부각되었음에도 이것은 법대로 대통령의 관심거리가 전혀 아니었다. 실제로 2015년의 한 조사에 의하면 공직부패의 건수와 비율이 MB 정부와 박근혜 정부에 와서 크게 늘었고, 특히 박근혜 정부의 공직부패 정도는 이전 정부의 수준을 크게 압도한다. 이것은 박근혜 정부의 공직자의 권력형 비리에 대한 통제력

	노무현 (5년간)	이명박 (5년간)	박근혜 (2년간)
연평균 공직부패 (건수)	676	1,067	1,164
공직부패 비율(%)	5.8	6.9	9.8

[출처] 한국형사정책연구원, 〈한국사회 부패의 발생구조 및 변화트랜드 분석〉에서.

이 크게 이완된 탓이라고 할 수 있다. 아니 심지어는 대통령이 나서서 권력형 비리를 감수하는 국가의 도구적 법 운영의 의지가 엿보이기도 한다. 앞서 말했듯이 정부의 부당한 정치개입의 지존격 되는 이가 다름 아닌 대통령 비서실장이 되었으니 말이다.

이쯤에서 안전행정부 얘기를 해보자. 지난 1998년 '국민의정부' 때에 정부조직 개편의 일환으로 총무처와 내무부를 통합해서 '행정자치부'가 탄생했다. 이후 MB 정부는 그것을 '행정안전부'로 명칭을 바꾸었고, 박근혜 정부는 다시 '안전행정부'로 개칭했다.

이 정부기관이 주로 담당하는 것은 사회통합이다. 한데 위와 같은 일련의 명칭 변화에서 추정되는 사실은 두 번의 개혁정부들(국민의정부, 참여정부)이 이 부처를 통해 '지방자치'를 중심으로 하는 사회통합을 중요시했다면, 이후 두 번의 보수정부들은 '안전'을 기반으로 하는 사회통합을 강조하고 있다는 점이다. 특히 박근혜 정부는, '행정'보다 '안전'을 앞에 배치한 명칭에서 보듯, '안전'을 더욱 부각시키고 있다는 점이 눈에 뜨인다.

여기서 '안전'이 과거 독재정부들이 중요시했던 '공안'이라는 개념과 쌍을 이루는 용어라는 점이 주목된다. 이 두 용어는 사회를 위협하는 존재를 가정하면서 사회통합의 논리를 부여하는 개념이다. 즉 사회통합을 가로막는 핵심적인 악을 전제하고 그것을 제거하는 것이 안전 혹은 공안의 핵심이라는 얘기다. 물론 둘 사이에는 차이가 있다. 공안이 이념적 위험을 제거하는 데 방점이 있다면, 안전은 일상적 범죄의 위험으로부터 사회를 지켜내야 한다는 것을 강조한다. 우리 사회에서 전자에 해당하는 이념적 위험의 실체가 이른바 '빨갱이'였다면, 현정부에 따르면 일상적 위험의 실체는 위의 4대악으로 규정된 요소들이다.

물론 박근혜 정부는 여전히 공안 개념을 권력유지에 적극 활용하고 있다. 이른바 NLL 논쟁 같은 '종북 담론'이 그런 예다. 하지만 조작된 간첩단 사건으로 공안 담론을 가동시켰던 과거와는 달리 오늘의 종북 담론은 보수-진보의 분할을 통한 통치의 수단으로 활용되고 있다. 요컨대 그것은 오늘날 결코 사회통합의 장치가 아니라 사회분할의 장치다.

반면 안전 개념은 사회통합을 가능하게 하는 통치의 수단이다. 얼마 전 세간을 떠들썩하게 했던 아동성폭력 범죄자인 김길태나, 강간 후 시신을 잔인하게 유기한 오원춘, 그리고 용인 여고생 토막살인 사건의 심모씨 등은 전 국민을 '증오 연대'의 일원이 되게 했다. 박근혜 정부가 가장 적극적으로 활용한 안전의 항목은 이런 사건들과 관련이 있다.

아무튼 몇몇 치명적인 엽기적인 살인사건들을 정부가 활용하는 데 있어 매스미디어의 역할이 중요했음은 의문의 여지없다. 무한경쟁 중인 매스미디어들에게 '공포'는 대중의 주목을 끌기에 더 없이 괜찮은 요소다. 그런 점에서 범죄 보도는 공포 마케팅에서 가장 쓸 만한 상품이라고 할 수 있다. 이때 기사들은 그 범죄가 얼마나 잔혹한지, 그리고 그 범죄자들이 얼마나 무자비하고 죄의식이 없는 자인지를 강조하게 된다. 또한 그런 범죄들을 열거함으로써, 누구나 범죄의 잠재적 희생자임을 체감하게 한다. 하여 사람들은 증오와 공포심으로 그 사건을 접하게 되는 것이다.

여기서 중요한 것은 이런 매스미디어의 속성이 통치의 수단으로 활용되고 있다는 사실이다. 전 국민을 그 범죄의 적으로 만들고, 그 범죄자에 대한 증오를 불러일으키며, 그런 범죄를 저지른 이들을 적대하는 사회적 연대를 구축한다. 하지만 사람들은 적개심을 행동화할 수 없다. 복수는 정부에 의해 독점되었기 때문이다. 하여 정부가 이 연대의 행위자가 되어 복수를 대행한다.

복수는 가혹할수록 더 큰 쾌감을 준다. 하여 정부는 그 범죄자에게 법률상 가능한 한 최대의 중형을 내리도록 한다. 심지어 법이 국민의 감정에 못 미친다면 법을 개정하기까지 한다. 그렇게 함으로써 정부는 국민을 공포의 연대, 증오의 연대의 일원으로 포섭한다.

한데 이러한 공포와 증오의 연대를 통한 사회적 통합은 많은 문제를 담고 있다. 첫째, 특정 범죄를 왜곡 과장함으로써 그 범죄자의 인권을 유린할 수 있고, 둘째, 그런 범죄를 저지를 가능성이 있다고 '낙인찍힌' 이들을 잠재적 범죄자로 취급하는 문제를 낳는다. 이때 잠재적 범죄자로 낙인찍힌 이들은 대개 사회적 소수자들이다. 즉 소수자에 대한 시민사회의 증오범죄를 야기할 수 있다는 것이다. 셋째로 사회복지나 경제민주화 정책 같은 사회적 양극화를 완화하는 정치를 정부가 후퇴시킬 때 시민사회의 저항을 희석하는 효과가 있을까 우려된다.

그런 통치 수단을 활용하는 정부는 '안전'이라는 명분 아래 사회적 소수자에 대해 가혹한 법치를 수행한다. 반면, 경제적·정치적 권력이 불러일으키는 불법과 탈법에 대해서는 법은 솜방망이다. 연이어 집권한 한국의 보수정부들은 행정안전부 혹은 안전행정부를 통해 그런 식의 사회적 통합이 실현되는 사회를 구축할 것이라는 것이, 지난 경험들을 통해 우리가 얻은 지혜다. 그것이 제헌절이 실종되고 있는 오늘 한국의 법적 현실인 것이다.

여기서 우리는 고대 유다국에서 처음 반포된 법의 현장으로 돌아가보자. 유다국의 요시야 정부는 증조부인 아하스 왕이 이룩한 발전의 토대를 재구축하고자 법의 반포를 시도하고 있다. 그것은 조부인 히스기야 왕의 정치를 계승하는 것이다.

아하스 왕은 약소국 유다를 강대국으로 일으켜 세운 통치자다. 하지만 이때는 유다국의 보수기득권 세력이 형성되는 시기이기도 했다. 하여 소농은 몰락하고 있었고, 기득권층은 크게 강화된 부와 권력을 누리게 되었다. 히스기야는 그런 사회를 개혁하고자 했던 통치자였다. 빈부격차를 해소하고 부당한 권력의 횡포를 제약하고자 했다. 하지만 그는 실패했고, 그의 아들 므낫세의 55년에 이르는 기나긴 통치 아래서 개혁의 기반은 철저히 무너졌다. 한데 므낫세를 이어 왕이 된 요시야는 다시 히스기야의 정신을 계승하고자 했다.

그의 통치는 법의 반포를 통해 시행된다. 그것이 바로 〈신명기〉 법전'이다. 하지만 그 법은 글을 읽지 못하는 대중에게는 무용지물이다. 그런 법은 왕실과 귀족 사이에서나 작동하는 법이다. 그런데 왕은 백성들을 법의 질서 속으로 끌어들인다. 즉 법전의 길고 복잡한 내용을 간소하게 하여, 백성에게 법을 선사한 것이 바로 '십계명'이다. 백성이 법의 수혜자인 동시에 법적 책임을 지도록 한 것이 바로 십계명이라는 것이다. 하여 그것은 백성을 하느님이 제정한 법의 주체가 되도록 이끈다. 요시야는 그런 식으로 사회를 통합하고자 했다.

요컨대 요시야가 제정한 고대 유다국의 법은 안전을 강조하면서 특정 범죄자를 증오하게 하는 법이 아니다. 그 법은 백성과 소통하는 법이고, 백성을 법 밖의 대상으로 전락시키지 못하도록, 그들이 법의 백성이 되고 법이 부여하는 혜택의 주체가 되도록 하는 그런 법이었다. 그 법은 권력층의 힘이 남용되는 것을 억제하고 그것이 백성을 몰락하게 하여 법의 밖으로 내몰게 하는 것을 막아내고자 하는 법이었던 것이다.

반면 오늘 우리의 법 현실은 그와 정반대다. 정부는 공공연히 안전을 통치의 수단으로 활용하여 공포 마케팅을 주도하고 있다. 공포를 통한 사회적 통합은 사회적 소수자에 대한 증오로 구축되는 병든 시민의 사회다. 또한 그것은 사회복지나 경제민주화를 향한 느릿느릿하고 비틀거리는 시도나마 폐기해도 시민적 저항이 없는 무능력한 사회가 되게 할 수 있다.

다행히 지금 많은 시민은 저항 중이다. 부당한 권력을 직시하고 있고, 안전 욕구에 매몰되지도 않았다. 므낫세의 오랫동안 지속된 반개혁의 통치에도 불구하고 그것에 굴복하지 않았던 요시야가 등극하고 개혁을 추진하도록 압력을 넣었던 민중적 농민연합, 곧 '암하아레츠'처럼 말이다. 이런 법의 정의를 위해 행동한 암하아레츠의 열망에 따라 요시야가 실행한 법 정신처럼, 이웃과 공공적인 것을 나누고, 배제된 소수자에 대한 특별한 배려를 간직한 시민성이 되살아나는 계기가 된다면 제헌절은 다시 부활할 수 있을 것이다.

궤 안의 야훼
사랑의교회 건축과 공공성

> 금고리 네 개를 만들어서 그 밑의 네 모퉁이에 (…) 달아라.
> 그리고 아카시아 나무로 채를 만들어서 (…)
> 궤의 양쪽 고리에 끼워서 궤를 멜 수 있게 하고, (…) 거기에서 빼내지 말아라.
> ─〈신명기〉 10,12~15

제1성서(구약성서)에 나오는 '언약궤/법궤/궤'를 둘러싼 설화들은 굉장히 복잡해서, 그것이 어떻게 유래했고, 어떻게 전개되었는지에 관해 설명하기가 여간 어려운 것이 아니다. 아무튼 분명한 것은 최종단계에서 궤는 예루살렘 성전에 안치되었고, 다윗의 왕권을 정당화하는 야훼의 징표로서 받아들여졌다.

> 주님의 권능 깃들인 법궤와 함께 그 곳으로 드십시오.
> ─〈시편〉 132,8

여기에서 나는, 다윗의 자손 가운데서 한 사람을 뽑아서 큰 왕이 되게 하고, 내가 기름 부어 세운 왕의 통치가 지속되게 하겠다.

—〈시편〉132,17

　　　결국 유다국의 중앙성소인 예루살렘 성전과 그 성소의 주인
인 다윗왕조의 장소, 그 집안의 사적 이익을 위해 존재하는 신에 관한
이야기가 바로 궤 설화의 귀결이다.

　　　한데 궤 설화를 보면 시종일관 나타나는 또 다른, 의심할 수
없는 요소가 나온다. 궤는 한 곳에 머물 수 없는 신, 유랑자 신에 관한
신학을 담고 있다. 궤는 어떤 항구적인 곳에 안치되기 위한 것이 아니
라 옮겨 다니기 위한 신 야훼의 자리인 것이다.

　　　더욱이 그 궤는 수레에 실어 옮기는 것이 아니다. 그것은 '메
고' 다녀야 한다. 수레에 실어 옮긴다는 것은 옮기는 자가 소와 수레를
보유해야 한다. 여기에는 왕의 행렬이나 부유층의 행렬 같은 것이 포
함된다. 그런데 제1성서에 의하면 그렇게 옮겨 다닐 수도 있는 게 아니
라, 오직 '메고' 다녀야 한다.

　　　글 서두에 인용한 〈신명기〉10,12
~15은 한술 더 뜬다. 궤의 네 모서리
에 고리를 달고, 그것을 메기 위
한 채를 '항시' 끼워두라고 한
다. 언제나 옮겨 다닐
준비가 되어야 한다

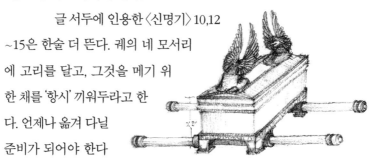

는 것이다. 이리저리 유랑하는 자, 여기서 쫓겨나고 저기서 쫓겨나는 자들의 신을 상징하는 궤다. 바로 그것은 '난민들의 야훼'를 뜻한다.

그런데 이런 궤 신학은 예루살렘 성전에서 유래한 것이 아니다. 우리는 성서에서 이런 궤 신학의 보다 오래된 전승이 실로 성소와 관련되어 있음을 보게 된다. 블레셋의 공격으로 이스라엘 부족동맹이 절체절명의 위기에 내몰렸을 때 이스라엘의 유지들이 실로의 성소로 찾아갔다. 그들은 그곳 제사장들에게 부탁했다. 이곳의 야훼를 상징하는 법궤를 앞에 모시고 전투에 임하도록 허락해달라고 말이다.

그 무렵에 블레셋 사람이 이스라엘을 치려고 모여들었다. 이스라엘 사람은 블레셋 사람과 싸우려고 나가서 에벤에셀에 진을 쳤고, 블레셋 사람은 아벡에 진을 쳤다. 블레셋 사람이 전열을 갖추고 이스라엘 사람을 치자, 치열한 싸움이 벌어졌다. 이스라엘은 이 싸움에서 블레셋에게 졌고, 그 벌판에서 죽은 이스라엘 사람은 사천 명쯤 되었다. 이스라엘의 패잔병들이 진으로 돌아왔을 때에, 장로들이 말하였다. "주님께서 오늘 우리가 블레셋 사람에게 지도록 하신 까닭이 무엇이겠느냐? 실로에 가서 주님의 언약궤를 우리에게로 모셔다가 우리 한가운데에 있게 하여, 우리를 원수의 손에서 구하여 주시도록 하자!"

—〈사무엘기상〉 4,1~3

우여곡절 끝에 실로 계열의 한 분파 예언자들과 제사장들이 사울과 결연을 맺고 지파동맹을 결속시켜, 일종의 원시적 국가를 만들었을 때, 실로의 야훼 전통은 이스라엘을 대표하게 되었다. 즉 실로의 난민의 신학, 저 아웃사이더 신학이 일종의 지배담론으로 부상하게 된 계기가 바로 사울을 지지하는 것으로 나타난 것이라는 얘기다. 과장할 수는 없지만, 적어도 사울은 이러한 이상을 가진 통치자였던 것 같다.

　　아마도 늘 이동하는 신, 그이가 블레셋의 침공으로 인한 절체절명의 위기에 놓인 이스라엘을 위해 카리스마적 지도자인 사울을 선택하여 왕으로 삼았다는 주장이 이들 실로계 예언자들의 생각이었을 것이다. 여기에서 그 신은, 그 지도자가 이 난민 신학의 이상에 부합하지 않을 땐, 언제곤 다시 사울을 떠나 다른 적절한 통치자를 선택할 수 있다는 가능성이 전제되어 있었다.

　　그런데 실로계의 다른 계보 예언자의 수장인 아비아달이 다윗을 지지하면서, 궤는 다윗의 나라를 선택하는 것으로 재해석되었다.[1] 아마도 아비아달은 사울을 택했던 신이 이제 그를 떠나서 다윗을 택했다고 주장했을 것이다. 한데 훗날 아비아달이 다윗의 아들 솔로몬 시절

1　아비아달이 다윗을 지지했다는 것이 사실인지, 그것이 사실이라고 해도 사울과 시간이 겹치는 사건인지 등은 의심의 여지가 있다. 성서의 스토리는 다윗–아비아달 콤비를 사실로 보며, 또 사울–사무엘 콤비와 시간적으로 겹치는 것으로 이야기한다. 이 글은 성서의 형식적 설화를 사실로 간주하면서 역사적 상상력을 펴고 있다.

궤 안의 야훼　　　　　　　　　　　　　　　　　　　　　　　• 77

에 숙청되고 유다국의 제사장들과 예언자들은 새로운 왕실 신학을 편다. 그 궤는 이제 이동을 멈추었다는 것이다. 야훼는 이제 항구적으로 다윗의 집안을 선택하였다고 말이다.

이를 정리하면 이렇다. 법궤는 실로 성소에서 아웃사이더적인 궤 신학을 발전시키고 있었다. 그러다 블레셋 족속의 침공으로 부족동맹이 몰락의 위기에 처했을 때에 실로의 제사장들은 카리스마적 지도자 사울을 택하여 블레셋과 맞싸웠고 이 과정에서 실로의 신학은 부족동맹의 지배적 신학으로 부상했다. 그리고 이것은 사울을 중심으로 하는 원시국가의 신학이었다. 여기서 실로 성소가 대변하는 신은 특정한 군주에 머물러 있는 신이 아니다. 그 신 자신도 법궤와 함께 유랑하는 떠돌이 신이다.

한데 실로계의 다른 계보의 제사장들이 다윗을 택함으로써 법궤와 다윗이 연결되게 되었다. 그리고 그 제사장들이 다윗 가문의 왕실에서 숙청된 이후 실로의 신학은 변형된다. 즉 궤는 정착하는 신의 상징이 된 것이다. 이렇게 궤 신학은 3단계 전개 과정을 거쳐 다윗 가문에 정착하였다. 성서의 스토리는 이렇게 이야기한다.

과거 난민들이었던 히브리들, 그들의 신을 가장 잘 담아내고 있었던 것으로 보이는 실로의 궤 신학은, 이들 고대 가나안 일대의 난민을 위한 '궤의 공공성'을 담은 신학이었다. 그런데 사울을 거쳐 다윗 왕조에 이르게 되면서 점차 난민의 공공성을 상실하고 통치자에 의해 사유화되는 과정을 겪게 된다. 그런 점에서 이것은 이동하는 존재인 '궤 안의 야훼', 그 난민적 신의 죽음이자, 난민적 정체성을 가진 히브리의 실종을 의미한다. 동시에 이것은 모든 것을 사유화하려는 권력의 속성이 야훼신앙의 역사 속에서도 구현되고 있음을 의미한다. 그럼에도 이 신학은 그 뿌리, 곧 신의 난민성을 완전히 지우지 못했다. 하여 이후 야훼신앙사는 '지배자적인 사유화의 신성'과 '민중적 공공성의 신성' 사이의, 권력의 역사와 해방의 역사가 서로 얽히면서 펼쳐지는 파노라마를 이루며 펼쳐졌다고 해도 과언이 아니다.

몇 년 전 사랑의교회가 한국에서 전례 없는 초대형 교회당 건축 계획을 발표하였을 때 벌어진 논란은 앞에서 이야기한 법궤의 길항적 이중성을 둘러싼 갈등과 유사한 양상을 보여주었다. 순복음교회를 표상으로 하는 한국교회 대형화의 역사에서 대형교회에 관한 설화는 천막교회에서 초대형교회로의 무한성장의 신화를 내포하고 있었다. 여기에는 성장 그 자체가 신의 축복을 의미했다.

한데 1990년대, 한국교회의 무한성장의 신화는 붕괴되기 시작했다. 이때 사랑의교회는 한국교회의 새로운 성장모델로 각광받고 있었다. 그것은 일종의 '탈성장주의적 성장주의'라고 할 수 있다. 무조건적인 성장과 축복을 추구하기보다는, 지나칠 정도의 엄숙주의적이고 성찰적인 신앙 양식이 새로운 성장의 계기를 낳은 것이다. 충분하지는 않았겠지만 한동안 이 교회에 대한 교계의 인식은 이러한 다른 방식의 신앙양식을 추구해왔다는 점에서 높은 평가를 받았다.

하지만 내부에선 담임목사의 교체 이후 이러한 새로운 지향이 철회되고 한국 대형교회 일반의 성장지상주의로의 회귀에 대한 문제제기가 적지 아니 있었다. 그리고 그것이 대외적으로 드러난 사건이 바로 이 교회의 초대형 건축계획의 발표 사태였다.

한국에서 대형교회 모범형의 진수를 보여주는 사례라는 평가를 받아왔던 사랑의교회가 2009년 11월 23일 기자간담회에서 서초동에 새 교회 복합건조물인 '사랑 글로벌 미니스트리 센터' 건립계획을 발표하였다. 지하 8층에서 지상 14층에 이르는 거대한 건조물의 부지 2,278평은 이미 6월에 1,174억 원에 매입하였고, 총 공사비 2,100억 원을 들여서 2012년 완공 예정이라는 것이다.

한국 대형교회의 초대형 건축은 이미 숱하게 많았지만, 최근 발표한 500억 원대의 명성교회, 800억 원대의 할렐루야교회, 1,000억 원대의 온누리교회의 건축계획과 비교해도 너무나 압도적인 규모다. 게다가 그 주역이 다름 아닌 한국 대형교회의 희망인 사랑의교회였기에, 그 충격은 더욱 컸다. 말했듯이 이 교회는 성장지상주의를 지양하는 새로운 신앙 양식이 성장지상주의로의 회귀 과정에서 교회 내외적으로 더욱 심각한 갈등을 불러일으켰다.

이에 대한 비판은 크게 세 가지 양상으로 나뉘어서 전개되었다. 첫 번째 비판은 복음주의적 기독교 개혁 세력에 의해서 제기되었는데, 주된 논점은 대형교회의 독점화 경향에 맞추어졌다. 두 번째 비판은 언론에 의해 제기된 것으로, 주로 건설 허가를 둘러싼 의혹에 큰 비중이 두어졌다. 마지막 세 번째는 비판적 시민사회단체와 진보적 종교단체가 주도한 것으로, 시민적 공공성의 문제가 논점으로 제기되었다.

이 셋은 문제제기의 주체가 관심을 갖는 영역이 다르기 때문에 각각의 강조점이 조금씩 다르지만, 세 번째 논점에 앞의 두 가지가 포함되고 있다고 할 수 있다. 요컨대 사랑의교회 건축을 둘러싼 논점의 핵심은 공공성 문제로 수렴될 수 있다고 할 수 있다는 것이다.

사랑의교회가 짓고 있는 거대한 교회복합시설에서 문제의 핵심은 지하에 건설하고 있는 예배당에 있다. 6천 석의 거대한 원형채플은 직사각형 모양의 부지에 다 포괄할 수 없어, 옆의 공공도로의 지하면을 일부 점용하게 된 것이다.

공공도로는 사적으로 전용하는 것이 불가능하다. 마찬가지로 공공도로의 지하면도 공공적인 용도로 사용되는 것이 당연하다. 이미 동대문구청이 그 지역 소재의 모 교회가 청원한 공공도로 지하면 점용을 거부했고, 이는 소송으로 이어져 대법원 최종판결에서 구청이 승소한 바 있어, 이것은 의심의 여지없는 사안이었다.

한데 서초구청은 사랑의교회가 청원한 공공도로 지하면 점용을 허가했다. 구청 측은 점용료를 받기로 하고 10년간 임대해준 것이라고 한다. 하지만 예배당을 10년만 임대한다는 것은 말장난에 불과한 것이겠다. 또 구청 측은 교회가 도로를 8미터에서 12미터로 확장하고, 건물 내에 일정 공간을 구립유아원 용도로 기부채납하겠다고 약정했음을 강변한다. 하여 오히려 공공성이 더 강화되었다는 것이다. 한데 이 주장도 간단한 문제가 아니다. 사유지나 건물을 기부하는 것은 훌륭한 일이지만, 그것이 공공지역의 점용과 교환 조건으로 활용되는 것은 언제나 '모호한 계산법'이 끼어들 소지가 많기 때문이다.

어떤 거래가 공공성을 강화하는지 여부는 대개 명료하지 않다. 그 불명료한 거래를 명료하게 하는 것은 대개 권력이 끼어듦으로써 가능해진다. 하여 그 거래는 더 큰 권력에 유리하게 거래되기 마련이라는 것이다. 해서 사랑의교회도 교회 건축위원으로 정부기관에 영향을 미칠 수 있는 유력인사들을 다수 포함시켰던 것이겠다. 그럼에도 그것은 늘 공공적인 의미로서 포장된다.

여기에 교회 부지가 포함된 서초동 법조타운 인근지역은 지난 정부의 대통령을 포함해서 전·현직 권력실세들의 소유지들이라는 점을 유념해야 한다. 88올림픽 때 서울지역 곳곳에서 추방된 도시의 난민들이 점유하고 살던 공간의 실소유자들이고 그 난민들을 강제추방한 장본인들이다. 법원의 권위주의가 낳은 고도제한 조치로 수십, 수백 배 이익을 남길 수 있는 지역 재개발이 발목 잡혀 있는 상황에서, 교회의 건축은 사실상 그 막힌 고리를 풀어주는 실마리 역할을 하고 있다. 모호한 거래에 이들, 그 인근 지역 소유자들의 권력이 작동하였을 가능성은 농후하다.

하여 시민사회는 이러한 모호한 계산법을 원천금지하는 노력을 기울이지 않을 수 없다. 공공적인 것은 어떻게든 지켜내고, 사적인 것이 더 많이 공공적으로 활용되도록 압력을 가해야 한다. 그런 점에서 교회건축이 그 교회 교인만의 사유물로 전용되지 않고, 더 공공적으로 사용되도록 요구해야 하는 것이다.

또 궤의 신학처럼, 신학도 교회의 근본정신이 권력자들, 소유자들과 연동된 건축에 있는 것이 아님을 선포해야 한다. 규모는 작아도 난민의 공공성을 위한 신의 실천과 함께 하는 교회가 되라고 강변해야 하는 것이다.

독점에 반대하라

'이것이 국가인가' 담론에 대한 재성찰

> 이렇게 일러주어도 백성은, 사무엘의 말을 듣지 않고 말하였다.
> "그렇지 않습니다. 우리에게도 왕이 있어야 되겠습니다.
> 우리도 모든 이방 나라들처럼, 우리의 왕이 우리를 다스리며,
> 그 왕이 우리를 이끌고 나가서, 전쟁에서 싸워야 할 것입니다."
> ─〈사무엘기상〉8,19~20

이것이 국가인가

2014년 8월 세월호 진상조사 특별법의 여야 합의안이 확정되었고 그해 11월 이른바 '세월호 특별법'이 국회에서 통과되었다. 이런 법안이라면 결과는 이미 예측된다. 박근혜 대통령이 힘주어 말했던 이른바 '적폐'의 청산은 물 건너갔다. 국민의 안전이 경시되는 사회 시스템, 그것이 구체적으로 어떻게 작동되었는지에 대한 디테일을 발본적으로 점검하고 교정할 기회를 정부와 정치권이 스스로 포기했다. 그 특별법에 기초해서 진상조사위원회가 구성되었고 청문회까지 했다. 물론 불길한 예상을 넘어서진 못했다.

    이 글은 이러한 문제의식에서 '국가란 무엇인가', 아니 최근

한국사회에서 좀 더 신랄하게 제기되었던 '이것이 국가인가'라는 물음에 대해 다시 한 번 곰곰이 되새겨보려는 의도로 쓰였다. 그리고 고대 이스라엘 부족동맹 시대에 있었던 그와 비슷한 문제제기인 '반국가의 에토스'에 대해 살펴봄으로써 오늘 우리에게 국가란 무엇인가에 대해 재성찰해보고자 하였다.

2014년 4월 28일자 《한겨레21》의 표지 그림은 아마도 그 이후 지금까지 한국인의 가슴에 가장 뚜렷하게 새겨진 슬픈 장면으로 기억될 것이다. 완전히 뒤집어진 배는 기형적이게도 선수 바닥만 물 위로 치솟아 있다. 칠흑 같은 밤바다, 어떤 도움으로부터도 철저히 차단된, 아직은 죽지 않은, 아니 거의 죽어가는 생명들의 가녀린 숨결처럼, 외롭게 날아오르다 추락하는 조명탄 하나가 가늘게 빛을 비추다 사라져 간다.

그리고 바로 그 그림에 덧씌워진 크고 강렬한 글자들이 그림에 담긴 모든 비극적 이미지들이 내포하고 있는 함의를 간명하게 지시하고 있다. 아마도 향후 오랫동안 우리를 불안하게도 하고 화나게도 하며 절망하게도 할 바로 그 말은 '이것이 국가인가'일 것이다.

정상적인 상태라면 결코 볼 수 없는 배의 밑바닥이 하늘로 치솟은 것처럼 정상적인 국가로서는 도무지 이해할 수 없는, 철저히 무능하면서도 폭력적인 야만의 맨얼굴을, 여간해서는 보여서는 안 될 흉물스런 악마성을 드러내고 만 것이다. 있으나마나 한 빛, 그 무의미한 조명으로는 아무것도 속일 수 없음을 당국자들은 모르는 듯, 그 칠흑 속에 연거푸 조명탄을 쏘아대지만 이미 무수한 이들의 생명의 신호는 짙은 바다 속에서 거의 사라지고 말았다.[1]

팬티바람으로 서둘러 빠져나온 비정규직 선장과 일부 선원들, 그 철저한 몰염치함과 무책임 덕에 그들은 '구조된 자'의 명단에 들어가는 소수가 될 수 있었다. 모순투성이의 항해였지만 그나마 침몰되는 사태에 이르기 전까지는 숨겨졌던 비열한 얼굴들이 사고의 순간에 가장 원초적인 형식으로 적나라하게 표출되고 말았다.

'이것이 국가인가'라는 문제제기 앞에 발가벗겨진 국가는 재앙에 노출되는 순간 무수한 이들을 희생시키고, 더 많은 이들을 간접적 희생자[2](가족, 친구, 지역사회, 혹은 더 나아가 이 일로 깊게 상처받은 이들 모두)로 전락시켜버린다. 이들 간접적 희생자들은, (직접) 희생자들로 인해 슬픈 기억과 고통을 안고 살게 되고 그것으로 인한 감정의 상처로 괴로워하

---

1 이 그림은 배가 침몰하기 시작한 16일 아침에서부터 이미 하루 정도 경과한 시간의 광경을 담고 있다. 배 안의 사람들이 보내오던 카톡 신호는 2014년 4월 16일 오전까지만 확인되었다. 이 그림과 같은 상태에서도 생존자가 있었을 가능성이 있지만, 이런 비정상적인 상태에서는 일반적인 방식의 어떠한 접속도 불가능했다. 국가의 비정상화는 이처럼 희생자들과의 소통의 단절이 확장되면서 진행된다.

2 간접적 희생자 개념은 2012년 부산에서 열린 제2회 국제인문학포럼 때에 아르헨티나의 사회학자 다니엘 파이어스타인(Daniel Feierstein)이 제출한 개념으로, 집단학살 같은 비극적인 사건 이후에 이 사건의 여파가 희생자 문제를 넘어 간접적 희생자의 문제로 드러나게 됨으로써 사건의 극복을 위한 노력은 진상조사의 차원을 넘어 사회적 치유의 차원으로 전개되어야 함을 강조하였다.

며 또 타인을 할퀴고 가족과 이웃의 마음에 염증을 일으키게 하곤 한다. 그리고 비열한 협잡꾼들, 남의 소중한 것을 짓밟고 불의한 권력자들의 악독함을 대리하는 자들은 그런 침몰하고 있는 국가라는 배에서 생존하는 소수에 속하는 기회를 얻게 된다. 사회가 만약 이렇게 되고 있다면, 그 사회는 이미 침몰하고 있는 것이다.

이것이 인간인가

그렇다면 이 잡지의 커버스토리 문구는 프리모 레비(Primo Michele Levi, 1919~1987)의 저서 《이것이 인간인가》(Se questo è un uomo)를 연상케 한다. 유태계 이탈리아인 화학도였던 그는 파시스트에 대항하는 지하운동을 벌이다 1943년 12월에 체포되어 아우슈비츠 수용소로 끌려갔다가 10개월 만에 극적으로 살아남아, 몸과 영혼에 깊게 새겨진 상흔을 안은 채 문필가이자 사상가로서 많은 책들을 저술했던 사람이다. 그가 자신의 수용소 경험을 증언하는 저작을 1947년에 펴냈는데, 그것이 바로 그의 첫 번째 저서인 《이것이 인간인가》다.

한데 이 책은, 재판(再版)이 출간될 무렵인, 1960년대에 엄청난 논란의 소용돌이 속에 휘말리게 된다. 포스트 아우슈비츠 담론이 전 세계적으로 커다란 반향을 일으키고, 그 희생자들의 죽음의 숭고함을 주장하면서 시오니즘이 전 세계적 정당성을 확보하는 동시에 그것에 대립하는 아랍권 사회를 고립시키던 바로 그 무렵이다. 이때 레비의 책은 아우슈비츠 담론의 위선을 폭로하는 글로 지목되어, 곳곳에서 재출판 혹은 번역출간을 방해받곤 했다.

이러한 논란은 이 책에 수록된 한 장 때문이다. 그 장의 제목은 놀랍게도, 세월호를 연상시키는 '익사한 자와 구조된 자'다. 레비는 1987년 자살함으로써 생을 마감하는데, 그의 마지막 저서(1986년)의 제목도 바로 '익사한 자와 구조된 자'(*I sommersi e i salvati*, 한글 번역본은 《가라앉은 자와 구조된 자》)였으니, 논란의 중심이 되었던 이 장의 내용은 그가 평생에 걸쳐 증언하고자 했던 것의 핵심이라고 할 수 있을 것이다.

그는 20세기 초 유럽의 모순이 독일을 히틀러 체제라는 흉물스러움의 극치를 보여주는 국가의 맨얼굴로 드러나게 했고, 그 흉물스러움이 가장 극한적인 야만과 폭력으로 응축된 것이 바로 아우슈비츠라고 보았다. 그리고 이 수용소의 적나라한 모습을 '익사한 자'와 '구조된 자'라는 용어로 표현하고 있다.

이 수용소(평균 구금 기간은 3개월 정도)에서 학살당한 이들은 무려 110~150만 명에 이르고 살아남은 이들은, 이백 명에 한 명 꼴인, 고작 7천 명 정도다. 여기서 학살당한 자를 레비는 '익사한 자'로, 생존자를 '구조된 자'로 묘사한 것이다. 한데 중요한 것은 '살아남은 자'는 대개 비열하고 야비한 자인 반면, '익사한 자'는 대개 그러한 야비함에 물들지 않은 혹은 그렇게 할 수 없는, 그런 점에서 아직은 인간성을 간직한 이들이었다는 점이다. 해서 그는 저 구조된 자들, 그런 이들의 증언에 의해 구축된 아우슈비츠 이후의 체제를 향해 '이것이 인간인가'라고 항변하고 있는 것이다.

내가 보기엔, 《한겨레21》의 편집진은 레비를 호출하여 세월호 사건에 직면한 우리 사회의 '국가의 몰락'을 고발하고 있다. 이른바 히틀러 체제처럼 모순이 응축 폭발하여 맨얼굴의 폭력성을 숨기지 못한, 그 야생의 국가성을 적나라하게 드러내고야 말았다는 주장이겠다.

이러한 모순의 직접적인 시작은 아마도 1993년, 세계화 정책부터일 것이다. 더 이르게 가면 식민지 이후에 형성된 반공주의적인 폭력성을 근간으로 하는 근대국가로서의 대한민국, 혹은 본격적인 근대적 자주국가로 틀을 갖추기 시작한 군부독재정권의 등장부터 얘기할 수 있지만, 여기서는 범위를 좁혀서 세계화의 한국적 제도화가 시작된 문민정부 시대를 모순의 기원으로 규정한 것이다. 1980년대 초 레이건과 대처가 세계화에 보수적 자본주의의 세례를 '베푼' 이후 1993년 한국에서는 이른바 신자유주의적 세계화를 '영접'하기 위해 국가가 나서서 길을 닦는 제도화를 시작한 것이다. 그것이 1997년 외환위기로 이어졌고, 이후 한국은 세계에서 가장 급박하게 신자유주의로의 길로 들어서게 된 나라의 하나가 되었다.

외환위기 이후 자리잡은 신자유주의적 정책의 핵심은 외주화(아웃소싱)라고 할 수 있다. 수많은 기업이 그렇게 했고, 심지어 공공적 성격을 지니는 기관들, 가령 학교나 병원, 종교기관, 그리고 정부조차 그랬다. 나아가 정부는 공기업을 직접 운영하는 것이 아니라 민영화하여, 국가의 많은 기능들을 외주화하는 방식을 취했다. 하여 주식회사 천해진은 선박의 운행에 가장 결정적인 중요성을 지니는 존재인 선장과 항해사까지 외주화 시스템을 통해 고용했고, 해경은 생명구조의 기능을 사기업인 '언딘'에게 외주화했다.

또한 적폐의 청산을 외치고 있는 박근혜 정부는 철도민영화의 길로 이미 들어섰고, 의료민영화를 본격 추진할 것을 발표했다. 그 결과 국가의 공공적 성격은 크게 약화되었고, 또 그럴 추세다. 그러니 군사정권 시대의 유제(遺制)인 인간의 존엄보다는 사회적 효율성이 크게 강조되는 문화는 더욱 강화될 수밖에 없다. 최근 '정의'니 '공공성'이니 하는 의제가 제기된 것은 바로 이런 국가의 공공성 약화가 우려되기 때문이다. 바로 그런 우려가 세월호 사건에서 적나라하게 드러났다. 익사한 자들과 구조된 자들의 극적인 양분화는 바로 민주주의적인 공공적 가치를 포기한 결과 국가의 야만적 폭력성이 적나라하게 노출되는 양상을 띠게 됨으로써 초래된 결과다.

하여 공공적인 것은 누군가의 독점물이 되었고, 사회적 경쟁은 독점을 향한 경쟁이 되었으며, 국가는 그러한 독점의 체계를 보호하는 데 몰입하게 되었다. 만일 사고로 희생자들이 생기면 국가는 그들을 구조하기보다는 그 사고가 발생시키는 이윤과 손실의 법칙에 더 집중적으로 관심을 기울이게 된 것이다. '이것이 국가인가'라는 도전적인 슬로건은 바로 이런 현상에 대한 비판적 문제제기인 것이다.

그런데 레비가 문제제기했던 히틀러 체제는 바로 대중의 열렬한 지지와 함께 대두하였다. 마찬가지로 우리 사회의 신자유주의화도 바로 물욕의 화신이 되어버린 대중의 열렬한 지지를 동반하면서 급물결을 타게 되었다.

대중이 욕망하는 왕이 대중을 착취한다

〈사무엘기상〉 8,1~22은 고대 이스라엘 사회에서 제기된 '국가화'에 대한 문제제기를 담고 있다. 본문의 배경은 이스라엘 부족동맹 시대 말기(아마도 기원전 11세기)다. 평등이상을 지향했던, 그 누구의 권력 독점도 허용하지 않고자 했던 부족동맹의 이상이 어느덧 심각하게 와해되고 있던 때다.

그때 지도자는 사무엘이었다. 그는 부족동맹의 중심세력인 에브라엠 부족의 지도자이자 부족동맹 전체에서 가장 영향력 있는 지도자였다. 그런데 그가 권력을 세습하고 있다. 부족동맹의 상징인 모세조차 허용되지 않았던 권력의 세습이 사무엘 시대에는 전 사회적으로 횡행했던 것 같다. 그리고 사무엘 자신도 그렇게 하고 있었던 것이다. 한데 더욱 중대한 문제는 두 아들의 배임과 비리, 불공정이 대중의 원성을 사고 있었다는 점이다. 하여 대중은 사무엘에게 대안을 요구하고 있다.

그런데 대중이 요구한 것은 사무엘을 잇는 지도자가 아니라 군주다. 권력을 독점하고 세습하는 자요, 대중의 자원을 빼앗는 자다. 사무엘도 이미 그런 권력을 행사하고 있었지만 아직 군주의 직책으로 대중을 이끌고 있지는 않았다. 그에게는 전통적인 지도자인 '사사'(shophet)의 직함이 있었던 것이다. 한데 대중은 사무엘이 아니라 다른 이를, 그것도 군주(melek)로 떠받들겠다고 한다. 인물 교체뿐 아니라 일종의 체제의 변화를 요구하는 것이다.

이유인즉슨 다른 나라들처럼 군주제를 도입하여 그이가 이웃나라들을 정복하고 그 자원을 배분함으로써 그 풍요를 누리겠다는 것이겠다. 이제까지 부족동맹은 정복전쟁을 치르지 않았다. 적이 쳐들어오면 일시적 지도자를 세워 방어전쟁만을 수행했다. 한데 군주가 이끄는 나라는 다른 나라를 정복해서 그곳을 수탈하여 자기 백성에게 나누어준다고, 대중은 이해하고 있는 것이다.

한데 사무엘은, 군주는 나누어주는 자가 아니라 **빼앗는** 자라고 주장한다. 사무엘 자신이 평등이상이 무너지고 있는 사회에서 자원의 독점화를 통해 권력을 거머쥔 인물이었지만, 그럼에도 군주제로의 이행에는 반대하는 이였다. 어쩌면 자신이 누리고 있는 권력, 그러한 현상을 비정상적인 것이라고 스스로 이해하고 있는 것인지도 모른다. 실제로 그가 속한 에브라임 지파는 이스라엘 부족 가운데 그런 생각을 대표하는 부족이다. 한데 대중의 요구는 그러한 현상이 정상이 되는 사회를 요구하는 것이다.

　　대중의 강력한 요구에 결국 사무엘은 굴복하였고, 군주제에 보다 적극적이던 부족인 베냐민 지파의 지도자 사울이 왕으로 추대된다. 이스라엘 부족동맹이 와해되고 군주국 이스라엘이 등장한 것이다. 물론 사울은 대중이 기대한 정복군주도, 사무엘이 우려한 독재자도 되지 못했다. 성서가 암시하는 대로, 그 역시 사무엘과 비슷한 전통에 견인되고 있는 인물이었는지도 모른다. 비록 대중이 그를 군주로 추대했지만, 그도 이 현상이 비정상적인 체제를 보여준다고 생각했을 것이라는 얘기다. 아무튼 사울 대에는 일어나지 않은 것이 얼마 후 실제로 일어났다. 이스라엘은 다른 군주정이 등장하여 사무엘의 예언대로 되었다.

　　부족동맹이라는 정치체제와는 달리 군주국은 공공성을 개인에게 이양하는 체제다. 해서 무수한 이들의 자원과 심지어 생명을 경시하고, 독점 권력의 이익에 훨씬 더 민감한 고대적 국가체제다. 그런데 그런 체제의 등장을 대중이 욕망했다는 것, 그것을 이 성서 본문은 적시하고 있다. 그 결과 대중은 희생자가 된 대다수 백성들과 성공한 소수의 협잡꾼들로 나뉘게 되었다. 하여 이 본문은 '이것이 (당신들이 갈망하는) 국가인가'라고 되묻고 있는 것이다.

그 속에는 국가의 몰락과 함께 사회의 몰락이 있다

동작구의 재보궐 선거가 있던 2014년 여름, 여당 후보로 출마한 이는 자신이 출마한 지역구를 '강남4구'로 만들겠다고 했다. 그 말이 얼마나 선거에 영향을 미쳤는지 알 수 없지만, 어쨌든 그이는 당선되었다. 자기가 살고 있는 땅의 부가가치가 상승하고 지역의 사회적 자산들이 고평가되는 것에 대한 대중의 욕망이 이른바 '강남'으로 표상되고 있다면, 그 지역구의 유권자들이 그러한 선거 구호에 과연 자신의 마음을 열었을까?

여러 전문가들은 상당히 많은 이들이 그랬을 것이라고 추정하였다. 이 정부의 경제각료들이 추구한 부동산 중심의 경기부양책은 그러한 다수 대중의 욕망을 전제로 하는 정책을 펴고 있다. 정부도 여러 정치 전문가들과 동일한 판단을 하고 있는 것이겠다.

문제는 이러한 정책이, 이제까지 그래왔던 것처럼, 사람들의 안전과 행복에 기여하는 것인가에 있다. 더구나 이러한 변화에서 성공한 이들이 아닌, 실패자들 아니 희생자들에게 위험을 전가하는 사회로 갈 우려는 없는가의 문제가 제기된다. 역시 이제까지 그래 왔기 때문이며, 최근 들어 그 심각성이 크게 심화되었기 때문이다. 더더구나 실패자 혹은 잠재적 실패자의 범위는 너무 넓어졌다. 서울에서 이른바 '강남'이라고 불리는 지역이 전체 25개 구 중에 단지 3개 구에 지나지 않듯이, 전체 가운데 소수에게 더 많은 풍요가 주어지고 더 많은 안전이 제공되는 반면, 다수에게 더 많은 위험이 부과된다면 그 사회는 이미 붕괴를 향해 치닫고 있는 것이다. 그뿐이 아니다. 최근에 제기된 학문적 논점에 의하면, 실패의 위험은 가장 안전한 계층까지 위협하고 있다. 그래서 전전긍긍하다 소진성 질환에 시달리는 경우가 많아졌다는 것이다.

그렇다면 도대체 누가 안전한가? 또 누가 행복한가? 모두가 안전하지도 행복하지도 않다면 그러한 시스템을 대중이 욕망하는 것은 무엇 때문인가? 사무엘에게 군주를 요구한 대중처럼 오늘 우리 사회의 대중도 결국 자신을 약탈한/할 체제를 욕망하고 있는 것은 아닌가? 부족동맹사회가 군주제 사회로 이행한 것처럼, 신자유주의적 지구화에 따라 세계의 많은 나라들이 그렇게 변화하고 있기에, 그 나라들처럼, 아니 그 나라들보다 더 두드러지게 공공성을 자본에 양도한 기업적 국가로 이행하고 있는 한국 정부의 정책에 대중이 열렬히 동조하고 있는 것은 아닌가?

세월호 사건은, 내가 생각하기엔, 그러한 공공성 부재의 시스템에 대한 사회적 욕망의 빗나감을 고발하고 있다. 그 사건의 근저에는 국가의 몰락과 함께 사회의 몰락이 있다. 그 모든 것은 독점을 허용한 사회의 부조리함에 있다는 것, 그것이 내가 보는 세월호 사건의 요체다.

'예언자의 목소리'가 문지방에 있다

박근혜 정부의 '창조경제론' 비판

> 주님께서 친히 다윗 왕실에 한 징조를 주실 것입니다.
> 보십시오, 처녀가 잉태하여 아들을 낳을 것이며,
> 그가 그의 이름을 임마누엘이라고 할 것입니다.
> ― 〈이사야서〉 7,14

예언자는 아들을 데리고 급히 "세탁자의 밭'으로 가는 길, 윗못 물 빼는 길 끝"(〈이사야서〉 7,3)으로 달려갔다. 힌놈의 아들 골짜기 바로 북쪽에 있는 샘터인 엔로겔(*En-Rogel*, 로겔의 샘), 그곳에 왕 아하스가 틀림없이 있을 것이라고 그는 확신했다. 그 조금 전 왕은 그 골짜기에서 아들을 불살라 제물로 바쳤다.

그 격정의 순간 아비는 야훼께 울부짖으며 이 국난에서 구원해주시기를 간구했다. 시리아와 이스라엘 연합군은 백성들을 마구 죽여댔고 살아남은 이를 마

엔로겔의 가상도

구잡이로 끌고 가고 있는 형국이었다. 동쪽의 암몬국과 서쪽의 블레셋국도 유다국 영토를 사정없이 난도질하고 있었다. 예루살렘을 빼면 전 국토는 적군들에 짓밟혔고 이제 예루살렘도 함락될 절체절명의 위기에 놓였다.

더구나 왕위를 찬탈하려는 궁중모반도 있었다(〈이사야서〉 7,6). 그들은 시리아-이스라엘 연합군의 일원으로서 아시리아와 싸울 것을 주장했던 자들이었다(〈이사야서〉 8,6 "이 백성이 고요히 흐르는 실로아 물은 싫어 하고, 르신과 르말리야의 아들을 좋아하니…"). 아시리아의 예속국이 되는 것이 살길이라고 보았던 왕은 가까스로 그들을 물리쳤지만 예루살렘 성 코 앞까지 다가온 적군 앞에서 어떻게 해서든 백성의 지지를 받아내야 했던 것이다. 해서 극약처방으로 아들을 제물로 불사르는 제사를 드렸다.

아들을 바쳤으니 거기서 가까운 샘터인 엔로겔에서 몸을 씻어, 아비의 비정함을 속죄하는 의식을 치러야 했다. 예언자는 자기를 독대하려 하지 않는 왕을 만나려고 그 길목에서 기다렸다. 아들과 함께 말이다. 아들을 죽인 이를 만나는 데 아들과 함께 갔다.

예언자는 아들을 죽인 아비에게 자기 아들을 인사시켰다. "애는 스알야숩이라고 합니다." 왕은 치밀어 오르는 분노를 꾹 참는다. 그 이름 뜻이 '남은 자가 돌아온다는 것'이었기 때문이다.

며칠 전 왕이 아들을 바칠 것이며 그 제물을 받으신 야훼께서 아시리아 군으로 하여금 저들을 무찌르게 해줄 것이라고 포고했을 때, 예언자는 그것에 반대하는 신탁을 선포했다. "야훼께서 경거망동하지 말고 기다리라고 말씀하셨다"고 말이다. 그의 주장인즉슨 외세를 물리치기 위해 다른 외세를 끌어들이는 것은 야훼의 뜻이 아니며, 그자들을 끌어들이기 위해 누군가를 희생시키는 건 더더욱 안 된다는 것이다. 그러면서 그는 이렇게 마무리했었다. 야훼께서는 '견뎌내게 하실 것'이라고, 그렇게 해서 '남은 자'들은 제자리로 돌아가게 된다고 말이다.

왕은 아무리 생각해도 이 자가 괘씸했다. '도대체 아시리아 말고 이 상황에서 어떻게 우리가 구원받을 수 있단 말인가. 하니 야훼께 아시리아가 저들을 물리치게 해달라고 기도할 수밖에 없지 않은가. 그런 고육지책을 몰라줘도 유분수지, 이젠 아들 이름을 들이대며 나를 비방하고 있다니……'

하지만 왕은 참아야 했다. 예언자를 처벌한다면 부정 타서 야훼께서 자기 제물을 받아주시지 않을지도 모른다는 생각 때문이었다.

한데 예언자도 물러서지 않는다. 그는 느닷없이 이런 말을 던졌다. "다윗 왕실은 백성의 인내를 시험한 것만으로는 부족하여, 이제 하느님의 인내까지 시험해야 하겠습니까? 그러므로 주님께서 친히 다윗 왕실에 한 징조를 주실 것입니다. 보십시오, '젊은 여자'가 잉태하여 아들을 낳을 것이며, 그가 그의 이름을 임마누엘이라고 할 것입니다." (《이사야서》7,13~14)

왕은 자기의 행동이 백성을 위한 것이라고 믿어 의심치 않았는데, 예언자는 백성을 위한 것이 아니라고 독설을 퍼붓는다. 왕은 하느님이 아시리아를 통해서 백성을 구원해줄 것이라고 주장했는데, 예언자는 그것이 하느님을 시험하는 것이라고 독설을 퍼붓는다. 왕은 그 징표로 아들을 죽였는데, 예언자는 희생당한 아들이 아니라 태어난 아들이 징표라고 주장한다. '임마누엘'이라는, '하느님이 우리와 함께하신다'는 이름 뜻의 아이다.

이 일화는 두 개의 대립하는 패러다임의 충돌을 보여주고 있다. 하나가 외세의존형 생존 패러다임이라면, 다른 하나는 사회통합형 생존 패러다임이다. 전자가 그때까지 유다국이 펴왔던 생존전략이었다면, 후자는 대안적 전략이다.

약소국인 유다국은 오랫동안 외세와의 불균등한 국제관계를 활용하면서 국가로서 존속해왔다. 한데 그런 외세의존형 전략은 백성 간의 갈등을 피할 수 없다. 어느 쪽에 가담할 것인가의 문제를 두고 말이다. 이럴 때 갈라진 국론의 통합은 생존전략의 목표가 될 수 없다. 아니 그것은 수단이어야 한다. 국론통합이라는 수단을 통해 어느 특정 외세의 우산 아래로 들어감으로써 국가가 생존할 수 있다는 것이다. 이때 국론통합을 위해 누군가의 희생이 도모될 수도 있다. 어차피 통합은 수단이기 때문이다.

한데 대안적 패러다임은 국론통합, 나아가 사회통합을 더 상위에 놓는 태도다. 어느 나라와 연대할 것인가의 문제는 사회통합의 수단이어야 한다는 것이다. 그러므로 백성의 희생을 담보로 하는 통합은 있을 수 없다는 것이다.

이제 우리 시대로 돌아와보자. 위에서 얘기한 고대 유다국의 두 패러다임이 오늘 우리 사회에서도 유사하게 나타나고 있기 때문이다. 잘 알려진 것처럼 우리 사회는 수출주도형 패러다임으로 초고속의 발전을 이룩해왔다. 성장을 절대 우선시하는 것이고, 그것을 위해 국민의 희생을 감수하는 성장모델이다. 한데 1997년 외환위기 이후 경제성장률은 4%대로 낮아졌고, MB 정부 시절에는 3% 미만에 이르게 되었다. 그리고 지금까지 박근혜 정부의 성장률은 1~2%에 머물고 있다. 국민의 희생은 더 커졌지만, 성장도 둔화되고 있는 것이다. 단지 수출 중심의 대기업들만 성공가도에 있다.[1]

이에 박근혜 정부는 애초에 양극화 해소를 공약했다. 한데 전문가들은 박근혜 정부가 이를 위해 국정지표로 내세운 '고용율 70%, 중산층 70%'가 가능하려면 최소한 4.5%의 성장을 이룩해야 한단다. 당장은 어렵다 치더라도, 5년 재임기간 중에 4.5%대 성장을 이룩해야만 정부가 내세운 국정지표에 조금이라도 근접하는 결과를 낼 수 있다는 것이다. 하여 무언가 성장 동력이 필요하다. 이에 정부가 내세운 것이 '창

---

1 2007~2011년 사이 대기업의 순이익은 28% 상승한 반면, 중소기업은 12% 상승하여, 연평균 순이익의 성장률이 7% 대 3%로 두 배 이상 차이가 났다. 또 같은 기간 중소기업은 자산이 25% 증가하고 부채가 84% 증가한 반면, 대기업은 각각 56%와 60%로 균형을 이루었다.

조경제'다. 문제는 이것이 너무나 생소한 문제설정이라는 데 있다. 즉 창조경제를 어떻게 구체화할 것인가의 과제가 남아 있는 것이다.

박정희 시대와 같은 성장 중심적 발전동원체제를 재가동하겠다는 생각은 너무나 안이하다. 오직 발전만을 위해 전 사회가 군대처럼 일사분란하게 움직이게 하기엔 사회는 너무나 복잡해졌다. 거기에 박정희 시대의 발전동원체제는 근력기반산업이 중심이 된 성장전략이라면, 박근혜 정부는 지식기반산업인 IT 융합산업이 주축이 되는 성장전략을 추구한다. 근력기반산업은 성장을 추동하면 수많은 새로운 고용을 창출하지만, 지식기반산업은 성장하여도 고용이 증가하지 않는다. 소수의 엘리트 노동자의 역할이 더 중요해지기 때문이다.

하여 IT 융합산업이 핵심 성장동력이 된다면, 내수시장은 그다지 활성화되지 않을 가능성이 크다. 왜냐면 시장에서 물건을 살 만한 계층이 몰락했기 때문이다. 지난 MB 정부의 실패가 그렇지 않은가? 기업이 성장하면 고용도 높아진다는 낙수효과(trickle down effect)를 주장했지만, 오히려 내수시장의 침체로 중소상인까지 몰락했다.

더구나 박근혜 정부 일각에서 계획했던, IT 융합 청년창업의 육성안도 현실성이 없기는 마찬가지다. 경제민주화가 훨씬 잘 제도화되어 있고 실리콘밸리 같은 IT 인프라가 잘 갖추어진 미국도 자영업 성공률이 고작 7%에 불과한 현실이다. 게다가 미국 경제가 최근 호조기에 들어섰다고 해도 한국의 수출 기업이 성장하기에 결코 좋은 상황이 아니다. 막 미국에서 상용화가 시작된 셰일 가스(Shale Gas) 혁명은 그 단기적 효과의 하나로 미국 석유화학산업의 가격경쟁력을 아시아국가 보다 우위에 서게 할 것이기 때문에, 한국의 IT 융합산업의 미래는 그다지 장밋빛이 아니라는 《슈피겔》(Der Spiegel) 기자 알렉산더 노이바허(Alexander Neubacher)의 견해는 설득력이 있다.[2]

하여 창조경제라는 모호한 비전을 구체화하는 데 있어 단기간에 효과를 볼 수 있는 방안에 집착하게 되고, 그리하여 기존의 대기업 중심의 수출주도형 성장 패러다임을 재활용하는 것으로 시행된다면 지난 정부들의 과오를 되풀이할 가능성이 농후하다. 수출주도적 기업을 위해 또다시 국민이 희생해야 하기 때문이다. 실제로 그러는 사이 경제민주화 공약은 물 건너갔다. 또다시 '당장은 현실이 여의치 않으니 훗날로 미루겠다'는 변명과 함께 불균등을 조장하는 경제가 판을 치고 있다. 하여 잠시 반짝했던 경제민주화 이행 노력도 흐지부지되었고, 복지도 허울만 멀쩡한, 유효한 삶의 안전망이 되지 못하게 되었다.

지금까지 수출 주도적 기업에 의존하는 경제성장 정책은 중소납품기업과 노동자에게 고통을 전가시킴으로써 수익성과 경쟁력의 위기를 해소시켜 왔다. 한데, 위에서 보았듯이, 그런 패러다임을 바꾸

---

2 셰일가스에서 추출한 에탄을 주원료로 사용하는 미국의 기업들이 값비싼 나프타를 사용하는 한국 기업들보다 훨씬 유리한 조건을 창출할 것이기 때문이다.

새누리당과 정부는 경제민주화 공약들을 쏟아내고 있다. 그러나 창조경제 정책들이 자칫하면 이러한
경제민주화 공약들을 수포로 만들어버릴 수 있다.

지 않은 채 저성장 사회를 고성장 사회로 반전시킨다는 건 더 이상 가능하
지 않다. IT 융합산업 중심의 하이테크널리지를 축으로 하는 기업도 여전
히 큰 노력을 해야 하겠지만, 정부가 나서서 특별히 힘을 기울여야 하
는 것은 첨단산업이 아니라, 내수시장을 활성화할 수 있는 종소기업을
육성하는 것이다.

　　　　최근 중소기업이면서도 사회적 공공성을 높이는 유형의 새
로운 기업모델이 부상하고 있다. 사회적 기업이나 녹색금융[3] 같은 모

---

3 독일의 경제전문가인 다니엘 쇤비츠(Daniel Schönwitz)의 조사에 따르면, 녹색금융은 친환경이나
사회 공공성 여부를 조건으로 투자를 하는 금융을 말하는데, 최근 유럽에서는 이런 유형의
금융회사들의 성장세가 일반 금융회사의 성장세를 앞서고 있다.

델이 그렇다. 서민의 희생을 담보로 하는 성장이 아니라, 서민의 안정과 사회적 공공성을 기반으로 하는 성장모델이 요청된다는 것이다. 박근혜 정부가 말하는 창조경제의 상상력이 우선적으로 결합해야 하는 것은 IT 융합산업이 아니라, 바로 이런 중소단위의 공공적 산업이라는 얘기다.

아무튼 쌍용차 해고자들은 지난 정부들이 제물로 바쳤던 대표적인 '아하스의 불탄 아들'들이었다. 위기에 처한 대기업을 소생시키기 위해 정부와 일부 시민사회가 기업과 하나가 되어 희생자들을 만들어낸 것이다. 기업의 위기를 극복하기 위한 상생의 공론장은 애초부터 없었고, 실직자들을 보호하고 재기하게 하려는 프로그램 또한 전혀 마련되지 않았다. 게다가 그 과정에서 정부와 기득권 세력에 의한 여러 비리와 조작의 의혹이 불거져 나온 상황이다.

그런데 현 정부는 여전히 도처에서 현실에 절망한 자살자들이 속출하고 있음에도 여전히 별다른 대책도 강구하지 않고 있다. 이것은, 정부가 공약한 경제민주화 조치들을 위해 어떤 정책 아이디어를 구상하고 있든 간에, 사회 도처에서 하나의 반노동의 신호로 작용하고 있기도 하다. 전국의 여러 지자체들이나 기업들, 일선 경찰에서는 현 정부의 경제민주화 공약의 진정성을 의심하게 하는 여러 행보들을 보이고 있는 실정이다.

필경 경제민주화와 복지에 대한 사회적 압력이 느슨해지면 그나마 추진하겠다고 약속했고 일부 이행을 위해 노력했던 것마저도 수포가 될 것이다. 하여 결국 시민의 의식과 행동이 필요하다. 정부에 대한 강한 사회적 압력이 필요하다는 것이다.

문제는 우리가 너무나 잘 잊는다는 데 있다. 이때 예언자가 우리 앞에 나타난다. 아하스처럼 희생자에 대한 부채의식을 망각하는 의례를 벌이고자 할 때, 우리 앞에서 임마누엘 징표를 선포한다. 생명을 죽임으로써 사회의 소생을 도모하는 패러다임이 아니라 생명을 살림으로써 성장을 추구하는 패러다임이 바로 신의 뜻이라고 말이다.

그런 예언자의 고언이 바로 우리 앞에 늘 있다. 우리가 무심하여 종종 듣지 못하고 있지만, 매일매일 그 소리들이 우리의 주변에서 울려 퍼지고 있다. 그날을 기다리는 삶, 그 마음으로 실천하며 사는 삶을 권고하는 소리다.

순박한 열정, 독재를 품다
아하스와 박정희, 므낫세와 박근혜

> 자식들은 땔감을 줍고, 아버지들은 불을 피우고,
> 어머니들은 '하늘 여신'에게 줄 빵을 만들려고 가루로 반죽을 하고 있다.
> 또 그들은 나의 노를 격동시키려고, 다른 신들에게 술을 부어 바친다.
> — 〈이사야서〉 7,18

40년쯤 전 시리아-이스라엘 연합군의 침공으로 유다국은 절체절명의
위기에 놓였다.[1] 엎친 데 덮친 격으로 궁중모반까지 일어났다.[2] 영토는
예루살렘과 그 남쪽 일부만 남았고, 국론은 분열될 대로 분열된 상황이
었다. 그때 아하스 왕은 소름 끼치도록 냉정한 결정을 내린다. 아들을

---

1 기원전 735~734년경 시리아-팔레스티나의 패권국은 다마스쿠스를 거점으로 하여 르신(Rezin)
대왕이 다스리던 아람국이었다. 르신은 이스라엘의 베가(Pekah) 왕과 더불어 아시리아 제국의
침공을 막는 시리아-팔레스티나 군사동맹을 주도했다. 한데 이 동맹에 동참하지 않는 소국들 중
아하스 치하의 유다국이 있었다. 이에 르신-베가 왕이 이끄는 연합군이 유다국을 침공하였다. 이
연합군은 유다국을 거의 궤멸 직전까지 몰아갔으나 아시리아 제국의 디글랏빌레셀 3세(Tiglath-
pileser III)가 쳐들어온다는 소식에 철군하였다(기원전 734~732). 본문에서 "40년 전"이라는 표현의
시점은 히스기야 왕이 죽고 므낫세 왕이 반개혁 정책을 펴는 어느 시기를 가리킨다. 즉 이 시점은
반개혁의 시간을 상징한다. 그 시점에서 40년 전의 이야기를 하고 있는 것이다.
2 〈이사야서〉 7,6에 따르면 다브엘의 아들을 왕으로 옹립하려는 궁중모반 사건이 시사되고 있다.

제물로 바치기로 한 것이다. 도성 남서쪽의 힌놈의 아들 골짜기 도벳의 성소에서 아들을 불태우는 제사를 지낸 것이다.

그런데 기적이 일어났다. 아시리아 제국의 디글랏빌레셀 3세가 쳐들어와 다마스쿠스를 멸망시키고 이스라엘국도 재기불능의 상황으로 만들어버렸다. 이것은 유다국 백성에게 아하스의 피눈물 흘리는 제사를 야훼께서 들어준 사건으로 기억되었다.

그것만이 아니다. 이제 유다국은 전례 없는 초고속 번영을 이룩하게 되었다. 아시리아의 침공을 당한 나라들로부터 대거 유민들이 남하한 결과, 산지인데다 척박하여 인구가 적었던 유다국 영토에 새로운 마을들이 속속 만들어졌던 것이다. 이 시기에 새로 형성된 것으로 보이는 수백 개의 주거지가 발굴되었고, 도성인 예루살렘의 크기도 15배 이상 늘어났으며, 도성의 인구도 그만큼 증가했다. 이들이 바친 공납물로 왕실 창고가 가득 차게 되었고, 유다국은 번영의 기틀을 마련하게 된 것이다.

또한 아시리아의 침공으로 무력화된 블레셋 영토였던 서부 평야지대로 영토가 확장되어 식량생산이 비약적으로 불어났고, 소읍이던 라기스 성은 예루살렘에 필적하는 도시로 발돋움했다. 또 산악지대에서 생산된 올리브를 압착시켜 추출한 기름을 이집트와 아시리아로 수출하는 등 국제무역도 크게 증대하였다. 이제 유다국은 역사상 처음으로 팔레스티나의 신흥 강대국 반열에 진입하게 되었다.

백성들은 아하스를 칭송했다. 아하스는 유다국의 진정한 군주로 떠받들어졌고, 아하스적 신앙은 많은 이들의 모방의 대상이 되었다. 하여 이후의 개혁정권들인 히스기야-요시야 정부는 자식을 재물로 바치는 제사를 우상숭배로 비난하는 여론을 부추겼다. 그것은 바로 그들이 극복하려 했던 성장지상주의의 상징이 바로 아하스였기 때문이다. 나는 여기서 박정희를 연상하고 있다. 아하스와 박정희, 이 두 인물은 무에서 유를 창출한 인물로 국력을 크게 신장시킨 장본인이다. 동시에 이 둘은 그 성공을 위해 누군가의 희생을 필요로 했던, 아니 적극적으로 그 희생을 활용했던 통치자였다.

하여 아하스 조정에는 이들 부자들의 대표들이 관료로 들어와 대지주들의 농민들에 대한 무분별한 착취를 두둔하는 정치를 폈고, 농민들의 희생을 대가로 하는 국가의 성공 정책을 추구했다.

그럼에도 대다수 백성들은 아하스를 칭송했다. 대지주들 또한 왕을 열렬히 환호했다. 대도시의 시민들과 시골 농민 대다수도 마찬가지다. 무엇보다도 지역의 성소들이 대지주들에게 장악되어 있었기 때문이다. 이들 성소들의 제사장들과 예언자들은 대지주들이 낸 기부금으로 생계를 유지했고, 이들 지주들이 낸 제물 덕에 제사도 드릴 수 있었다. 지역의 성소들은 얼마나 화려하고 풍성한 제물로 제사를 드릴 수 있느냐에 따라 위상이 결정되었고 인근의 작은 마을들의 성소를 복속시키는 유력 성소가 될 수 있었기에 대지주들의 기부능력에 점점 의

존적이게 되었다. 이런 방식으로 성소의 제사장들과 예언자들의 위계질서도 만들어졌다.

또한 성소에서 드린 풍성한 제물은 그 지역에 대한 신의 돌봄의 정도를 결정짓는다고 믿어졌기에 백성들은 자신들의 행운이 대지주들의 기부 덕이라는 생각에 빠져 있었다. 여기에는 그런 식으로 신의 메시지를 선포하는 예언자들과 사제들의 역할이 지대했다.

채 10년도 안 되는 시간이었다. 그 사이 유다국은 번영의 기틀을 마련했고, 사회 전 영역에서 빈부격차가 크게 벌어지기 시작했으며 대지주들로 구성된 기득권 집단의 보수주의적 체제가 형성되었다. 이것은 강자 독식 사회를 지향하는 것이었지만, 그럼에도 아이러니한 것은 그 체제가 백성의 열렬한 지지를 기반으로 하는 체제였다는 점이다.

히스기야 왕이 아하스를 승계했다. 그런데 새 왕은 왕실을 위협하는 세력으로까지 성장한 기득권 세력을 견제하면서 왕실 중심적 개혁을 강력히 추진하였다. 그것은 기득권 세력과 연동하여 지배체제를 구축했던 선왕의 정책과는 대비되는 것이다. 한데 공교롭게도 이 개혁의 기반은 선왕이 구축한 풍요한 왕실재정이었다.[3]

---

3 현대의 많은 국가들의 민주화를 연구한 폴란드 출신 미국의 정치학자 아담 쉐보르스키(Adam Przeworski)의 가설에 따르면, 사회의 경제적 성장은 그 사회를 민주화로 이행하게 하는 주된 요인이다. 그 경우 전(前) 민주주의적 체제가 축적해놓은 경제적 기반은 민주화를 위한 제도적 비용으로 활용된다. 한데 흥미롭게도 고대국가인 히스기야의 민중주의적 개혁도 아하스의 귀족주의적 국가가 이룩한 재원을 기반으로 해서 실행될 수 있었다.

히스기야의 개혁은 농민들의 몰락을 막는 조치들이 포함되어 있었다. 그래야 왕실을 좌지우지하는 대지주들의 세력을 약화시킬수 있었던 것이다. 하여 왕실의 개혁이 친서민정책과 맞물리게 된 것이다. 하지만 이런 조치들을 백성은 제대로 알 길이 없었다. 중앙의 메시지가 백성에게 전달되는 주된 통로는 지역 성소들인데, 이곳의 사제들과 예언자들은 그것이 야훼의 노여움을 사서 결국 나라를 망치게 할 것이라고 호도했다.[4]

하여 히스기야의 개혁이 성공하려면 백성을 왕실의 지지세력으로 끌어들이는 것이 필수적이었다. '암하아레츠', 즉 민중적 농민정치세력이 개혁세력에 가담했다.[5] 그리고 조정에도 귀족출신임에도 개혁을 지지하는 신주류 인사들도 있었다. 하지만 시골의 대다수 농민들은 여전히 아하스와 그 시절 형성된 구지배 엘리트들에 의해 좌지우지되었던 것이다. 해서 왕실의 개혁은 지역 성소들을 철거하지 않으면 불가능했다. 이것이 히스기야-요시아 개혁이 지역 성소들을 철거하려는

---

4 마치 우리 사회에서 주류 언론들이 복지가 국가를 망치게 할 것이라고 호도하는 것처럼 말이다.

5 고대 시리아–팔레스티나 지역에서 사용된 '암하아레츠'에 대한 용례 연구에 따르면 이들은 농민 일반을 지칭한다. 그렇다면, 일반적으로 농경사회가 지역의 대지주에게 예속되어 있으니 이들을 지방토호세력으로 해석했던 종래의 관점도 어느 정도 타당하다. 하지만 〈열왕기〉에 몇 차례 등장하는 이 용어는 위의 농민 일반을 지칭한다는 용례 해석과는 다르다. 이들은 유다국의 정변 상황에서 등장하며 특히 요시아 개혁의 중심세력의 하나로 묘사된다. 그러므로 〈열왕기〉의 암하아레츠는 정치화된 농민개혁세력을 의미한다.

정책을 적극적으로 시행했던 주된 이유다.

그러나 히스기야의 29년간의 재위기간 중 후반기는 아시리아의 침공으로 개혁의 기반이 송두리째 붕괴된 시기였다. 서부 평야지대는 인구가 70%나 줄었고 마을 수는 85%나 사라지고 말았다. 하여 왕실재정은 고갈됐고 그 와중에도 엄청난 전쟁 배상금을 치러야 했다.

그리고 왕이 죽자 무려 55년간이나 재위에 있었던 왕 므낫세가 즉위한다. 그리고 이 왕은 뼈대만 앙상하게 남은 히스기야의 개혁 흔적들을 무자비하게 파괴하였다. 이때 므낫세의 정치는 아하스의 방식을 부활시키는 것이었다. 다시 대지주 중심의 체제를 만드는 것이다.

서두에서 인용한 〈이사야서〉 7,18은 므낫세 시대의 강도 높은 반개혁 현상에 관한 하나의 유의미한 특징을 시사하고 있다. 여기에는 한 평민 가족이 벌이는 가족 제사 장면이 스케치되어 있다. 본문에서 '하늘 여신'이란 아스다롯(Ashtaroth)을 말한다. 금성의 신으로 이 시기에 아세라(Asherah)를 대신해서 야훼 신의 부인으로 신앙되던 여신이다. 원래 이 여신은 아시리아의 폭풍우의 신 아닷(Adad)의 부인이다. 즉 아시리아가 지배하던 므낫세 치하의 유다국에서 아닷 신과 야훼가 동일시되면서 아스다롯 여신이 야훼 신의 부인으로 숭배되고 있는 것이다. 한데 이 아닷의 별칭이 멜렉이다. 이하스가 아들을 바친 바로 그 신의 이름이다.[6] 즉 아하스를 칭송한 백성의 신앙이 므낫세의 반개혁의 기틀이었다는 얘기다.

묘하게도 역사는 되풀이되고 있다. 독일의 저 유명한 시사잡지《슈피겔》(Der Spiegel)은 한국의 2012년 대선을 "독재자의 딸이 인권운동가를 이기다"(Diktatoren-Tochter schlägt Menschenrechtler)라는 카피로 소개하였다. 이런 결과의 이면에는 지배연합을 지지한 무수한 대중이 있었다. 더구나 그 독재의 시대를 살았던 세대에서 압도적인 지지가 나왔다. 또한 지난 MB 정부를 거치면서 기득권 세력에게 바닥까지 털려버린 서민층에게서도 대대적인 지지를 받았다.

그렇다면 대중은 독재를 갈망하는 것일까? 확신컨대 그렇다고 대답할 이는 아무도 없을 것이다. 심지어 독재자의 딸도 독재가 불가능하다고 믿고 있을지 모른다. 독재가 그녀의 몸의 기억으로 깊게 새겨져 있을지라도 말이다. 또한 나의 소견으로는 그녀가 독재자가 되려는 의지가 있다고 해도 지금의 사회적 여건으로는 독재정부가 등장하

---

6 〈열왕기하〉 23.10~11은 이렇게 말한다. "그는 또 '힌놈의 아들 골짜기'(the Valley of Ben Hinnom)에 있는 도벳(Tophet)을 부정한 곳으로 만들어, 어떤 사람도 거기에서 자녀들을 몰렉에게 불태워 바치는 일을 하지 못하게 하였다. 또 그는, 유다의 왕들이 주님의 성전 어귀, 곧 나단멜렉 내시의 집 옆에 있는, 태양신을 섬기려고 하여 만든 말의 동상을 헐어 버리고, 태양수레도 불태워 버렸다." 이 구절에서 요시아 왕은 아하스의 제사를 바벨로니아 지역에서 유래했고 암몬의 주신(主神)이기도 한 불의 신 '몰렉' 제사로 해석하면서 우상숭배로 규정한다. 한데 그 다음 구절에서 이것을 '나단멜렉'(Nathan-melech)이라는 인물과 연계시키고 있다. '멜렉'은 〈열왕기하〉 17.31에 나오는, 불에 태운 인신제물을 받는 스발와임(Sepharvaim, 아시리아의 지명)의 신 아드람멜렉(Adram-melech)과 관련된 구절로 보인다. 즉 나단멜렉은 아시리아의 아드람멜렉 신과 관련이 있는 아시리아의 내시인 것이다. 여기서 아드람은 아닷 신(Adat)을 가리킨다. 즉 멜렉은 이 시기에 아닷을 가리키는 호칭인 것으로 보인다. 요컨대 요시아 왕실은 이 구절을 통해 말렉을 몰렉(Molech)과 동일시하면서 말렉에 대한 모독을 꾀하고 있다.

기란 쉽지 않다. 가장 강력한 기득권 세력인 거대자본들조차 독재정부가 자신들의 이해에 유리하지 않다고 볼 것이기 때문이다. 또 군사쿠데타를 일으킬 정치화된 강력한 군부세력도 없다. 미친 존재감을 드러내고 있는 메이저 보수언론들이나 법률권력, 그리고 보수지식인들도 통제받지 않는 자유를 만끽하고 있다.

그러면 《슈피겔》의 카피는 단지 과거사를 들먹이는 야유에 불과한 것일까? 나의 생각은 그렇지 않다. 독재정부는 불가능할지라도 2012년 대선은 대중이 독재정치에 대한 무의식적 욕망을 가득 품고 있다는 것이다.

실제로 선거 직후 도처에서 보복이 횡행한다. 한진중공업의 자살한 해고노동자도 그런 보복의 희생자였다. 또다시 징계를 당한 복직 교사들도 마찬가지다. MBC 노조원들에 대한 무더기 징계도 그렇다. 무수한 영역에서 힘을 남용하는 법률적 혹은 탈법적 폭력들이 속출하고 있다. 일인치하의 독재자는 없지만 무수한 독재자들이 법률적 혹은 탈법적 힘을 남용하고 있다.[7] 그럼에도 그것을 문제로 보았던 민주주의적이고 인권적인 감수성이 퇴조된 현상이 시민사회에서 뚜렷하게

---

7 그런 점에서 박근혜 정부는 탈중심적 권위주의 정부다. 즉 권위주의적 정권이라는 점에서 박정희 정부와 닮았지만, 명료한 1인을 중심으로 하는 권위주의 체제인 박정희 정부와는 달리 박근혜 정부는 탈중심적 권위주의 정권이라고 할 수 있다. 나는 이러한 정부를 '포스트신권위주의 정권'이라고 명명한 바 있다.

나타나고 있다.

아하스에 대한 대중의 열망이 반개혁적 폭력의 체제를 만들어냈던 것처럼, 발전국가 한국을 이룩한 독재자에 대한 대중의 갈망도 민주화 이후 겨우겨우 세워가던 인권의 질서를 곳곳에서 산산이 부수어버리는 결과를 낳고 있다. 대중은 독재의 영성에 취해버렸다. 독재자가 보여주었던 힘에 대한 그 순박한 열정이 위험한 결과를 초래하고 있는 것이다.

유민을 위한 나라는 '없다!'

신자유주의 시대의 사막에서 그달리야를 떠올리다

> 그래서 흩어져 있는 유다 사람들도, 모두 자기들이 살던 곳에서 돌아와서,
> 유다 땅 미스바의 그달리야에게로 갔다.
> 그리고 그들은 포도주와 여름 과일을 아주 많이 모았다.
> ─ 〈예레미야서〉 40,12

유다국은 심각한 국론분열 상황에 있었다. 왕성한 국가 발전의 주역이 되었던 아하스 왕과 므낫세 왕, 그리고 복지를 확대하여 평등한 국가를 이룩하려 했던 개혁군주들인 히스기야 왕과 요시야 왕을 빼고는 그 전후(前後)의 유다국 왕실은 예외 없이 국정의 주도권을 장악하고 있지 못했다.

조정(朝廷)이 발전주의자들과 평등주의자들로 나뉘어 치열한 공방을 벌이는 사이, 농촌은 빠른 속도로 대지주들에게 장악되어가고 있었다. 소농은 몰락하였고, 적지 않은 이들이 경작지를 상실한 예속농이 되거나 노예가 되었으며, 그런 악화된 사정을 견디지 못한 이들이 유랑민이 되어 도적패가 되거나 거렁뱅이가 되었고 또 적지 않은 이들은 인근 국가로 이주하는 떠돌이들이 되었다.

발	아하스 왕		16년 재위
평	히스기야 왕	9년	29년 재위
발	(공동통치)		55년 재위
발	므낫세 왕		
발	아몬 왕		2년 재위
평	요시아 왕		31년 재위
평	여호아하스 왕		3개월 재위
발	여호야김 왕		11년 재위
발	여호야긴 왕		3개월 재위
발⇄평	시드기야 왕		11년 재위

- 발 : 정책기조가 발전주의적임
- 평 : 정책기조가 평등주의적임
- 발⇄평 : 정책기조가 발전주의와 평등주의를 오락가락함
- 히스기야와 므낫세 사이에는 9년간의 공동통치 기간이 있었는데 이는 아시리아 제국의 영향권 아래서 히스기야 왕이 명목상의 통치자로 재임하고 있는 중에 므낫세가 공동통치자로 재위하여 친아시리아 기조의 통치를 했다.

고대사회에서 통상 국가가 발전하게 된다는 것은 왕실과 귀족으로 이루어진 기득권 집단이 견고하게 성장한다는 것을 뜻한다. 그러나 이것은 동시에 농촌 소자작농의 몰락을 의미하기도 한다. 이들 몰락 농민 중 상당수는 떠돌이가 되고 그들은 농촌 사회 안팎을 오가면서 생계를 연명하기 위해 뭐든 하며 살아야 한다. 대농장의 일용노동자가 되었다가 일자리를 못 구하면 거렁뱅이로 살기도 했다가 도적이 되어 마을을 떠돌며 약탈자가 되곤 한다. 또 때로는 대지주나 지방성소에 고용된 사병이 되어 소자작농과 소작농에게 횡포를 부리는 군사집단이 되기도 한다. 그리고 이런 상황을 견디지 못한 이들은 다른 곳, 심지어는 국경 너머 다른 나라로 떠나는 유민이 되어야 했다.

이런 사정은 개혁정치에 대한 요구가 되어 중앙정치로 되돌

아온다. 하여 왕실과 귀족 가운데 일단의 세력이 개혁당파를 형성하게 되었다. 개혁군주인 히스기야 왕과 요시야 왕이 등장하게 된 것은 바로 이런 사회적 요구에 따른 것이었다.

한데 유다국이 직면한 현실은 이것만이 아니었다. 실은 그것은 비단 유다국만이 겪었던 문제가 아니다. 바로 제국들의 팽창주의는 이 지역의 어느 소국들도 피할 수 없었던 가장 심각한 재앙이었다. 이집트와 이란-이라크 지역을 잇는 메소포타미아의 '비옥한 초승달' 지역(Fertile Crescent)에는 유난히 강력한 철기시대 제국들(아시리아, 바벨로니아, 페르시아 등)이 연이어 등장했다.

이집트의 제국들은 늘 팔레스티나 지역에 대한 종주권을 주장해왔고, 메소포타미아 중원의 이라크 지역에서 등장한 아시리아 제국과 바벨로니아 제국, 그리고 그 옆의 이란 지역의 부족들에서 유래한 페르시아 제국 등이 차례로 시리아-팔레스티나를 유린했다.

제국 군대들이 휩쓸고 지나간 곳은 마치 초대형 쓰나미가 휘몰아친 해안처럼 초토화되어버렸다. 하여 강력했던 국가인 아람-다마스쿠스국과 이스라엘국, 페니키아 국가들도 아시리아 제국에 의해 무참히 무너져버렸다. 그리고 유다국도 바벨로니아 제국에 의해 지도에서 영원히 사라져버렸다.

그러나 이런 설명으로 간단히 제국들의 시대를 이야기하는 것은 턱없이 부족하다. 어느 제국도 안정된 체제를 장기간 이끌고 가지 못했기에, 제국들이 부침을 겪을 때마다 다른 제국이 팽창하고 그때마다 소국들은 요동쳤다. 대외적으로는 어느 제국과 동맹을 맺어 국제전에 참전할지를 결정해야 했고, 대내적으로는 친이집트 세력, 친아시리아 세력, 친바벨로니아 세력 등으로 나뉘어 서로 치열한 경합을 벌이고 있었다.

　　유다국의 개혁군주들인 히스기야와 요시야는 각기 아시리아와 이집트 군대에 의해 권력 기반이 유린되어 개혁의 깃발이 꺾여버렸고, 므낫세는 시종 아시리아 제국의 봉신국으로 숨 막히는 예속 상황에 놓여야 했으며, 아몬은 그러한 정세 속에서 궁중쿠데타로 살해되었고, 여호아하스는 이집트 파라오에 의해 폐위되어 압송되었으며, 여호야김은 아마도 바벨로니아 황제에 의해 처형된 것으로 보인다. 그리고 여호야긴과 시드기야는 바벨로니아 군에 의해 폐위되어 압송되었다. 이렇게 히스기야 이후 유다국 통치자들은 예외 없이 국제정치의 희생물이 되었고, 그 이면에는 조정 내의 각 정파들의 복잡한 권력투쟁이 있었다. 조석으로 변하는 국제정세를 정확히 파악하기란 거의 불가능할 만큼 어려운데 그런 판단을 내릴 일사분란한 주체가 유다국 조정엔 거의 자리잡지 못했던 것이다.

　　두 세기에 걸쳐 진행된 국제전의 소용돌이 속에서 허우적대고 있던 시리아-팔레스티나의 소국들, 그 나라의 백성들은 어떠했을까? 이 제국과 동맹을 맺으면 저 제국이 동맹국들과 함께 쳐들어왔고 또 저 제국의 편을 들면 이 제국의 군대가 밀어닥치는 상황에서 통치자들은 시도 때도 없이 농민을 병사로 차출했고, 생산물을 군비로 차압해버렸다. 게다가 귀족들의 부당한 착취로 농민의 삶의 기반은 바닥까지 털려버렸다. 한데 그렇게 겨우겨우 지내다보면 제국의 군대가 쳐들어와 사람과 짐승과 땅을 온통 초토화해버렸다.

하여 시리아-팔레스티나에는 유민과 난민이 들끓었다. 유다국도 예외가 아니었다. 많은 이들이 이 나라로 유입해 들어왔고 또 많은 이들이 이 나라에서 유출되었다. 히스기야-요시야 왕의 개혁은 유출되는 노동력을 어떻게든 막아보고자 애썼던 측면이 많았다. 또 유입되는 이들을 받아들여 폐허가 된 땅을 경작하게 하려 했던 측면도 있었다. 아무튼 개혁은 이런 유민과 난민을 정착시키려는 정책과 긴밀히 결합되어 있었다.

그러다 유다국이 역사에서 사라져버렸다. 바벨로니아에 저항하다 마침내 유다 왕조가 결딴나버린 것이다. 그리고 바벨로니아는 패망한 나라 유다국을 위임통치할 대리인을 임명했다. 그가 바로 그달리야다. 그는 과거 요시야 개혁당파의 핵심세력의 후손이었다. 그리고 그달리야의 측근에는 급진개혁파 명망가인 예레미야 예언자가 있었다.

아니나 다를까, 그달리야 정부는 집권하자마자 개혁정치를 드라이브한다. 사정이 나쁘지 않은 것은, 많은 토지를 장악하고 있던 구왕족과 귀족들이 바벨로니아로 압송된 탓에 주인 없는 땅이 널려 있었다. 그달리야는 바로 이 땅에 예속되어 있었던 빈농들에게 땅을 나누어주었고, 유민과 난민들에게도 땅을 나누어준다. 유민과 난민의 꿈이 이루어진 것이다.(《예레미야서》 40,12)

그러나 전국 여기저기에 흩어져 있던 구귀족 인사들과 바벨로니아에 의해 압송된 구왕족과 귀족들이 이에 반발한다. 그리고 그들이 결국 그달리야를 암살하고 만다. 이렇게 해서 유민과 난민의 꿈은 또다시 수포가 되어버렸다.

그달리야는 히스기야-요시야와 같은 전략을 추구했다. 그들이 만들고자 했던 것은 유민과 난민을 위한 나라였다. 왕실이나 귀족이 든든히 선 나라가 아니라 소농이, 심지어 외국에서 이주해온 이들이 든든히 선 나라였던 것이다.

그러나 그달리야는 실패했다. 히스기야와 요시야, 두 왕보다 더 철저한 유민과 난민을 위한 개혁을 시도하고자 했던 그의 시도는, 기득권 세력들이 그를 암살해버림으로써 얼마 안 되어 중지되어버렸다. 그런 시도 자체를 불온하게 여겼던 이들의 조바심 탓에 미완의 실험으로 그치고 말게 된 것이다.

그리고 오랜 세월이 흘렀다. 그달리야와 예레미야가 꿈꾸었던 사회는 20세기 유럽에서 비로소 '부분적인 성공'을 거두었다. 이른바 복지국가가 탄생한 것이다. 노동자의 몰락을 억제하고 몰락한 이들의 회생을 추구하는 제도가 사회발전을 이룩한 것이다. 하지만 그것은 제국의 횡포가 잠잠하던 지역에서나 가능했다. 아니 그보다는 제국으로서 수탈한 것을 이용한 복지라고 하는 게 더 타당할 것이다. 그런 점에서 나는 이것을 '부분적인 성공'이라는 제한적 표현을 썼다.

오늘 우리는 지구화 시대를 맞아 제국의 초대형 쓰나미가 쉼 없이 휘몰아치는 세계 속에 살고 있다. 살아남고자 하는 도시들은 앞다투어 제국의 질서를 수용하기 시작한다. 그 질서란 자본, 특히 악성 금융자본이 활개 치는 놀이터를 보장해주는 질서다. 그 질서 속에서 빈부격차가 급격하게 심화되고 있고, 자본의 전쟁에서 몰락한 유민과 난민들이 발생하며, 그런 이들이 무수히 유출되고 무수히 유입되는 세계다.

한국은 그런 세계에서 가장 빠르게 악화되는 사회의 하나다. 많은 사람들이 자산을 털려버려 유민이 되고 난민이 되는, 그런 현상이 가장 심각한 사회가 바로 우리 사회인 것이다. 소수의 사람들을 제외하고는 대부분의 사람들이 실제적 혹은 잠재적 유민과 난민이 되었다. 1인 가족이 가장 큰 비중을 차지할 만큼 가족은 뿔뿔이 해체되었고, 친구도 동료도 어떤 연고도 무의미해진 사회가 되어가고 있는 것이다.

많은 이들은 이미 그렇게 되었고 또 많은 이들은 그런 위기감 속에 살고 있다. 해서 누구는 국경 밖으로 떠밀려 나가야 했고, 누구는 국경의 주변부 지역으로 내몰리거나 그럴 위기감 속에 살고 있다. 또 누구는 자신의 내면의 국경에서 내쫓겨 정신적 파산 증상을 앓고 있다. 그리고 다른 누구는 그런 우리 사회 속으로 유입되어 들어온다. 그러나 그들에게 나눠줄 시민권은, 그럴 자산 분배의 여유는 이미 거의 없다.

바로 그런 여유의 빈약함 속에서 경제민주화와 복지를 구현해내야 한다는 대대적인 사회적 열망 위에서 박근혜 정부는 탄생했다. 이 정부는 그런 열망을 적극적으로 품겠다고 호언장담하며 집권에 성공하였다. 그러나 이렇다 할 시도도 없이 정부는 그 약속들을 속속 포기하고 있다. 아니 어쩌면 그것은 애초부터 달콤한 거짓말이었을 수도 있다. 아무튼 현재까지 정부의 기조는 그 반대로 향하고 있는 듯이 보인다. 바로 그 몇 년 동안 사회의 유민화는 훨씬 더 심각하게 구조화되고 있다.

그런 시대를 살고 있는 우리는 다시 그달리야를 주목해본다. 유민과 난민을 위한 나라는 진정 없을까. 그달리야의 미완의 실험은 여전히 불가능한 것인가. 그렇게 우리는 다른 시작을 꿈꾼다.

유민을 위한 나라는 '없다!'

'그들의 전쟁'을 끝내라
증오의 시대, 예언자의 말

> 강도떼가 숨어서 사람을 기다리듯, 제사장 무리가 세겜으로 가는 길목에 숨었다가
> 사람들을 살해하니, 차마 못할 죄를 지었다.
> ― 〈호세아서〉 6,9

글 앞에 인용한 〈호세아서〉 6,9은 이스라엘국이 멸망하기 직전의 혼란 상황을 묘사하는 텍스트다. 하지만 그 내용은 수수께끼 같이 모호해 보인다. 세겜 길목에서 제사장들이 사람들을 살해했다는 게 대체 무슨 뜻일까?

'세겜'은, 과거 부족동맹사회 말기에 블레셋 군과 사울 군이 싸울 때 양군의 진영이 있었던 그리심 산과 에발 산 사이의 기슭에 위치한 성읍이다. 또 군주국 시대에 유다국의 수도 예루살렘에서 이스라엘국의 수도인 사마리아로 갈 때 거쳐 가는 곳이고, 이집트에서 시리아로 갈 때 통과하게 되는 가나안 내륙 교통의 요지다. 하여 '세겜 기슭'이란 남쪽 예루살렘에서 이스라엘의 수도 사마리아 성으로 혹은 북쪽 사마리아 성에서 유다국으로 가는 길목인 셈이다.

한데 위의 구절에서 호세아 예언자는 이곳을 통과하는 이들을 제사장들이 살해했다고 비난하고 있다. 그렇다면 이곳을 통과하는 이들은 누구일까? 누가 제사장들에 의해 살해된 사람들일까? 제의에 전념해야 할 제사장들이 매복해서 사람들을 살해했다는 것도 이상한 일이고, 그들에 의해 살해되는 사람들에 관한 사연도 궁금하다. 남에서 북으로 가는 이들일까 아니면 북에서 남으로 가는 이들일까?

이것을 알아내는 일은, 역사적 맥락을 살피며 유추하면, 생각보다 간단하다. 당시 이스라엘국은 아시리아 제국에 의해 전 국토가 유린당하고 있었다. 분노한 제국의 군대는 끈질기게 저항했던 성읍들을 불 질러 잿더미로 만들었고 지도자들의 몸뚱이를 기둥에 꿰어 성벽에 내걸어놓았으며, 그곳 주민들을 마구잡이로 학살해댔다. 뿐만 아니라 인근 농지를 불살랐고, 사람들을 닥치는 대로 죽이고 또 노예로 끌고 갔다. 오늘날 고고학자들의 추산에 의하면, 당시 이스라엘국은 전 국토의 30%가 파

아시리아 비문들에는 등장하는 정복 장면 중에서 저항하다 체포된 도시의 지도자들을 창이나 말뚝에 꿰에 매달아놓는 묘사들을 볼 수 있다.

괴되었다고 한다.

한때 시리아-팔레스티나의 패권국으로 많은 족속들과 나라들을 병합하고 속국이나 봉신국으로 두었던 소제국 이스라엘은 이 전쟁으로 거의 모든 영토를 상실했고 단지 사마리아 성과 그 인근 지역만 남은 상태였다.

〈호세아서〉는 내용상 1~3장과 4장 이후로 나뉘는데, 1~3장이 이스라엘국이 아직 번성하고 있던 때를 반영하고 있다면, 4장 이후는 아시리아 군의 침공으로 전쟁의 참화 속에서 멸망하게 되기까지의 상황을 다루고 있다. 하여 1~3장의 맥락이 이스라엘국의 영토가 방대했던 때와 연관이 있다면, 그 이후 부분은 사마리아 지방으로 쪼그라든 때를 반영한다.

그런 관점에서 1~3장에서는 '에브라임'이라는 용어가 한 번도 사용되지 않은 반면, 4장 이후에서는 무려 36번이나 사용되고 있다는 점을 주목하라. 그것은 소제국으로 시리아-팔레스티나의 최강국으로 군림하던 시절이 지나고, 왕국 말기에 사마리아 인근의 에브라임 지역만을 통제하고 있던 상황을 시사하고 있다.

그렇다면 위의 〈호세아서〉 6,9의 제사장들에 의한 민간인 학살이 벌어진 세겜의 길목이란 줄줄이 남쪽으로 이동하는 백성들이 국경을 통과하는 길목이었음을 미루어 짐작할 수 있다. 북쪽에서 아시리아 군이 밀고 내려오니 사람들은 세겜을 통해 남으로 피난길을 떠나고 있는 것이다. 살기 위해서, 군대의 폭력을 피하기 위해서, 파괴의 잔혹함에서 벗어나기 위해서.

그런데 그곳을 제사장들이 지키고 있다. 왕의 군대가 아니라 제사장들이 말이다. 몰락해가는 나라의 군대가, 필경 무수한 탈영자들 때문에 병력이 거의 미미해진 상황에서, 전쟁이 없는 남쪽 국경지역까지 배치되어 있을 사정은 아닐 터이다. 반면 커다란 왕실 성소가 있던 세겜에는 왕궁의 녹을 먹던 사제들이 많았다. 국가가 한창 번영하던 때 연일 정복지에서 온 전리품이 이곳을 거쳐 왕실로 들어갔고, 봉신국이던 유다국 등 공납물도 여기를 거쳐 지나갔다. 또 이집트와 에티오피아에서 시작해서 시리아로 가는 대상(隊商)도 이곳을 지나갔다. 그때마다 막대한 기부금이 왕실의 이름으로 제사장들에게 하사되었다. 하여 그들은 이곳의 강력한 종교귀족으로 군림하고 있었다.

하지만 지금은 왕실이 급속도로 몰락하고 있던 때다. 그럼에도 이곳 제사장들은, 그들의 지도자들은 왕실과 운명을 같이하고 있다. 대개 그렇듯이 제사장들이나 예언자들은 이익을 따라 처신하는 데 느리다. 그렇게 느리게 반응해도 그들이 누려왔던 권세와 부는 변함없었고, 단지 왕실과 나라의 성공을 위해 축복의 메시지만 앵무새처럼 날리면 되었다. 그들의 신이 왕실과 나라를 지켜줄 것이라고 늘 외쳐댔고 그런 믿음을 신념으로 갖고 사는 자들이다. 해서 왕국 몰락기에도 가장 마지막까지 남은 이들은 종교권력과 그들을 따르는 사제들(과 예언자들)

이다. 그때 세겜에서도 그랬다. 그들은 왕에 대한 충성이 곧 신에 대한 충성이라고 믿는 자들이었고, 그렇게 충성을 다하면 야훼께서 축복을 주셔서 이스라엘을 다시 번성케 할 것이라고 주장했으며 그들 스스로 도 그렇게 믿었다.

　한데 백성들이 도성을 피해 남으로 피난을 떠나고 있다. 제사 장들은 이를 용납할 수 없었다. 하여 세겜 길목을 지키며 그곳을 지나 는 백성을 무차별적으로 살육해댄다. 왕실과 성전의 운명을 공유하지 않는 불신실한 이들을 신의 이름으로, 거룩한 이스라엘의 이름으로 무 자비하게 살육한다. 호세아 예언자는 바로 그들, 살육하는 제사장들을 향해 비난을 퍼붓고 있다.

　내가 바라는 것은 변함없는 사랑이지, 제사가 아니다. 불살라 바치 는 제사보다는 너희가 나 하나님을 알기를 더 바란다. 그런데 ……
　길르앗은 폭력배들의 성읍이다. 발자국마다 핏자국이 뚜렷하다.
　　　　　　　　　　　　　　　　　　　　—〈호세아서〉 6,6~8

　제사가 신실함의 표상이라고 생각했던 이들은 국난 상황에 서 제사에 몰두하며 그것을 따르지 않는 이들을 무참히 죽였던 것이다. 신정국가 사회에서 제사는 국가의 이데올로기이자 미래의 청사진이었 다. 그 이데올로기와 청사진이 추구하는 것은 '풍요'였다. 신은 풍요를 주는 분이었고, 제의는 그러한 풍요를 표상하는 방식으로 화려하게 진행되었다. 그리고 제의를 주관하는 제사장들은 우월한 계급적 지위를 누리고 있었다.

호세아는 바로 이러한 제사종교의 폐단을 비판한다. 그가 얘기하는 것은 '하느님의 사랑(헤세드)'과 '하느님을 아는 지식'(다아트 엘로힘)이다. 그것은 풍요나 계급의 신, 그것을 보증하는 격식으로 존재하는 신이 아니라 (고통으로부터의) 구원과 (위계질서로부터의) 해방을 선사한 '출애굽의 신'이다.

그런데 제사장들이 전쟁에서 탈출하려는 이들을 학살하고 있다. 죽음을 회피하려는 이들의 행동을 저주하고 그 몸을 죽음의 계곡으로 내동댕이치고 있다. 그러한 피비린내 나는 이데올로기가 아니라, 사람들의 살고자 하는 노력을 가상히 여기고 그들에게 구원과 해방을 선사하는 신을 주장하는 것이다.

오늘 한국사회는 몰락하고 있다. 한동안 구가했던 성장의 기조가 거칠게 꺾여서가 아니라, 사람들의 미래에 대한 희망이 무너지고 무력감으로 하루하루를 힘겹게 버텨내는 사회가 되었기에 그렇다. 하여 지금은 아닐지라도 더 나은 내일이 있다는 생각, 더 나은 가치의 세상이 될 거라는 믿음이 무너졌다.

이렇게 서민에겐 내일이 없는데, 여전히 흥청망청 파티를 벌이며 축복을 떠벌리는 이들이 있다. 많은 교회들, 특히 중상위계층으로 가득한 교회들도 그들의 하나다.

이렇게 계층 분화가 급격하게 심화되고 분화된 계층 간의 이질성이 극적으로 나뉘어가는 사회, 그리고 소수의 지배층과 중상위계층의 공공성에 대한 책임감이 사라지고 그들만의 향락의 문화가 여과 없이 노출된 사회, 이런 사회에서 사회통합은 거의 불가능하다.

하여 이런 사회에는 무수히 많은 일탈들이 있다. 과거 사회를 통합했던 이데올로기의 장소들을 일탈한 무수한 이들이 '가치의 국경'을 넘는다. 하여 반공의 국시(國是)에 모반하는 자, 가정을 탈출한 자, 성별(젠더) 체계 밖임을 공표한 자 등등, 그들이 넘쳐난다. 그들은 전통을 존경하지 않을 뿐 아니라, 전통의 국경을 넘는 삶의 모험에 뛰어들기까지 한다. 그들의 무수한 행렬들이 끊임없다. 게다가 영화, 음악, 미술, 그리고 지식 등, 각 영역의 문화적 담론들은 이런 일탈의 텍스트들에 주목하고 있고, 심지어 자기 스스로부터의 일탈을 실험하기까지 한다. 이제 영화나 음악, 미술, 기타 여러 예술 영역뿐 아니라 학문들도, 많은 부분에서 일종의 '일탈학'이 되고 있다.

개신교 교회는 한국의 초고속 성장주의적 근대화의 최전선에 있었고, 그렇게 형성된 가치를 담고 있는 가장 대표적인 장소로 남아 있다. 그러다 보니 탈성장사회에 돌입해버린 오늘날 교회는 시대에 뒤쳐진 장소로서 사람들에게 인식되고 있다. 낡은 가치의 장소, 구태의 상징이 된 것이다. 하여 교회를 보는 외부의 시선이 따갑고, 종종 공격적이기까지 하다. 나아가 교회를 이탈하는 이들이 적지 않다.

그런데 개신교 교회는 최근 갑자기 더 노골화된 공격적 태도로 사람들을 대한다. 물론 오랫동안 교회는 한국사회에서 공격적 행동주의의 화신이었다. 해방 이후 군정기와 이승만 정권 시대에 교회는 그야말로 반공주의적 극우 테러집단처럼 행동했다. 그리고 한국의 전근대적 경험들을 무시하고 배타주의적 팽창주의를 추구했다. 하지만 박정희 정권 이후 교회는 마치 본래부터 정교분리, 세속과의 분리를 추구했던 자들처럼 탈정치, 탈세속을 강조하며 '교회 안'에 머물렀다. 한데 최근 들어 교회가 갑자기 정치세력화를 주장하고 각종 문화에 개입하며 지식체계를 종교화하고자 압력을 가하고 있다. 거기에 많은 신자들은 문화적 테러, 이념적 테러의 전선에서 십자군처럼 나서고 있다.

그리고 이런 행동주의는 증오의 원리에 기반을 두고 있다. '적'을 지목하고, 그 적을 향해 집중적인 포격을 가하는 것이다. 이에 무수한 이들이 '종북'으로 규정되었고 '이단'이 되었으며, '뉴에이지'(우상숭배자)가 되었다. 이와 함께 성소수자, 이방인, 타종교인 등이 타자화되었고 공격의 대상으로 지목되었으며 공격을 당하고 있다.

'가치들 국경들', 그 길목에 도사리고 있는 오늘의 교회, 그 지도자들, 그들을 향해 오늘의 호세아는 외친다. 하느님이 원하는 것은 '증오가 아니라 사랑이다, 제사가 아니라 꿈이 꺾인 이들의 희망이다, 적을 만드는 것이 아니라 이웃을 만드는 것이다.'라고.

한^恨의 사제, 정의의 사제
종북 마케팅에 몰두한 국가와 종교를 넘어

> 시끄러운 너의 노랫소리를 나의 앞에서 집어치워라!
> 너의 거문고 소리도 나는 듣지 않겠다.
> 너희는, 다만 공의가 물처럼 흐르게 하고, 정의가 마르지 않는 강처럼 흐르게 하여라.
> ─ 〈아모스서〉 5,23~24

밤에 미친 듯이 일에 몰두하는 이에게 불면증은 낯설다. 한데 요즘 불면증에 시달린 지 한참 되었다. 그날도 새벽 미명이 다가올 때까지 잠들지 못했다. 잠이나 자야지 하며 누운 지 불과 삼십 분도 못 되어 다시 일어난다. 무심코 TV를 켠다. 수없이 채널을 바꾸기만 하다 벌떡 일어나 물 한 컵 들고 돌아오다 책장이 눈에 들어왔다. 한 번도 펼쳐보지 않았던 책들이 보인다. 그것을 꺼내 머리글 한 페이지를 채 읽지 못하고 꽂아 넣기를 여러 번. 다시 방을 나가 화장실을 다녀온다. 그리고는 앉은뱅이책상 앞에 가만히 앉는다.

지난 이십여 년간 무수한 글을 썼고 여러 권의 책을 썼던 그 자리에 앉아 노트북을 켠다. 필경 그 시간 동안 이 모습은 가장 익숙한 나의 자세였다. 하지만 할 일도 없고 하고 싶은 일도 없이 컴퓨터를 바라보는 그날의 모습은 퍽 낯설다.

인터넷에 접속해서 신문들을 훑는다. 그러나 제목만 읽을 뿐, 내용을 열어보지는 않았다. 간혹 어떤 것들은 보아야 할 것 같은 마음에 클릭해보지만, 역시 글이 눈에 들어오지 않기는 마찬가지다.

페이스북을 열어본다. 친구 신청한 이들이 8명, 메시지가 5개나 있다. 얼른 응답을 하고 타임라인의 글들을 훑어본다. 철도노조에 관한 글들이 넘친다. 정부와 보수언론들의 주장에 대한 반박들과 냉소들. 무력해진 나와는 달리 많은 이들은 좀 과한 흥분 감정을 드러내고 있었다.

이날 나는 수면장애와 집중력 저하, 의욕상실 등의 증상을 드러냈다. 한 후배 심리학자는 이를 스트레스로 인한 일시적인 기분장애 증상으로 가벼운 우울증 현상이라고 진단해주었다. 그리고 그는 이어서 페이스북을 보면 많은 이들의 일시적 조증 증상이 엿보인다고 얘기해주었다. 얼마 전 읽은 어떤 글도 오늘의 사회를 조증과 우울증의 사회라고 해석하고 있었다 .

만약 그렇다면 그날의 나의 경험은 오늘 우리 사회가 앓고 있는 집단적인 기분장애 증상의 일부였을지도 모른다. 나뿐만 아니라 많은 이들이 집단적 우울증과 조증 증상을 보이고 있다는 것이다. 전 세계에서 타의 추종을 불허하는 높은 자살률은 아마도 집단적 우울 증상이 우리 사회에서 얼마나 심각한 병리적 양상으로 나타나고 있는지를 단적으로 보여준다. 한편 최근에 쓴 글에서 내가 주장한 '격노하는 사회'라는 주장은 우리 사회의 집단적 조증의 심각성을 보여준다고 할 수 있을 것이다.

이러한 사회적 기분장애 증상이 특별히 심각하게 발현하게 된 것은, 많은 이들이 동의하고 있는 것처럼, 1997년 외환위기와 그 이후 지금까지 계속되고 있는 고통의 여파 때문일 것이다. 그 이후 사회는 빠르게 신자유주의적 지구화의 화염 속으로 빨려들어 갔고, 사람들의 고통은 질적으로 극대화하게 되었다. 그리고 2008년 이후 MB 정권을 거치면서 사람들은 고통에서 벗어날 가능성에 대해 막막함을 느끼는 절망 상황에 빠지게 되었다.

2012년 대선에서 박정희와 노무현 메시아주의가 물결쳤었다. 나는 그것이 이런 절망감에서 헤어 나올 계산 가능한 미래를 상상할 수 없었던 이들의 종교적 갈망의 표현이라고 해석한다.

절망감의 극대화가 사회의 전반적인 종교화를 낳은 것이다. 한데 이러한 종교적 갈망은 기성의 종교들에서 해소될 수 없었다. 어느 종교도 사람들의 고통에 다가가려 하지 않았고 고통의 사회적 배후를 읽어내려는 시도와 집단적 절망감의 치유에 힘을 쏟지 않았다. 아니 그럴 능력이 없다고 하는 게 적절할 것이다. 하여 기성의 종교에서 해소되지 못한 사회적 종교성이 사회 이곳저곳을 부유하면서 간간히 폭발하곤 했는데, 정치의 해인 2012년에 그 종교성이 머물렀던 대표적인 장소는 메시아주의 정치의 장소였던 것이다. 그리고 박근혜 정부의 탄생은 박정희 메시아주의에 크게 힘입은 것이었다.

한데 박근혜 정부는 고통과 절망감에 사로잡힌 사회를 치유하는 데 별로 관심을 기울이지 않았다. 국가의 치유란 법과 제도를 통한 치유인데, 선거 때에 큰 영향을 미쳤던 의제들인 복지나 경제민주화 같은 것이 그 대표적인 요소들이라고 할 수 있다. 하지만 알다시피 그 이후 박근혜 정부의 시간은 그러한 열망으로부터의 배신의 시간이었다. 또 최근 부상한 민영화 반대에 대한 사회적 요구를 제도적으로 약속하기보다는 희석화하는 데 치우쳐 있는 듯이 보인다.

대신 국가가 열을 올린 것은 사회적 종교심을 악용하는 것이었다. 그 대표적 사례가 공포마케팅이다. 이른바 '종북몰이'가 대표적이다. 북한을 악마화하고 그 악마와 손잡은 내부의 적이 우리를 파멸시킬 것이라는 공포심을 이용한 반공주의 종교를 활성화시킨 것이다. 한데 이 유사종교의 가장 심각한 폐해는 공포심을 분노로 표출시키는 신앙심을 양산하는 데 있다.

박근혜 정부는 이러한 퇴행적 신앙심을 '애국심'이라고 명명하였다. 이러한 종북마케팅의 선구자는 한국 개신교다. 해방 이후 오랫동안 정부와 찰떡궁합 한 팀이 되어 열렬한 반공주의 사도였고, 많은 경우 그 정도가 지나쳐 퇴행적 공격성을 감춤 없이 드러냈었다. 이후 두 번에 걸친 민주정부가 분단극복의 의지를 정책화하자 개신교는 홀로 좌충우돌하며 공격적 반공주의의 투사로서 전의를 불태웠다. 하지만 이제 정부가 종북마케팅을 주도하고 있고 교회는 그 열렬한 지지자요 파트너로 활약하고 있는 것이다.

아무튼 저 이상한 '애국심'은 정부가 '종북'이라고 낙인찍은 이들이 곧 국가를 해치는 자들이라는 뜻을 내포한다. 가령 집권 직후 벌어진 철도노조의 파업을 불법이라고 규정하는 정부의 주장의 근거는 파업의 목적이 정부 정책에 반대하는 데 있기 때문이라는 것이다. 노동자의 파업을 정부 정책에 대한 찬반 여부로 검증해서는 안 된다는 국제노동기구의 관점과는 정면 배치되는 논리다. 정부는 이렇게 국제표준을 공공연히 어기면서 노동자의 파업을 불법으로 규정하고 탄압하고 있는 것이다. 여기에는 정부 정책에 찬성하는 것이 애국이며 반대하는 것은 국가에 폐해를 입히는 행위이므로 그들은 국민의 증오의 대상이 되어 마땅하며 법은 의당 그들을 처벌하는 게 옳다는 주장이 게재되어 있다. 이런 식의 논리는 집권 이후 내내 반복되었다.

2천 8백 년 전 이스라엘국에서도 이와 유사한 논리가 정부에 의해 설파되었던 적이 있다. 당시 이스라엘국은 지배층의 향락문화가 만연하고 있었고, 그에 대비되는 사회적 빈곤화 또한 심각한 상황이었다. 부유층들이 대중의 한 조각 식량까지도 강탈하는 일이 비일비재했고, 그것을 억제하는 법과 정의는 거의 작동하지 않는 사회가 되어가고 있었다.(《아모스서》5,7~11)

이런 불의한 사회를 지탱하고자 국가는 연일 화려한 제의를 국가성소에서 드렸다. 제사장들과 예언자들은 이구동성으로 국가의 번성이 곧 백성의 번성임을 강변했고, 현실을 감내하고 국가에 충성하는 것이 신의 명령임을 설파했다.

그런데 한 예언자가 나타나 사회의 부조리를 낱낱이 고발하고 그것이 신의 뜻을 어기는 것임을 절규하듯 외친다. 그는 당시 이스라엘국의 봉신국이던 유다국의 소농 출신으로,[1] 이스라엘국으로 이주해온 노동자였던 듯하다. 한데 그가 어느 날 신의 신탁을 받았다며, 정부와 부유층의 부조리를 비판하고 나섰던 것이다.

아마도 국가성소에서 전국의 많은 이들이 모여 제를 드릴 때에 이 예언자의 주장은 그곳에 모인 많은 노동자들과 소농들의 주목을 받았던 듯하다. 하여 이곳 성소를 대변하는 제사장 아마샤가 나서서 그를 기소하였다. "이곳은 왕의 성소다. 너 같은 이방인이 함부로 입을 놀릴 그런 곳이 아니다. 너는 지질히 가난한 네 고향에서나 예언이랍시고 하고 그것으로 밥벌이하며 살아라."(《아모스서》7,12 참조)

그러나 예언자는 말한다. "당신은 나더러 이스라엘을 비판하는 예언을 하지 말고 위협하고 있소. 하지만 바로 그런 식의 호도하는 말로 인해 이스라엘이 멸망에 이르게 될 것이오. 당신의 아내는 적

---

1 〈아모스서〉 1,1에 의하면 그는 드고아 출신이다. 이곳은 베들레헴 남동쪽 9km 거리의 촌읍이다.

에 의해 농락당할 것이고 자녀들이 학살당할 것이며, 남은 이들은 사로 잡혀가 그 땅에서 죽게 될 것이요."(《아모스서》 7,17 참조) 곧 공의를 외면한 이른바 '애국심'의 말이야말로 사회를 회복할 수 없는 재앙에 빠지게 할 것이라는 얘기다.

이 예언자의 이름은 아모스다. 훗날 많은 이들에 의해 '정의의 예언자'라는 별명이 붙은 바로 그이다. 한데 아마도 그는 이 굽히지 않는 말로 인해 당국에 의해 기소되어 모진 고문을 당하다 처형된 것으로 보인다. 하지만 이후 이 나라는 급격하게 쇠락했고 결국 예언자의 말대로 처절한 멸망의 재앙을 겪어야 했다.

다시 우리 사회 얘기로 돌아오겠다. 사회의 집단적인 기분장애 증상에 대해 종교야말로 가장 중요한 치유자의 역할을 수행해야 한다. 치유자로서의 종교의 역할에서 가장 중요한 부분은 국가가 법과 제도로서 치유를 수행하였음에도 남은 이들, 그 버려진 이들을 돌보고 치유하는 일일 것이다. 일찍이 민중신학자 서남동 목사는 민중신학자는 '한의 사제'여야 한다고 말했는데, 그것은 모든 종교인과 종교기관이 그 과제를 외면하였기에 민중신학자가 그 과제를 수행해야 한다고 말한 것이다. 즉 모든 종교인은 한의 사제여야 한다는 것이다.

한데 지금의 문제는 국가가 치유 자체를 방기하고 심지어 사회를 더 병들게 하고 있다는 데 있다. 이때 종교는 아모스처럼 그런 국가를 고발하고 공의를 외치는 자가 되어야 할 것이다. 즉 오늘의 종교

인은 한의 사제가 되어야 하고 동시에 공의를 외면하는 국가를 비판하
는 정의의 예언자가 되어야 하는 것이다.

제도가 성찰하라

후기자본주의 사회의 권력과 일상에 관하여

> 안식일이 사람을 위하여 생긴 것이지,
> 사람이 안식일을 위하여 생긴 것이 아니다.
> ― 〈마가복음〉 2,27

독일 카를스루에 조형예술대학(HfG Karlsruhe) 교수인 한병철 선생이 쓴 《피로사회》(*Müdigkeits-gesellschaft*)는 2010년 독일에서 출판된 이후 굉장한 반향을 불러일으키며 베스트셀러가 되었다. 이 책에서 그는 오늘 우리가 사는 후기자본주의 사회를 '피로사회'라고 불렀다. 이는 일종의 문명사적 진단으로, 미셸 푸코(Michel Foucault)가 말한 '규율사회'에서 이행한 사회의 지배 양식이라는 것이다.

'규율사회'란, 신체를 가혹하게 다룸으로써 대중을 교화하던 전근대적 체벌사회를 대체하여, 정신적 규율을 통해 사람들을 사회에 순응하게 하는 근대 자본주의적 지배의 형태를 말한다. 그리고 이것은 '감시의 체계'를 통해 실현된다.

"율법이 없을 때에는 죄가 죄로 여겨지지 않았다"(〈로마서〉

체벌사회	⇒	규율사회	⇒	피로사회
전근대사회	⇒	근대자본주의사회	⇒	후기자본주의사회

5,13)는 바울의 말은 율법이 내면적 감시의 장치로서 작동하고 있다는 통찰력을 보여준다. 율법은 이스라엘 신앙사에서 문자 해독층이 급증했던 기원전 3세기 프톨레마이오스 제국 시대에 중요한 신학적 요소로 등장하였다. 그 전에는 제사가 가장 핵심적인 종교적 통합의 장치였다. 제사는 시각, 청각, 후각적 지각을 통해 신의 지엄함을 과시한다. 그럼으로써 이스라엘은 제사종교의 일원이 되는 것이다. 하지만 제사는 사람들의 일상을 통제하지는 못한다. 왜냐면 제사가 사회를 효과적으로 통합하기 위해서는 점점 더 큰 이벤트적 행사를 필요로 했기 때문이다. 즉 이벤트는 일상이 될 수 없다. 일상이 된 이벤트는 더 이상 이벤트가 아닌 것이다. 하여 점점 이벤트에 의존하는 제사, 특히 국가 차원의 제사는 일상에서 사람들에게 신에 관하여 속삭이는 종교가 될 수 없는 것이다.

반면 율법은 문자로서 사람들에게 다가간다. 말의 종교가 작동하기 시작되는 것이다. 하여 율법은 사람들의 일상에서 작동하는 종교적 장치다. 율법은 회당에서, 사랑방에서 어린 시절부터 수없이 반복적으로 되새김함으로써 생각 속에 자리 잡는다. 그리하여 그렇게 자란 사람들은 율법이 내면의 소리로서 생각과 삶을 감시함으로써 사회에

통합되었던 것이다.

바울이 2천 년 전 간파해냈던 사회적 지배의 양식을 현대 철학자 미셸 푸코는 근대 자본주의 사회의 지배 양식으로 재발견한다. 물론 그는 훨씬 정교하고 훨씬 다양하게 작동하는 사회적 통합의 메커니즘을 발견했다.

한데 한병철 선생은 그러한 감시의 체제를 통한 규율사회가 아닌 피로사회가 지금의 우리네 삶을 통제하는 체계임을 말한다. 그에 의하면 규율사회는 감시에 의해 '해서는 안 된다, 할 수 없다'는 내면의 목소리를 통해 자기를 규율하는 '부정성의 사회'였다면, 피로사회는 '할 수 있다'는 '자기 긍정적 믿음'을 갖고 성과를 향해 질주하는 사람들의 사회인 것이다.

그런데 이러한 무한 긍정의 자의식으로 무장한 질주하는 사회의 인간은 무수한 낙오자를 낳기 마련이다. 할 수 있다, 원하면 이루어진다 같은 자기 긍정적 믿음으로 최선을 다해 노력하지만 결과가 그렇게 긍정으로 나타나는 경우는 거의 없기 때문이다. 아니 실은 그런 믿음은 모든 사람을 잠재적 낙오자로 만든다. 왜냐면 누구나 자기가 이룰 수 있는 것보다는 훨씬 더 큰 것을 욕망하기 때문이다.

해서 거의 모든 사람들은 심한 심리적 압박감을 감내하게 되며, 그중 일부는 병증을 드러내게 된다고 한다. 소진성 우울증 같은 질환 말이다. 만약 그렇게 우울증이 단순한 기분 상태가 아니라, 자기 스스로는 잘 조절하기 어려운 상태, 즉 질환으로 나타나면, 몸과 정신이 반응한다. 가령 이런 식이다. 몸이 스트레스 조절에 실패하여 무력감에 빠지고 우울 증상을 드러내며, 종종 자기조절체계와 면역체계가 약화되어 당뇨나 심장질환 등 각종의 신체적 질병으로 이어지곤 하는 것이다.

한병철 선생이 활동하는 독일사회는 1990년대 이후 세 사람에 한 명 꼴로 이런 심리적 장애를 나타냈다고 한다. 물론 그것은 독일만의 문제가 아니다. 세계보건기구(WHO)는 21세기의 가장 심각한 질병 중 하나를 직업적 스트레스 질환이라고 선언하였다. 그런 점에서 한병철의 피로사회는 선진국형 사회의 지배 메커니즘이며 소진성 우울 증상을 선진국형 질환이라고 해석할 수도 있겠다.

한데 나는 한병철식의 피로사회론에 대해 문제를 제기하려한다. 후기자본주의 사회에서 자기긍정을 통한 성과주의에 몰두하다가 자기가 소진되어버리는 사람들이 과거보다 현저히 많아졌음은 이견의 여지가 없다. 하지만 그보다 더 심각한 것은 자기를 소진시킬 노동의 기회조차 누리지 못하는 이들이 더 많다는 것이다. 선진국이든 개발도상국이든, 후기자본주의적 질서 속에 질주하는 사람들의 세계는 대개 이렇게 노동배제의 체험이 일상화되고 있는 것이다. 바로 이런 이유로 나는 그의 견해에 다 동의할 수 없다. 기계화는 노동의 기회를 더욱 줄였고 신자유주의적 경영은 비정규직화를 양산했으며 지구화는 이민자를 급증시켜 노동배제의 상황이 심화되지 않았던가.

　　독일의 국립전염병연구소인 로베르트코흐연구소(Robert Koch Institute, RKI)는 이러한 노동배제의 상황에 내던져진 이들이 병에 더 잘 걸리고 더 많이 죽는다는 연구보고서를 냈다. 그것은 자기긍정에 기초한 성과주의에 몰두하다 자기 자신이 소진되어버리는 것이 아니라 궁핍과 미래에 대해 희망을 가질 수 없는 상황에서 무력해지고 우울 증상을 드러내며 자기조절체계와 면역체계가 악화되어 각종 질병에 노출된다는 것이다.

　　이런 사람들은 기초생활수급자제도 같은 사회복지의 수혜자가 되기를 원한다. 하지만 어느 사회든 사회복지제도가 보호할 수 있는 대상보다 보호받으려는 대상이 훨씬 많기 마련이다. 그러므로 수혜자가 되는 이들을 선별하는 일은 사회부조형 복지제도를 운영하는 데 있어 매우 중요한 일이다.

　　해서 까다로운 조건이 붙는다. 고정수입이 얼마 이하여야 한다든가, 자기 소유의 부동산이 없어야 한다든가, 부양할 가족이 없어야 한다든가 등등. 한데 이 조건들은 모두 부정성의 지표들이다. 덜 가졌고, 더 무능력하고, 도움을 받을 다른 통로가 더 결여되어 있다는 것을 입증하는 지표들이다. 수혜자가 되려는 이들은 이런 지표들에 따라 자신의 '결핍'을 증명해내야 한다. 많은 사람들이 자기의 능력을 입증해야 기회를 누리는 것과는 정반대로 결핍을 증명해야만 하는 것이다. 그리고 이런 것이 반복되면 그이들은 생각 자체도 결핍의 존재가 된다. 스스로는 존재할 수 없고, 누군가의 도움에 의해서만 존재할 수 있는 사람 말이다. 이런 이들을 무능력자라고 한다. 곧 사회복지제도는 자칫 무능력화의 장치가 될 수 있다. 딜레마다. 자존 능력이 없는 이에 대한 사회부조는 절실히 필요한데, 그 제도는 종종 수혜자인 사람들의 거덜난 자존성을 더욱 약화시킨다.

이것은 국가의 사회복지 체계에서만 나타나는 현상이 아니다. 사회복지가 잘 발달된 사회일수록 다양한 공적 사적 복지기구가 만들어지게 마련이다. 열악한 환경의 사람들은 무수한 자기부정을 통해 생존의 기회를 얻어야 하는 것이다. 요컨대 사회복지제도는 자기긍정이 아니라 자기부정을 통해 주체화되는 이들을 양산한다.

무수한 자기부정을 통해 주체화된 이들은 자신의 현실에 주눅 들어 있고 막막한 미래에 절망하고 있다. 그럼에도 소비사회의 부풀려진 욕망들은 그들의 영혼 속으로도 예외 없이 파고들어간다.

이러한 존재의 불일치 속에서 사람들은 욕망을 억제하는 자기관리보다는 욕망의 대체물에 더 탐닉하게 마련이다. 술과 담배에 찌들고, 탐욕스런 식습관에 매이고, 심지어는 마약을 상습복용하기까지 하며, 친구, 이웃, 가족에게 폭력을 휘두르며 때때로 범죄자가 된다. 하여 이들은 건강도 악화되지만 범죄에 노출될 확률 또한 더 높아지는 것이다.

최근 우리 사회에 이른바 '묻지마 범죄'가 도처에서 일어나고 충격적인 (아동)성범죄가 연이어 터지면서 이들에 대한 법률적 응징을 강화하려는 여론이 빗발치고 있다. 약자에 대한 돌봄을 얘기하면서도 눈앞의 약자가 저지른/를 위험성을 과장하고 그를 적대시함으로써 정의를 실현할 수 있다고 생각하는 일이 우리에게 낯설지 않다는 것이다. 그 한 예가 '아동 성폭력 범죄'에 대해 악마 담론이 부상하고, 그런 이들을 영원히 격리시키는 것으로 사회 청정화가 실현될 수 있다는, 이른바 형사국가적 여론이 크게 확산되고 있는 현상이 벌어지고 있다.

형사국가란 위험한 자를 거의 종신에 가깝게 격리 수감하는 방식으로 치안을 유지하려는 제도를 뜻한다. 이것은 비단 범죄자에 한정한 것은 아니다. 여기에는, 영화 〈마이너리티 리포트〉(Minority Report, 2002)에서 미래사회의 모습으로 그려냈던 것처럼, '예방적 치안 시스템'을 작동시켜 이른바 범죄 없는 사회를 만들어내고자 하려는 욕구가 넘실거린다. 한데 이런 식의 욕구는 종종 특정 집단을 가상범죄자로 간주하는 대중적 허상을 만든다. 흔히 이런 가상범죄자로 간주되는 이들은 이민자, 빈민, 성소수자, 부랑자 같은 이들이다. 하여 이들을 그 실체적 범죄 행위와 상관없이 '잠재적 범재자화'하는 제도들로 나타나게 된다.

이미 오래전부터 존속하고 있는 국가보안법은 생각까지도 형사적 문제로 다루는 법제라는 점에서 과잉형사화의 대표적 사례일 것이다. 또 최근의 테러금지법도 마찬가지다. 복면금지법의 경우도 말할 것도 없이 과잉형사화라는 비판의 대상이 된다. 그 밖에 사회적 편견에 기대어 형사적 대상을 확대하려는 시도들이 특히 MB 정부와 박근혜 정부에 들어서 더 많이 시도되고 있는 것이 사실이다. 이것은 그런 것들에 대한 정부 차원의 자정장치인 국가인권위원회를 무력화시킨 것과 병행한다.

권력은 일상을 통제하는 능력, 심지어는 자기 내면을 통제하는 능력을 통해 더 완성도 있는 수준의 통제 장치가 된다. 그런 논지를 명쾌하게 보여준 것이 푸코의 규율사회론이었다. 한데 형사국가화는 그런 규율사회의 가해자가 더 이상 지배자들에 국한되지 않음을 단적으로 보여준다. 시민 자신이 그런 가해적 사회의 지배자들이다. 자신이 일상 권력의 피해자이면서 가해자가 되는 사회, 아니 많은 경우에 지배-피지배의 피라미드 속에 얽혀 들어가 가학성과 피학성을 일상적으로 체험하는 사회, 그런 사회가 되었다는 것이다. 한데 시민이 비시민에 대한 가학성을 욕망하는 것은, 긍정적 믿음이든 부정적 결핍감이든, 자신이 겪고 있는 저 피로감, 결핍감, 공포감을 회피하려는 무의식적 충동일 수 있다. 해서 규율사회든 피로사회든, 사람들은 가학성의 존재로 타자를 (무)의식적으로 공격하게 된다는 것이다.

한병철 선생은 피로사회의 대안으로, 소진성 질환의 수렁에서 벗어날 수 있는 자기 내적 가능성으로, 그리고 어쩌면 타자에 대한 가학성의 욕구에서 벗어날 수 있는 내적 가능성으로, 성과의 예외지대를 자기의 일상에 설치하는 행위를 얘기한다. 예컨대 안식일이 그렇다. 1951년 유대교 사상가 아브라함 요슈아 헤셸(Abraham Joshua Heschel, 1907~1972)이 했던 안식일 해석은 한병철의 예외지대를 한병철보다 더 적절하게 설명한다. 6일간의 창조는 신이 공간을 점령하여 생산적 세계를 만들어간 것처럼 자본주의 사회에서 6일간의 노동은 공간을 점령하는 생산적 창조의 과정이다. 한데 신이 그 행위를 멈추고 쉼을 선택한 시간이 안식일이다. 하여 그날 사람들은 노동을 멈추고 자기를 성찰하라고 그는 권한다. 성과사회에서 자기를 성찰하는 인문학적 사색은 쓸모없는 시간 활용에 속한다. 한데 헤셸처럼 한병철도 그 시간을 성과의 예외시간으로 두는 행위를 피로사회를 견디는 방법이라고 얘기하는 것이다.

하지만 이 말은 절반만 옳다. 안식일에도 쉼을 선택하는 것이 불가능한 사람들이 있기 때문이다. 누구는 그날에라도 일하지 않으면 생계를 유지할 수 없는 이가 있고, 누구는 그날에도 영락없이 일해야 하는 비정규직의 서러움을 감내해야 하는 이가 있다. 또 누구는 그날 시험을 치러야 하거나 수시로 있는, 바늘귀 같은 시험을 통과해야만 미래를 간당간당하게라도 꿈꿀 수 있는 이가 있다. 혹 누구는 안식일이 아닌 날에도 노동할 기회 자체가 없는 이가 있다. 하여 까딱하면 그이들은 안식일뿐 아니라 모든 날을 그렇게 보내야 하는 사람들이다. 그런 이들을 형사국가는 잠재적 범죄자로 규정할 가능성이 높다.

그런 이들에게 안식일은 성찰의 시간일 수 없다. 이에 대해 예수는 안식일을 성찰하며 보내라고 하는 대신 안식일 자체가 성찰하라고 일갈한다.(〈마가복음〉 2,27) 성과사회에서 소진되어 잠재적 범죄자의 대열로 추락하지 않으려 하기보다 그런 사회를 근본적으로 성찰하라는 것이다.

"그들이 말한다"

신자유주의 시대, 5·18을 다시 말하다

사람들이 몹시 놀라서 말하였다. "그가 … 말 못하는 사람도 말하게 하신다."
—〈마가복음〉7,37

박근혜 대통령이 취임한 2013년, 그해 5월, 대표적인 극우언론들은 '5·18'의 배후에 북한 간첩의 암약이 있었다는 보도를 내보냈다. MB 정부 이후 극우 인사들의 '5·18'에 대한 폄훼와 비하적 재규정의 시도들이 계속되고 있지만, 이 기사들은 '5·18'에 대한 인식의 시간을 1980년 '5공' 정권 초기 시대로 되돌려놓았다는 점에서 가장 수위 높은 반동적 기억의 사례에 속할 것이다. 물론 아직까지 극우적 '5·18론'들은 참고할 거리조차 되지 못하는 '생떼'에 지나지 않는다. 국무총리 지명자 김기춘 씨를 비롯한, 이른바 '공안'에 관한 놀라운 창작의 달인들이 즐비한 정권이 집권하고 있는 시기에 터져 나온 공안론적 의혹제기치고는 너무 저질들이다. 이런 식이라면 '5·18'을 축으로 하는 민주화 운동의 도덕적 당위성에 어떠한 상처도 줄 수 없을 것이다. 한마디로 극우는 공부좀 더 해야 한다.

그런데 비판적 시민사회의 '5·18론'이 직면한 문제는, 이런 극우적 생트집이 아니라, 진지한 연구들을 둘러싼 시민사회의 공론화가 너무나 빈약하다는 데 있다. 민주화 정권들이 규정하여 제도화한 정치적 해석들이 마치 정전(Canon)적 진리처럼 군림하고 있고 시민사회는 더 이상의 생각을 멈춰버린 듯, 공론의 장에는 거의 아무런 논의가 다뤄지지 않는 양상이다. 특히 철학이나 신학 분야에서는 죽어버린 주제가 된 것처럼 보이기까지 하다.

하여 철학자 김상봉 선생의 저서《철학의 헌정 —5·18을 생각함》이 시민사회에 주는 의미는 지대하다. 우선 5·18에 관한 철학과 신학적 성찰을 다루는 단행본으로는 거의 첫 번째 저작이라는 점에서 희소성이 주는 가치는 아무리 높게 잡아도 부족하지 않다. 무엇보다도 행동하는 지성으로 알려진 그에 대한 비판적 시민사회의 신뢰는, 논문 모음집이라는 불친절한 형식에도 불구하고, 진지한 독자들의 깊은 관심을 불러일으킬 만하다. 분명 독자 중 일부는 그가 비평한 여러 연구자들의 생각을 더 깊이 알아보기 위해 자신의 독서 리스트에 기재하였거나 혹은 이미 독서를 시작하였을 것이다. 기대하기로는 그의 책은 거의 소멸되고 있던 '5·18'을 비판적 시민사회의 공론장 안으로 다시 초대하는 효과가 있을 것이다.

신학자의 한 사람으로서 나는 그에게 감사를 표하지 않을 수 없다. 왜냐면 5·18에 관한 그의 신학적 해석에 생각이 꽂힌 이들이 이 문제에 관해서 말하고 싶은 의욕을 갖게 될 것이 기대되기 때문이다. 실제로 내가 그랬다. 5·18에 관한 신학적 해석을 본격화한 제4장,〈계시로서의 역사─5·18민중항쟁에 대한 종교적 해석의 시도〉를 발표한 심포지엄[1]에서 나는 다른 이의 논평자로 그의 옆에 앉아 있었다. 그때 정작 나는 내가 논평하기로 약정된 이만이 아니라, 아니 그이보다는 그에게 말을 걸고 싶은 마음이 굴뚝같았다. 그의 글 속에서는 민중신학이 배우고 싶은 몇 가지, 그리고 더 토론하고 싶은 몇 가지가 '모둠'으로 담겨 있었다. 이 글은 그때 하지 못했던 얘기를 지금의 시각에서 좀 더 다듬은 것이다.

　　자 이제, 김상봉 선생의 논지를 얘기해야겠다. 그의 논지는 단순하지 않지만, 그가 명명한 몇 개의 용어를 고리로 하여 연결하면 명쾌히 정리되는 것처럼 보인다. 그 첫 번째 고리는 '5·18'을, 실재했던 한 역사적 사건을 넘어서 "보편적인 진리로서 부활"했다는 말이다. 이것은 '5·18'이 향후 일어날 사건들의 전거이자 해석의 준거가 된다는 의미일 것이다. 해방신학자 중에 호세 세브리노 끄로아토(José Severino Croatto)라는, 우리에겐 다소 생소한, 하지만 이론가로서 매우 탄탄한 논리를 펴왔던 이가 있었다. 이미 고인이 된 그는 아르헨티나 출신의 제1

---

1 2010년 광주가톨릭대학에서 열린 '5·18 민중항쟁 제30주년 기념 학술발표회'(5월 17일).

성서(구약성서) 연구자이고 해방신학계의 구조주의적 해석의 권위자였다. 오래전 그는 김상봉 선생의 '5·18'의 의미와 비슷한 역할을 하는 사건을 일컬어 '의미의 저장소'(reservoir of meaning)라고 불렀다.

가령 이스라엘 신앙에서 대표적인 의미의 저장소는 '출애굽 사건'이다. 모든 이스라엘 사람들은 출애굽 사건의 부활을 갈망했고 자신이 겪고 있는 일을 또 하나의 출애굽으로 해석하고자 사력을 다했다. 그리고 훗날 그리스도파[2]는 '예수사건'을 새로운 출애굽 사건으로 해석하였고,[3] 이 '예수사건'은 얼마 후 이스라엘 신앙권에서 독립하여 독자적 종교가 된 그리스도교의 핵심적 의미의 저장소가 되었다. 그런 의미에서 그는 '5·18'을 전태일 사건의 부활로, 궁극적으로는 예수사건의 부활로 해석하고 있는 것이다. 오래전 민중신학도 '전태일이 예수다.'라는 논제를 폈는데, '5·18'에 관해서는 구체적인 생각을 진전시키지 못했다. 반면 선생은 예수-전태일에 이어지는 담론의 계보에서 '5·18'의

---

2 '그리스도파'라는 용어는 예수운동이 아직 독자적 종교가 되기 이전, 이스라엘 신앙권 안에서 일어난 하나의 개혁운동이던 시절에, 해외로 확산된 예수운동의 한 흐름을 지칭하는 용어였다. 특히 예수운동이 팔레스티나를 넘어 디아스포라 영역(해외의 이스라엘 공동체)으로 확산되어가는 무렵 시리아 중부 내륙 지역의 도시 다마스쿠스와 시리아 북서부 지역의 도시 안디옥은 그리스도파의 거점도시였다. 여기서 다마스쿠스가 동쪽의 아랍과 메소포타미아 지역으로 확산되는 포스트였다면, 서쪽의 지중해 지역으로 향하는 그리스도파 운동의 거점은 안디옥이었다.

3 예수사건을 제2의 출애굽 사건으로 해석하고, 예수를 새로운 모세로 해석하려는 시도가 가장 두드러진 텍스트는 〈마태복음〉이다. 이 문서는 이스라엘 신앙권 내의 한 소종파에서 독자적인 소수파 종교인 그리스도교로 이행하는 과도기의 텍스트다.

해석을 시도한다. 이제 민중신학은 미처 못 다한 '민중신학적 5·18론' 을 그의 '5·18론'에 기초해서 이야기하면 되게 되었다.

　　김상봉 선생은 이 보편적 진리사건으로서의 '5·18'을 정치학 자 최정운 선생이 제안한 '절대공동체'와 연결시킨다. 여기서 '절대공동 체'란, 객관적 지표를 함축한 사회학적 개념이라기보다는, 1980년 5월 18일부터 대략 1주일간 지속된, 밥을 나누고 피를 나누며 함께 투쟁하 는 평등과 사랑의 체험적 공동체를 가리킨다. 한데 이러한 일시적인 체 험공동체가 가능했던 것은 폭압적 권력에 의한 죽음의 공포를 견뎌내 는 과정에서 형성된 타자 배려의 집합적인 초월적 성찰 덕이다.[4] 민중 신학은 타자에게 열림으로써 얻는 개체적 성찰을 '자기초월'이라고 불 렀는데, 김상봉 선생의 공동체적 초월 개념은 그 체험이 관계적이라는 점을 강조하고 있다는 점에서 또 한번 민중신학이 배워야 할 훌륭한 표현처럼 보인다. 아무튼 그는 이러한 자기 성찰을 '서로주체성'이라고 명명했다.[5]

4　그가 명시적으로 이야기하지 않지만, 고전적 신학에서 강조했던 초월 개념(초월적 내재)을 재해석한 현대신학의 '내재적 초월'론과 유사한 문제의식을 김상봉은 최정운의 초월공동체 개념에서 찾아낸 것 같다.
5　김상봉 선생은 '서로주체성'에 대립하는 것을 '홀로주체성'이라고 부르는데, 후자는 서양 근대의 주체에 관한 철학적 해석의 패러다임을 지칭한다. 한데 민중신학도 서양의 이러한 홀로주체성에 문제를 제기하며, 그것에서 배태된 성서해석의 원리를 '주-객 이분법'이라고 명명하였다. 하여 그것을 넘어서는 것이 서구적인 모던을 극복하는 포스트식민지적 탐구라고 보았다. 그런 점에서 민중신학의 '자기 초월' 개념은, 김상봉의 용어로 하면, 홀로주체성과 연결되기보다는 서로주체성과

하지만 그에 의하면 최정운의 '절대공동체'라는 표현은 용어로서 한계가 있다. '절대공공체'라는 말에는 일상적인 욕구들이 억제되고 초월적 공동체성이 발현되었다는 점이 반영되어 있지만, 그 공동체가 무엇을 추구하고 있는지가 드러나지 않는다는 것이다. 해서 그는 대신 '항쟁공동체'라는 용어를 제안한다. 물론 초월공동체의 함의를 부정하지 않으니, '초월적 항쟁공동체'라는 말이 더 적절할 것이다.

아무튼 그는 이것을 보여주기 위해 두 개의 용어와 비교한다. 첫째로 '항쟁'은 '폭동'과 구별된다. 이 둘은 '현실의 국가'와 대립하고 있다는 점에서는 의미가 겹치지만 '항쟁'은 새로운 공동체를 지향한다는 점에서 파괴 자체의 의미가 더 강한 '폭동'과는 다르다는 것이다. 또 '항쟁'은 '내전'과도 구별되는데, 후자가 '국민 대 국민'의 적대를 가정하고 있는 반면, '항쟁'은 국가의 선재적 폭력이 야기한 저항과 그것을 넘어서는 대안공동체라는 의미를 지닌다. 이렇게 국가의 폭력이 야기하는 공포를 이겨내고 그 과정에서 서로주체적 공동체가 되는 것, 그것이 바로 초월적 항쟁공동체라는 것이다.

그런데 이 대목에서 나는 그의 논지에 대해 의문에 직면하게 된다. '내전'과 구별되는 '항쟁'의 함의를 담지한 초월공동체라는 개념은

연결된다. 다만 김상봉의 용어가 '관계적 함의'를 더 잘 드러내고 있다는 점에서 더 통찰력 있는 문제제기를 담고 있는 것으로 보인다.

민중신학의 민중론에서 핵심 중의 핵심인 오클로스(*ochlos*, 민중) 대 라오스(*laos*, 시민)의 갈등을 너무 쉽게 처리해버리는 것처럼 보이기 때문이다. '라오스'는 제1성서에서 모세로 인해 야훼의 법을 받은 이스라엘을 지칭하는 히브리어 '콰할'(*qahal*)을 그리스어로 번역한 용어다. 그러니까 데리다(Jacques Derrida)식으로 말하면 '법 안의 백성'인 셈이다. 반면 〈마가복음〉의 용례에 의거해서 민중신학이 이와 대립하는 용어로 해석하는 '오클로스'는 '법 밖으로 밀려난 자'다. 좀 더 정확히 말하면, '법 안에 살지만 법 밖의 존재로 간주된 자'다. 요컨대 우리의 표현대로 하면 전자가 시민이라면 후자는 '비시민'이고, 민중신학은 이런 자들을 '민중'의 범주에서 해석한다. 한데 민중은 국가에 의해 배제되지만, '법의 안'이라는 담론적 틀은 국가와 시민을 연동시키는 장치라는 점에서 시민은 민중의 배제와 무관하지 않다. 해서 서남동은 김지하의 해석을 빌려서 민중의 언어인 '한'(恨)을 해석하는 자리는 '민족'이 아니라 '죄'라고 주장했다. 즉 '죄'라는 담론으로 인하여 민중은 그 사회의 적합한 존재임을 주장할 언어를 박탈당했다는 것이다.

'5·18'의 항쟁공동체에 참여했던 무장대원들(기동타격대) 대부분은 자장면 배달부, 인쇄공장 직공, 다방종업원, 건들거리는 재수생 등, 평소 칭찬이라곤 별로 듣지 못하고 늘 '못난 놈' 소리를 귀가 닳도록 들어왔던 자들이었다. 한데 이들 배운 것도 없고 변변한 직업도 못 가진 이들에게 가한 일상적 폭력의 가해자는 국가인가, 이웃인가? 주변

계층인 이들 '5·18' 당시 광주의 오클로스는 항쟁에 참여하기 전까지는 국가를 가해자라고 생각하지 않았다. 그들은 데모에 참여해본 적도 없고 데모하는 이들을 가리켜 '철없어서 그런다'고 생각했던 자들이었다. 적어도 그때까지 그들 자신은 국가를, 자신들을 멸시하는 가해자로 생각하지 않았던 것이다.

물론 국가도 오클로스의 가해자인 건 의심의 여지없다. 말했듯이 법은 국가가 제정자요 수호자다. 시민사회는 그런 질서의 수호자인 국가를 지지함으로써 시민으로서 특권을 유지할 수 있다. 그리고 그런 질서에서 '법 밖의 존재'로 낙인찍힌 이들, 즉 5·18 광주의 오클로스는 그런 배제의 질서에 순응하는 자였다. 그래서 국가에 저항하지 않았고, 시민사회를 전복하려 하지도 않았다.

한데 그들이 항쟁공동체의 일원이 되었다. 그것을 그들은 훗날 증언에서 이렇게 말했다. "학생들이, 여자들이, 노인들이, 시민들이 군인들에 의해 무자비하게 폭행당하고 있는 것을 보고 참을 수 없었다."고. 또한 그렇게 '욱'한 감정으로 항쟁공동체에 참여한 이후 그이들은 평생 받아보지 못한 인정과 지지를 받는다. 그런 것에 그들은 고무되었다고 고백했다. 한데 내가 품는 의심은 '이들 오클로스에 대한 시민사회의 인정과 지지는 과연 어디까지였을까.'에 관한 것이다.

편견이란 그리 쉽게 지워지지 않는다. 그렇게, 여전히 저들에 대한 비하는 마음 한편에 자리 잡고 있었을 것이라는 얘기다. 1980년 5

월 18일부터 일주일 간, 그러니까 일부 학자들이 '절대공동체'라고 불렀던 그런 나눔과 섬김의 체험공동체가 전형적으로 작동되고 있는 그 순간에도 편견과 배제의 문화는 충분히 지양되지는 않았을 것이라는 얘기다. 그렇다면 이 공동체의 균열을 들춰보지 않고 '절대공동체'라는 어마무시한 용어로 부르는 것은 시민사회의 시선이었을 것이고, 시민사회의 시선에 흡수된 비시민의 하위주체적 자의식의 반영일지도 모른다는 것이다. 즉 시민의 인정과 지지는 타자의 입장을 내면화함으로써 편견이 해소된 결과가 아니라, 국가와 시민의 균열이 격렬하게 드러났을 때 시민의 시각에 흡수된 민중을 향한 정치적 동지의식의 발로였고, 그러는 중에서도 문화적 배타성은 여전히 해소되지 않았을 것이라는 얘기다. 그렇다면 내가 품는 의문은 이것을 절대공동체라고 명명하든 항쟁공동체라고 명명하든, 그것의 균열에 대해 충분히 성찰하지 않은 채 이야기하는 '초월의 체험'에 대한 해석은 과잉이며 또한 성찰의 결핍을 낳는다는 것이다.

이 대목에서 예수 얘기를 해보자. 예수는 국사범으로 처형당한 세례자 요한의 잔당으로 지목되어 한 곳에 붙박은 예언자 운동 대신 떠돌이 예언자로서 활동했다. 실제로 안티파스 당국의 조사에 따르면 대중은 예수를 '부활한 세례자 요한'이라고 생각했다.(〈마가복음〉 6,14~16) 당국은 그런 그이를 요한의 잔당으로 간주, 계속 추격하고 있었다. 이에 예수는 끊임없이 당국의 공권력이 미치지 못하는 시골을 전전하며 떠돌이 운동을 펼쳤다. 한데 흥미로운 것은 예수 일행은 스승인 세례자 요한이 한 곳에 붙박은 채 사회운동을 벌일 때에 겪지 못하던 새로운 성찰에로 생각이 열렸다. 떠돌이들은 가족도 버렸고 재산도 버렸으며 유랑 자체를 대안적 삶의 모델로 생각했다. 이는 계급도, 성도, 신분도 넘는, 탈장소적 평등공동체에 대한 비전이 예수운동의 하나의 일상화된 전통으로 자리 잡는 배경이 된다. 그런데 과연 그렇기만한가? 과연 그들은 충분히 평등했을까? 〈마가복음〉에서 예수의 제자들은 누가 첫째인지를 경쟁했고, 예수는 제자들에게 낮은 자가 되라고 권고해야 했다.(〈마가복음〉 10,35~45) 그것은 이들이 평등공동체임에도 충분히 평등하지 않았음을 의미한다. '5·18'의 이른바 절대공동체는 안 그랬을까? 그렇다면 〈마가복음〉이 드러내는 균열과 그것에 대한 성찰이 '5·18' 담론에도 필요한 것이 아닌가?

한편 예수는 마을에 들어가 활동하는 중에 마을공동체의 일원으로 편입된 이들과 배제된 이들을 나누는 일상의 권력에 직면하자 그것에 대항하게 된다.[6] 일상 밖으로 사람을 불러낸 세례자 요한식의 운동에서는 알지 못했던 권력에 대한 새로운 문제의식이다. 사람들의

---

6 그 대표적인 것이 '안식일' 논쟁이다. 바리새파가 강조하는 모범적인 안식일 준수자는 한 주에 두 번을 단식해야 한다. 하여 일상에서 하루하루의 끼니가 해결되지 못한 이들은 안식일을 지킬 수 없는 이가 되는 것이다. 예수는 이러한 안식일 준수 담론에 대하여 사람이 안식일을 위해 있는 게 아니라 안식일이 사람을 위해 있는 것이라고 말한다.(〈마가복음〉 2,27)

일상 속으로 들어가니 그 속에 작동하는, 예루살렘이나 왕실, 그리고 로마제국의 권력을 체감했던 예언자들의 각성과는 다른 일상권력에 대한 각성이 예수 일행을 깨우쳤다. 하여 바리새인들과 벌인 안식일 갈등은 그런 일상권력과의 투쟁을 배경으로 한다.

그렇다면 예수공동체는 '내전적 공동체'인가 '항쟁공동체'인가? 시민사회 내부에서 작동하는 일상권력을 뒤로 하고, 국가의 폭력에만 주목하는 방식이 과연 '5·18'에 대한 필요충분한 논점인가에 관한 얘기다. 한데 '항쟁 대 내전'에 대한 선생의 해석은, 물론 의도한 것은 아니겠지만, 그런 문제제기를 차단하고 있다는 의혹을 지울 수 없다.

〈마가복음〉은 그렇게 마을에서 밀려난 예수 일행의 활동에 동화된 대중이 예수사건을 계승하면서 만들어낸 대안적 공동체운동의 산물이라고 할 수 있다. 요컨대 민중신학의 해석에 따르면 〈마가복음〉의 '예수전'은 오클로스 자신의 '성장담'을 담은 구술문학이었다는 것이다. 여기서 예수와 오클로스는 분리할 수 없다. 오클로스가 말을 하고 있는 텍스트, 곧 오클로스의 시각에서 재현된 예수, 그것이 바로 〈마가복음〉이기 때문이다.

글 서두에 인용한 〈마가복음〉 7,37의 맥락은 예수의 주요 활동지이고 이후 예수를 추종한 오클로스의 활동지였던 갈릴리에서, 말 못 하고 듣지 못하는 대중이 예수로 인해 말하게 되었다는 얘기를 담고 있다. 마을공동체 중심으로 규범화된 사회에서 마을 밖으로 밀려난,

말할 능력도, 듣는 능력도 퇴락한 자들, 그런 대중이 예수로 인해 말하게 되었다는 것, 이것은 바로 이 텍스트의 저자 집단인 '예수파 오클로스들'의 자기 고백이었다. 그들은 존경했던 예수의 죽음으로, 그리고 그들이 겪어온 온갖 사회적 배제의 체험으로 난도질된 몸과 마음, 그들의 트라우마들로 인해 말할 수 없었던, 말을 강탈당한 자들이었는데, 그런 그들이 예수전을 이야기하는 것, 그것이 바로 그들에 의한 그들을 위한 그들 자신의 말하기였다는 것이다.

하여 나는 '5·18의 항쟁공동체가 서로주체적으로 성찰한 초월공동체'였다는 해석은 보충되어야 한다고 생각한다. 그 속에는 그들을 통합하는 언어만이 아니라 그들을 분해하고 배제하게 하는 요소가 서로 뒤얽혀 있었다는 것, 하나는 서로주체적 초월공동체를 지향하는 것이지만 다른 하나는 그 속에서 트라우마를 더 깊게 새겨넣는 것일 수도 있었다는 문제제기가 담겨져야 한다는 것이다. 이런 문제제기가 후대인들의 5·18 기억의 성찰 내용에 담겨지지 않은 것이, 그 이후 5·18에 기원을 두고 발전한 한국 민주주의 담론의 실패를 낳은 것일 수도 있다는 말이다. 실제로 한국의 민주주의는 자본주의에게 중요한 하나를 너무 쉽게 양도하였다. 그것은 오클로스를 자본의 희생자로 내어준 것이다. 이 점은 국민의정부, 참여정부도 예외가 아니었고 MB 정부는 더욱 그러했다. 그리고 최근 박근혜 정부가 주장하는 이른바 '노동개혁'은 더욱 적나라한 사례다. 오늘 한국사회의 양극화, 그 걷잡을 수 없이 악화된 격차화의 배후에는 '5·18' 담론에서 오클로스를 시민의 기억 속으로 회수해버린, '실패한 담론'이 가로놓여 있다는 것이다.

'국정'國定 교과서 혹은 '신정'神定 성서라는 질병

> 예수께서 그들에게 말씀하셨다.
> "너희가 눈이 먼 사람들이라면, 도리어 죄가 없을 것이다.
> 그러나, 너희가 지금 본다고 말하니, 너희의 죄가 그대로 남아 있다."
> —〈요한복음〉 9,41

'성서는 성령의 영감으로 기록된 하느님의 말씀'이라는 이른바 개신교 정통주의적 주장은 미국의 근본주의로 이어지면서 성서를 이해하는 절대명제처럼 받아들여져 왔다. 그리고 이들 근본주의자들은 이 명제가 칼뱅(J. Calvin)의 성서관을 계승한 것이라고 주장해왔다. 칼뱅이 실제로 축자영감론과 성서무오론을 폈는지는 학자들 사이에서 논란이 있다. 하지만 그가 이러한 주장의 명백한 빌미를 제시했다는 것은 일반적으로 받아들여지고 있다. 그런 점에서 축자영감론과 성서무오론은 종교개혁시대의 신앙에서 출발한다.

　　물론 〈디모데후서〉의 "모든 성경은 하나님의 영감으로 된 것으로서 교훈과 책망과 바르게 함과 의로 교육하기에 유익합니다."라는 구절(3,16)처럼 성서가 하느님의 영감으로 쓰였다는 것은 제2성서(신약

성서) 시대에 이미 있었던 주장이다. 또 〈마태복음〉 5,18에는 율법은 일점일획도 다 이루어질 것이라고 말하고 있고, 〈베드로후서〉 1,21은 사람들이 성령에 이끌려서 하나님께로부터 오는 말씀을 받아서 성서의 예언이 작성되었다고 말하고 있다. 이때 이 구절들이 말하는 '성서'라는 표현은 제1성서(구약성서)를 지칭하는 것이었고, 당시는 제1성서의 정전화(canonization)가 이미 시작된 때였으니, 이 구절들은 제1성서의 정전화 기조를 반영하는 것이라고 할 수 있다.

하지만 이 무렵의 정전화는 주로 '범위의 정전화', 즉 어느 문서가 정전이고 어느 문서가 외전인가를 규정하는 수준의 논의에 머물고 있었다. 반면 '내용의 정전화', 즉 정전에 속한 문서의 구절들 하나하나의 의미를 확정지어, 그 지배적 해석 이외의 다른 해석은 안 된다는 주장은 아직 거의 불가능하던 때였다. 이것은 성서 해석을 독점하는 고위성직자 계층이 모든 교회와 교인들에 대한 충분한 통제능력을 갖추지 않는 한 가능하지 않은 일이다. 이것은 적어도 서기 1~2세기에는 불가능했다.

아무튼 이 시기에 최소한 제1성서는 '신정성서'라는 주장이 제기되기 시작했다. 그리고 이와 같이 제1성서의 정전화를 추진하던 유대주의자들의 이해를 그리스도파 공동체들 가운데 일부가 수용하였다. 그런 수용의 결과가 위에서 언급한 몇몇 제2성서 구절들로 나타난 것이다.

그런데 이 시대에 성서는 아주 극소수의 사람들만이 읽을 수 있었고, 정전이라고 해도 그것에 포함된 문서들 모두를 구비하고 있는 공동체는 거의 없었다. 그러므로 범위가 확정되었다(범위의 정전화)고 아무리 주장해도 당시의 사람들에게 이런 주장은 감각적으로 와닿는 말이 아니었다.

16세기 활판인쇄기술에 의해 한 권의 책으로 정전이 묶여 나오게 됨으로써(구텐베르크 성서), 비로소 정전 신앙은 사람들에게 실감나는 것으로 다가갈 수 있었다. 양피지에 새겨서 기록하는 방식의 두루마리 성서들이 정전이 되려면 39개의 두루마리를 모두 구비해야 한다. 습지식물인 파피루스를 얇게 펴서 만든 파피루스 문서는 양피지 두루마리보다는 훨씬 저렴한 재료에 필사도 좀 더 쉽기 때문에 더 대중화될 가능성이 있었다. 이렇게 만든 파피루스 문서를 첩첩이 쌓아 제본한 코덱스 성서가 만들어졌다. 하지만 이것 역시 39개 텍스트를 한 권으로 제본하기는 어려운 일이었다. 또 필사방식이라는 점에서 한 권을 만들려면 일일이 손으로 써야 했다.

하지만 구텐베르크가 활판인쇄기술을 이용해서 제작한 성서는 39개의 문서 묶음인 제1성서와 27권의 묶음인 제2성서를 단 한 권의 책으로 만드는 것이 가능한 방식의 책이었다. 더구나 그것은 무한복제가 가능한 활판인쇄 방식이었으니 제작비와 제작기간을 혁신적으로 단축할 수 있었다. 하여 구텐베르크 성서는 성서의 진정한 대중화를 가

능하게 했고, 이러한 제작이 일상화
된 근대 이후에 사람들은 한 권의 정
전을 강조하는 정전 신앙을 가질 수
있게 된 것이다.

　　그 책이 그 외의 것과 분명
하게 나뉜다는 생각이 사람들에게 실
감나게 된 것은 바로 이 시기 이후였
다. 또 인쇄문화와 더불어 글의 독서
층이 바로 이 시기에 대폭 확대되었다
는 점도 주목해야 한다. 이제 누군가
가 읽어주는 것을 듣는 것이 아니라
성서를 스스로 읽음으로써 독서하는
계층이 폭넓게 생겨난 것이다. 그런
데 중요한 것은 이런 활판인쇄기술과
다수의 독서계층이 등장하던 시기가
바로 종교개혁기와 겹친다는 점이다.
　　이 시기에 대표적인 종교개혁가인 칼뱅에서 시작해서 개신
교 정통주의로 이어지는 이들에게서 성서의 축자영감론과 성서무오론
같은 주장이 입론화되고, 대중에게 널리 받아들여지게 된 것이다. 바로
이렇게 정전화는 실현되었다. 즉 정전화는 성서의 범위가 확정되었을

뿐 아니라 내용에 대한 해석도 확정되었다는 믿음을 통해 구현된다는 것이다. 더 이상 다른 문서는 성서가 될 수 없고 다른 해석은 배척되어야 한다는 것이다. 이렇게 해서 신이 확정했다는 성서론, 곧 '신정성서'라는 믿음의 역사가 시작된다.

여기서 우리는 종교개혁에 대해서 좀 더 이야기해보자. 루터의 종교개혁운동으로 시작된 로만 가톨릭과 루터파 간에는 서로를 죽이고 죽이는 무자비한 싸움이 수십 년간 이어졌다. 이러한 상호간의 학살극을 중단시키기 위해 양편의 세력이 평화협정을 체결하였는데 그것이 1555년의 '아우구스부르크 평화협정'이다. 이 협정의 결론은 특정 지역의 종교는 그 지역 통치자의 종교에 따른다는 것이다.

안타깝게도 이 협약이 문제의 해결이 아님은 명백했다. 여기에는 또 다른 종교개혁운동으로 빠르게 확산되고 있던 칼뱅파가 제외되었고, 통치자의 지역에 대한 통제력이 애초부터 충분히 강력하지 못했던 데다, 당시는 권력 응집력이 더 현저히 와해되고 있던 터여서 지역 내의 반발 또한 거셌다. 결국 이 협정은 거의 유명무실했다.

하지만 그것이 무의미한 것은 아니었다. 아니 실은 생각보다 이 협정은 의미심장했다. 왜냐면 이후에도 무수한 평화협정 시도들이 계속되었고, 그 모든 협정들은 바로 아우구스부르크 협정의 원칙에 준해서 그것을 실효성 있게 하려는 방식으로 구체화되었기 때문이다. 그리고 이렇게 갈등과 봉합의 무수한 시도들 속에서 '근대 유럽'이 탄생하였다.

　간략히 말하면, 무수한 종교적 갈등과 협정의 과정에서 유럽의 근대국가들이 등장했고, 그 국가들과 연계되어 종교의 제도화가 구현되었다는 것이다. 종교는 구성원을 결속시키는 데 결정적인 요소가 되었고, 이렇게 탄생한 유럽의 국가들은 이전의 중세기의 국가들과는 근본적으로 다른 점이 있다. 바로 '국경'(boundary)의 등장이 그것이다. 그 이전까지는 국가와 국가, 정치세력과 정치세력 사이는 명료한 '선'이 존재하지 않았다. 그것을 어떤 역사학자들은 '면의 세계'라고 불렀고, 어떤 정치학자는 '변경'이라고 불렀다. 곧 변경이라고 하는 면의 영역은 국가와 국가의 중간지대이고, 이곳의 사람들은 두 나라를 연결하고 교류하게 하는 주역이었다. 한데 종교개혁 이후 형성된 유럽의 국가들은 그것을 '선'으로 대체하였고, 국경 이편과 저편의 사람들은 불과 몇 미터에 불과한 개천 하나를 두고 나뉘었을지라도 다른 소속감과 권리의 사람들로 나뉘게 되었다.

　이런 사람들을 '국민'이라고 부르고 이런 선의 나라를 '국민국가'라고 부른다. 즉 국민국가와 국민은 근대국가의 가장 중요한 특징이다. 특히 국가는 국민을 만들려는 다양한 기획들을 수행한다. 그 기획의 중심에 교육이 있고, 그 교육의 목적은 '국민 만들기'에 모아진다. 이때 국가는 국민 만들기를 위한 교재를 독점하고자 하는데, 그것이 바로 '국정교과서'의 기원이 된다. 물론 국민국가 초기에는 문서에 대한 국가의 검렬 능력이 미미했기에 아직 국정교과서라는 국가적 욕망은 실행되기 어려웠다. 국정교과서라는 국가주의적 이념이 실제화된 것은 20세기 전반부 파시즘 시대였다.

여기서 우리는 앞에서 언급한 신정성서 이야기로 돌아가보자. 말했듯이 신정성서라는 믿음이 구축되기 시작한 시기는 종교개혁 운동이 시작된 때다. 그리고 종교개혁의 정치학은 유럽의 국민국가를 만들어내는 근간이 되었고, 종교도 국가종교(국가교회)로서 자리잡게 되었다고 말했다. 요컨대 이 시기 국가와 종교는 서로 유사한 모델로 제도화되는데, 국가가 국정교과서 이념을 구축한 것과 동일한 맥락에서 신정성서에 관한 믿음이 구축된 것이다. 즉 국정교과서와 신정성서는 근대 국민국가-국가종교처럼 서로 쌍생적 연계구조를 이루고 있다는 것이다.

그러나 근대유럽의 국가가 그런 경로로만 형성된 것은 아니다. 근대에는 국가가 국민을 통제하기 위해 국민 만들기를 제도화한 것처럼, 그 반대로의 제도도 만들어졌다. 국가가 국민을 만들고자 했던 것처럼 국민도 국가를 만들었던 것이다. 국가가 국민을 동원하고 국가를 위해 헌신하게 하는 것처럼 국민도 국가를 자신을 위해 존속하게 만들려 했던 것이다. 이른바 '민주화'가 바로 그런 제도다. 그리고 그 과정에서 소외되고 배제된 자들의 권리도 보호하는 국가가 요구되었다. 그것이 바로 '인권'의 문제다.

이러한 민주화와 인권의 문제제기가 성공적으로 구현된 나라는 국가의 국민 만들기 프로젝트의 상당부분을 해체시키게 되었다. 그 맥락에서 국민교육이라는 개념 대신에 인간화 교육 혹은 인권(생명권, 존재권) 교육 개념이 대두한다. 그리고 그것은 국민들 간의, 더 나아가서는 국민과 비국민, 존재와 비존재 사이의 차이와 다양성을 존중하는 교육이라는 이상을 발전시키게 된다. 하여 국정교과서라는 틀은 점차 국가검정교과서, 국가인정교과서, 나아가 교과서 자체를 해체시키는 데로 나아가게 된다. 그리하여 국민 만들기 대신 인간 만들기, 혹은 인권, 생명권, 존재권을 형성하는 것으로 교육의 방향이 전환하게 되는 것이다.

성서 해석도 마찬가지의 경로로 발전하였다. 성서는 더 이상 '성도(聖徒) 만들기 프로젝트'로 쓰일 수 없다는 것이다. 그것은 다양한 이들의 '다름'(차이)을 존중하고 그이들의 존재 가치를 위해 신과 모든 존재가 함께 일하는 것을 이야기하는 책으로 받아들여지게 되는 것이다. 현대신학들은 그 내용에서 다소 다르지만 대체로 이러한 방식으로 성서를 이해하고 해석하려는 신학적 지식운동의 결과들로 구성되었다.

그런데 오늘날 근본주의 개신교도들이 배타적인 성도 만들기를 위한 문서로서 이해되는 '성경'[1]관을 다시 강력하게 주장하고 있다. 이때 그들이 믿는 신은 인종주의자이고 성차별주의자이며 권력욕에 사로잡힌 존재다. 그들은 성직자와 신자가, 그리고 신자와 비신자가 서로 대등하게 대화하고 소통하며 함께 더 작은 이들을 위하여 신과 함께 일하는 신앙적 태도를 불신앙이라고 배척하려 한다.

그런 점에서 그들은 근대의 한편의 흐름만을 과도하게 집착하는 신앙의 편집증에 걸려 있다. 국정교과서에 대한 시대착오적 열정은 근대의 민주국가의 이상에서 민주화와 인권의 문제의식을 삭제하고자 하는 극우근본주의적 편집증 환자의 그것과 쌍생적이다. 하여 그들은 파시즘적 국가종교라는 질병에 걸린 병자이고, 사회를 치료하는 주체가 아니라 치료받아야 할 대상이다.

---

1 그런 이들에게 성서라는 표현보다 성경이라는 표현이 적합하다. 왜냐면 그것은 단지 '거룩한 책'이 아니라 '유일무이의 거룩한 정경/정전'이기 때문이다.

"영들로 세일즈하게 하라!"
신자유주의 시대 영성 마케팅 현상 비판

> 어느 날 우리가 기도하는 곳으로 가다가, 귀신 들려 점을 치는 여종 한 사람을 만났는데,
> 그는 점을 쳐서, 주인들에게 큰 돈벌이를 해주는 여자였다.
> ― 〈사도행전〉 16,16

영성 마케팅

마케팅학계의 구루라고 불리는 필립 코틀러(Philip Kotler)의 책 《마켓 3.0》은 산업사회의 '마켓1.0'과 소비사회의 '마켓2.0'에 이어 '마켓3.0'의 시대가 도래하고 있다고 보면서, 각 시대를 특징짓는 키워드를 각각 '이성', '감성', 그리고 '영성'이라고 말한다. 여기서 '영성'이라고 함은 기능성이나 욕망을 넘어서 가치를 상품에 담아 판매하는 것이라고 코틀러는 해석한다. 역시 마케팅학계의 구루답게, 현상의 징후를 아름답게 그려내는 능력이 탁월하다. 그가 그리는 미래의 자본주의는 참 매혹적인 얼굴을 하고 있다.

하지만 코틀러의 해석은 차라리 이데올로기에 가깝다. 영성

마케팅은 이미 오래전부터 있어왔고, 최근에는 코틀러의 예측처럼 비약적으로 확대되어 향후 시대의 대세가 될 것처럼 보인다. 한데 이때 영성 마케팅은 '종교적 신비체험의 상품화'라고 하는 게 더 객관적 지적이다. 즉 종교적 신비체험이 하나의 교환가치를 지닌 상품으로서 시장에서 매매되고 있다는 것이다. 가령, 점술가가 복채를 받고 고객의 길흉화복에 대해 조언해주는 것이 가장 일상적인 영성 마케팅의 예라고 할 수 있다. 한 스마트폰 회사 경영자는 아이폰의 등장을 스마트폰의 감성화라고 해석하면서 향후의 스마트폰에서 대중은 영성을 체험하게 될 것이라고 말했다. 요컨대 스마트폰이 추구하는 미래 마케팅 전략은 스마트폰의 애플리케이션을 사용하는 고객이 종교적 신비체험과 같은 종류의 감성체험을 하게 될 것이라는 얘기다.

그런 점에서 코틀러의 '마켓3.0'론에서 우리가 읽을 수 있는 것은, 자본주의의 아름다움이 아니라, 그 상품화 능력의 탁월성, 아니 전능성일 것이다. 하여 인간의 체험 중 영성까지 상품화한다는 것은 상품이 되지 않고 남은 인간의 체험은 더 이상 없어질지도 모른다는 두려움을 자아내게 한다. 하여 우리는 향후에 이런 자기계발의 명령에 직면하게 될지도 모르겠다. "영들로 세일즈하게 하라!"

〈사도행전〉 16장 읽기. 정신의학과 역사학적 비평

여기서 우리는 〈사도행전〉 16장에 주목하게 된다. 이 텍스트는 '영성 마켓'에 관한 꽤 흥미로운 이야기를 담고 있고, 그것은 우리 시대의 '마켓 3.0'의 논점을 비판적으로 읽는 데 훌륭한 전거가 되기 때문이다.

이 텍스트에는 '프뉴마 퓌토나' 들린 여성이 등장한다. 한글 새번역 성서는 "귀신들려 점을 치는 여종"이라고 묘사되어 있는데, 그 헬라어 성서본에는 "프뉴마 퓌토나 들린 파이디스케"로 되어 있다. '파이디스케'(*paidiskē*)는 인신이 타인에게 예속된 어린 여성을 뜻하니 '여종'이라고 번역해도 무방하다. 다만 고대로마 사회에서 여성의 결혼가능 연령이 12세 이상이라는 점을 감안하면, 그녀는 아마도 12세를 넘지 않은 소녀였을 것이다.

문제는 '프뉴마 퓌토나'(*pneuma pythōna*)인데, 인접어인 '퓌톤'(*python*)이 '점쟁이'를 뜻하고 '퓌토네스'(*pythōnes*)가 복화술사를 의미한다는 점을 감안하면 '프뉴마 퓌토나'는 입을 열지 않고 말을 하는 점술사, 그 안에 들어가 점술을 하게 하는 영이라고 해석할 수 있을 것이다. 요컨대 이 구절은 입을 열지 않고 소리를 내는 방식의 점술행위를 하는 노예소녀를 의미하는 것이겠다.

점술은 일종의 예지능력이다. 그것을 고대인들은 현상세계 이면의 세계와 대화하는 능력으로 보았고, 그것을 가능하게 한 것은 그

예지능력자가 현상세계 밖의 존재, 즉 영과 접신한 결과라고 이해했다. 하여 이 소녀는 접신자였고, 그것을 가능하게 한 것은 그녀 속에 프뉴마 퓌토나가 있었기 때문이라는 것이다.

다시 〈사도행전〉 16장의 텍스트로 돌아가보자. 그녀가 바울을 몇날 며칠을 쫓아다니면서 그의 사역을 방해한 모양이다. 이제까지 바울은 아라비아와 시리아, 그리고 소아시아 지역에서 활동했다. 특히 시리아 북부와 소아시아 동부는 바울의 활동 본거지에 다름 아니었다. 그리고 소아시아의 서부 해안에도 활발히 활동한 결과 바울의 주요 거점들이 생겨났다. 그런데 서쪽, 이오니아 해를 건너, 생면부지의 땅 마케도니아와 아카이아 지역으로 길을 떠났다. 모험심이 강한 사람이니 많이 설렜겠다. 그렇게 떠난 길의 첫 목적지가 바로 '빌립보'다. 과거 알렉산드로스가 난 곳, 어쩌면 바울은 이 도시가 한때 세계 정치의 중심지였던 것처럼 그리스도 복음의 새로운 중심지가 되게 하리라는 꿈에 부풀어 있었을지도 모른다.

그렇게 당도한 곳이다. 한데 이곳엔 야훼의 회당(synagōgē)이 없다. 단지 성밖으로 흐르는 지각티스(Zigaktis) 강가 한 곳에 기도처(proseukē)가 있었을 뿐이다. 이스라엘 교포사회가 형성되지 않았고 소규모의 비공식적 예배 모임 정도가 있었다는 것이다. 잠잘 곳, 먹을 곳, 만날 사람 등 모든 것이 막막했다. 그러다 프로슈케에서 루디아(소아시아 서부 지역) 출신의 한 여성 사업가를 만났고, 그녀로 인해 비로소 기식

할 곳이 생겼으며 사람들을 소개받을 수도 있었다.

그렇게 며칠이 지났다. 그에게 또 다른 난관이 있었다. 거리에서 겨우겨우 뭔가를 말하려 하는데, 그때마다 한 소녀가 따라다니면서 그의 말을 방해한다. 그녀가 말한 '내용'이 문제가 있는 것은 아니다. 그녀는 바울이 "지극히 높으신 하나님의 종들인데, 여러분에게 구원의 길을 전하고 있어요."라고 말했다. 문제는 그녀의 말이 상황에 부적합한 것이라는 데 있다. 일종의 '경계선 장애' 증상이 바울과 사람들과의 대화를 가로막았던 것 같다. 바울은 부아가 치밀었던 모양이다. 하여 그녀를 향해, 아니 일반적인 통념처럼 이 점술가의 몸 속에 들어가서 그녀를 지배하는 영, 본문이 말하는 바로는 '프뉴마 퓌토나'를 향해 버럭 소리 지른다. "내가 예수 그리스도의 이름으로 명하니, 이 여자에게서 나오라."

한데 이 축귀 발언 직전의 그의 심사를 본문은 이렇게 표현한다. "귀찮게 여겨서"(*diaponētheis*). 여러 영어 성서본들은 이 단어를 훨씬 더 강한 불쾌감과 적대감을 드러내는 단어인 annoy로 표현한다. 그녀에 대한 애틋함이 전혀 없이, 단지 하느님으로부터 받은 사도로서의 소명을 방해하는 자에 대한 분노가 축귀행위로 나타난 것이다. 성서의 축귀 장면들에서 이처럼 인간애가 결여된 텍스트는 아마도 없을 것이다.

그것은 이 텍스트에서 소녀가 관심의 대상이 아니었기 때문일 것이다. 해서 이 사건 이후에 소녀에게 어떤 일이 일어났는지에 대해 텍스트는 무관심하다. 오히려 텍스트가 관심 갖고 있는 것은 그녀의 '소유자들'이다. 그들이 복수로 표현되어 있는 것은 필경 그녀가 점술사 길드에 속한 노예였다는 뜻일 것이다. 여기서 길드(guild)란 동직조합을 의미하는데, 고대로마 사회에서 사용된 용어로는 콜레기아(collegia)다. 콜레기아는 지중해 해안 지역 도시들에서 흔히 나타나는데, 인구 혼합이 크게 진척되면서 스스로의 안전과 이해를 위해 형성된 일종의 자체 결사체로, 가장 대표적인 것은 종족적·종교적 콜레기아다. 하지만 국제무역이 발달하면서 동직조합 성격의 콜레기아도 무수히 만들어졌고 그것이 일종의 길드인 셈이다. 그리고 빌립보에서는 점술사 콜레기아들이 존재했음을 추정할 수 있다. 이 소녀는 그중 한 점술사 콜레기아에 속한 노예겠다. 그렇다면 아마도 점술 능력이 무력화된 소녀에게 일어난 일을 낙관하기는 어렵다. 무능력해진 많은 노예들의 운명처럼, 그녀는 죽임을 당했거나 매춘업자에게 팔려갔거나 했을 가능성이 제일 높다. 그렇다면 바울의 축귀행위는 소녀를 둘러싼 저간의 사정, 나아가 이 도시의 사정을 염두에 두지 않은 섣부른 행위로 평가될 수 있다.

좀 더 이 도시의 사정을 살펴보자. 바울이 간과한 것이 무엇인지 보기 위해서 말이다. 이 텍스트가 주목하는 것은, 말했듯이, 소녀의 주인들의 반응이다. 그들은 바울 일행을 당국에 고발한다. 그 이유는 그녀로 인해 더 이상 돈을 벌 수 없게 되었기 때문이라는 것이다.

한데 그 이후 사태의 전개는 쉽사리 이해되지 않는다. 그 소유자들의 입장에서 보면 바울의 행동은 고작 영업 방해일 텐데, 그들은 "우리 도시를 소란스럽게 했다."고, 일종의 소요죄로 고발했다. 일단의 도시 주민들이 그들의 주장에 따라 동조시위를 했다고 하니, 이 터무니없어 보이는 과장이 주민들에겐 당연한 것으로 받아들여졌다는 것이다. 게다가 당국도 그 황당한 고발을 받아들여 바울 일행에게 체형을 가한 뒤에 구금해버렸다. 체형이란 사람들에게 당국의 지엄함을 과시하기 위한 체벌이고, 고대로마 도시들에서 이는 죽을 만큼 혹독한 매질을 의미했다. 결국 바울 일행은 거의 초죽음이 된 몸으로 감옥에 갇혔다.

이런 사태를 도대체 어떻게 이해해야 한다는 말인가? 내가 보기엔, 이것을 이해하는 하나의 가능성은 이 도시 주민들이 그 천한 소녀에 덧씌워 있는 '프뉴마 퓌토나'에 대한 공격을 자신들에 대한 공격과 동일시하는 '무의식적 과민증상'을 집단적으로 표출한 것이라고 보는 것이다. 그것은 그 직전까지의 이 도시의 역사적 체험 때문에 그러하다. 자, 그렇다면 이제 이 도시가 겪은 역사적 체험에 대해 살펴보지 않을 수 없다.

바울이 이 도시에 나타난 때로부터 90년쯤 전 이곳에선 카이사르의 암살자들인 브루투스(Marcus Junius Brutus)와 카시우스(Caius Longinus Cassius)가 이끄는 10만 명의 대군과 이들을 궤멸하려고 온 옥타비아누스와 안토니우스가 이끄는 12만 명의 대군 사이의 엄청난 전투가 벌어졌다. 정규군 전사자만 무려 2만 명이나 되는 치열한 전투였다. 당시 세계에서 가장 잘 훈련된, 하나하나가 살인병기라고 해도 과언이 아닐 로마제국의 정예병사 20여만 명이 맞붙었다. 《플루타르쿠스 영웅전》의 묘사를 분석하면 이 전투는 전략이 부재한 대군이 단순 충돌한 전투였다. 그만큼 치열했고 피해는 막심했다.

1세기 중반 빌립보 시의 인구는 15,000~20,000명으로 추산된다. 그들에게 이 어마어마한 전투는 어떻게 비추어졌을까? 전투의 희생자는 말할 것도 없지만, 살아남은 자들도 죽은 자 못지않은 혹독함이 뒤따랐다.

한데 그것이 전부가 아니다. 이후 이 도시에서는 옥타비아누스가 로마의 절대 1인이 되는 과정에서 정치적 격변이 세 번이나 벌어졌다. 그때마다 지배층의 급격한 변동이 있었고, 그들과 얽힌 서민들의 삶은 천국과 지옥을 오갔다.

자신들의 의지나 행동과는 상관없이 느닷없이 닥쳐온 재앙, 그것에 대항할 만한 아무런 수단도 가질 수 없었던 철저한 무력감, 그리고 그것으로 인해 죽을 만큼 고통스러웠던 체험, 이러한 상황에 놓였던 이들 가운데 나타나는 신체와 정신의 장애 현상으로 대표적인 것은 '외상후 스트레스 장애'(이하 PTSD, Posttraumatic Stress Disorder)다. 아마도 기원전 42년과 그 이후의 사건들을 경험했던 빌립보의 많은 사람들은 심각한 트라우마로 인한 PTSD 상태에 있었을 것이다.

PTSD의 전형적 증상의 하나는 과거의 특정한 기억이 때로는 언어적 이미지(가령 특정 진술이나 상황)로 또 때로는 비언어적 이미지(가령 특정 색깔, 냄새 등)로 끊임없이 현재의 삶 속에 침입해 들어와(침습기억, intrusive memory) 안정된 생각과 행동을 뒤흔들어놓는 것이다. 이러한 불안증세는 가족이나 가까운 사람들에게 전이(transference)되곤 하는데, 전이의 가장 두드러진 특징은 '무의식적 동일화'(unconsciousness identification)다. 예컨대 1980년 광주사건을 겪지 못한 광주의 후예들이 부모나 이웃 어른의 트라우마적 불안 증상을 접하면서 그것에 무의식적 동일화를 체험하는 것과 같다. 그리고 때로는 간접체험자 가운데 병증적으로 감정이 전이되는 경우도 있다. 어쩌면 '프뉴마 퓌토나 들린 소녀'는 그러한 병증적 전이로 인해 90여 년 전의 트라우마, 그것의 기억에 끊임없이 침습(侵襲)되는 이가 되었는지도 모른다. 무속인들의 자기 진술에서 종종 나타나는 것처럼, 자기 자신이나 가족, 혹은 타인의 트라우마적 기억에 대한 무의식적 동일화 체험이 영계의 언어를 읽어내는 '무(巫)의 감수성'을 갖게 하였을 수 있다는 것이다.

그렇다면 그런 이들의 '무의 감수성'에 의해 접신한 이가 발설하는 언어는 그 사회의 대중, 그들의 집단적 기억이 투사된 영적 언어로 받아들여지곤 한다. 즉 그 접신자를 매개로 사회와 프뉴마 사이의 무의식적인 감정적 공감대가 형성된다. 트라우마적 집단기억은 침습기억처럼 그때의 기억조각을 불쑥불쑥 드러내곤 하지만 그것은 파편적(fragmented)이어서 서사성(narrativity)을 지니고 있지 못하다. PTSD를 겪고 있는 이들의 일반적 증상의 하나는 서사화(narratization)의 붕괴 현상이다. 이것은 특정 사건을 이야기로 풀지 못하는 데서부터 그런 상태가 점점 확대되어 모든 말을 횡설수설하는 식의 언어 장애를 나타내는 데까지 다양하다. 전자에서 후자로 증상은 점점 악화되는 과정을 나타낸다. 한데 '무'의 감수성을 가진 접신자의 영적 언어를 사람들은 자신들의 단절된 기억과 동일시되는 다른 언어, 즉 환유적 표현으로 받아들이는 것이다.

그렇게 프뉴마 퓌토나 들린 소녀의 말이 도시 주민들의 억제된 기억의 환유로 여겨졌다면, 그녀의 영적 언어능력을 무력화시킨 바울의 호령에서 사람들은 과거 그들의 부모와 이웃어른들에게 덮쳐와 언어능력을 무력화시킨 사건들과 무의식적인 동일화를 체감했을 수 있다. 하여 바울에 대한 대중의 적대감은 그의 언행이 그들의 무의식적 상처를 도지게 했던 탓이라고 할 수 있을지 모른다.

아무튼 이러한 역사적 과정을 통해서 이 도시 주민들에게 점술에 대한 친근감과 의존성은 크게 확대되었다. 이는 점술산업의 비약적 확대를 가져왔다. 점술자 길드가 속속 만들어졌고, 노예든 자유인이든 점술자들이 고용되었다. 요컨대 영성 마켓이 활성화된 것이다.

그것은 프뉴마 퓌토나 들린 소녀가 점술능력이 무력화되는 순간 점술조합의 주인들에게는 불필요한 존재가 되었다는 것을 뜻한다. 그 사회의 고통을 품은 소녀의 몸은 아무런 고려의 대상이 아니다. 단지 그 사회의 영성 마켓에서 창출하는 이윤만이 그녀의 가치를 대변할 뿐이다.

하여 점술조합의 주인들이 바울을 고발한 동기는 "자기들의 돈벌이 희망이 끊어진 것" 때문이다. 그렇지만 그들이 도시 주민들과 당국을 설득한 언어는 "우리 도시를 소란하게 하고 있"다는 것이다. 말했듯이 그 도시 주민들의 파괴된 기억, 그럼에도 그들로 하여금 존재가 붕괴되지 않고 살아낼 수 있게 한 하나의 비결이 그들의 봉쇄된 기억을 환유적으로 나타내는 그녀 같은 접신자들의 영적 언어 때문이라고 한다면, 도시 대중은 바울의 소행을 자신들의 안전을 위협하는 것으로 여겼을 것이고, 하여 당국도 그를 가혹하게 처벌하지 않을 수 없었던 것이겠다.

빌립보의 바울과 오늘의 교회, 실패의 내력

이런 관점에서 〈사도행전〉 16장을 읽는다면, 우리는 오늘 시대를 보다 깊게 보는 성찰에 이를 수 있다. 필립 코틀러가 말했듯이 우리 시대는 점점 영성 마켓이 활발해지고 있다. 사람들은 너도나도 영적 체험들을 필요로 하고, 그것을 세일즈에 동원하라는 요구에 직면하고 있는 것이다.

한국은 더욱 그러하다. 우리 근대사에서 점술업 단지가 만들어진 것은 한국전쟁 당시 부산에 피난 온 맹인 역술가들이 영도다리 밑 노상에서 점술 거리를 만든 데서 유래한다. 이후 우리 사회는 거듭된 격변을 거쳤고, 특히 최근 신자유주의적인 경제위기를 겪으면서 점술산업은 엄청나게 확산되었다. 2012년의 한 조사에 따르면 점술가 50만 명, 그 매출액이 4조 원에 이른다고 한다.

또한 영화나 드라마, 소설, 만화 등에서 좀비나 빙의 소재가 널리 사용되고 있는 것도 영성 마켓이 널리 확산되고 있는 증후라고 할 수 있다. 물론 개신교를 포함한 많은 종교들에서 영성운동 혹은 성령운동이 열광적인 반향을 일으키고 있다. 뿐만 아니라 각종 코칭 프로그램, 힐링 프로그램 등이 종교계 안팎에서 크게 확산되고 있다. 요컨대 영성은 한국사회에서 이미 거대한 마켓을 만들어내고 있다.

한데 이러한 영들로 세일즈해야 하는 사회, 특히 영성 마켓을 거대하게 창출하는 오늘의 사회는 깊고 구조적인, 개개인으로서는 도무지 대처할 수 없이 다가오는 사회적 고통의 결과라는 데 있다. 그런 상황에서 우리는 영성 마켓의 부름을 받는다. 살아남기 위해 영적 체험까지도 마켓에 내놓아야 하는 것이다. 그렇게 되면 우리 자신, 우리의 체험들, 결국은 우리의 영적 체험들까지도 그것이 발생시키는 부가가치로만 존재 의의가 평가될 수 있다는 것이다. 만약 프뉴마 퓌토나 들린 소녀처럼 영적 능력이 시장에서 무력화되는 순간 우리의 고용주는 우리를 용도폐기할 것이고, 사회나 국가는 그것을 묵인하게 될 것이다.

그렇게 무능력한 존재로 전락해버릴 때 그런 자신을 불러일으키고 자존적 주체가 되도록 일으켜 세울 내적 동력인 영마저도 그렇게 시장적 가치로 환원되어버리고 있는 것이다.

바울은 그 소녀의 개인사, 그리고 그 소녀가 살고 있는 도시의 역사를 주목하지 않은 채 섣불리 그녀의 삶에, 나아가 그녀에게 투사된 그 도시사회에 끼어들었다. 선교사라는 그의 소명이 그리스도를 매개로 타인의 삶에 끼어드는 것이라고 하지만, 그럼에도 그리스도의 방식은 타자의 삶에 끼어들기 위해서 그 자신이 그 타자가 되었다. 한데 바울은 그녀의 고통과 그 도시의 비극적 역사를 묻지 않은 채 자신의 능력을 과시적으로 드러냈다. 하여 그는 뼈저린 자기 성찰이 필요했고, 〈빌립보서〉 2장의 저 유명한 '그리스도 찬가'는 바로 그 자신의 처절한 자기 성찰의 기록이다. 그 성찰을 간략히 말하면, '자기 비움'(케노시스)이다.

오늘의 그리스도교도 빌립보에서의 바울의 실패를 반복하고 있다. 사회와 개인이 겪고 있는 아픔들과 절망, 그것이 환유적으로 표출된 종교성을 단순히 귀찮은 것으로 취급한다. 그리고는 너무 큰 소리로 '불신 지옥, 예수 천국'을 부르짖는다. 그러는 사이 자본주의는 영성 마켓을 확대하고 사람들의 삶 곳곳에 끼어든다. 그리고 나아가 사람들 각자가 자신의 영적 자원을 판매하는 자가 되라고, 영들로 세일즈해야 한다고 속삭이고 있다. 하여 피로사회에서 존재가 고갈되는 최후의 순간까지 자신의 가능성을 부추기는 내적 동력이 되어야 하는 영조차도 자본주의적 가치의 평가 아래 귀속시키고 있다. 하여 그리스도교 복음의 실패는 결국 사람들의 고통에 다가가지 못하는 종교, 곧 그리스도교의 실패로 귀결될 것이다.

자발적 유민과 비자발적 유민
박근혜 정부의 노동개혁안에 대한 신학적 비판

> 유대 사람도 그리스 사람도 없으며, 종도 자유인도 없으며, 남자와 여자가 없습니다.
> 여러분 모두가 그리스도 예수 안에서 하나이기 때문입니다.
> 여러분이 그리스도께 속한 사람이면, 여러분은 아브라함의 후손이요,
> 약속을 따라 정해진 상속자들입니다.
> — 〈갈라디아서〉 3,28~29

2005년 조사된 인구센서스에서 그 이전 10년간의 종교인구변동에 관한 결과는 종교계에 커다란 충격파를 주었다. 불교는 조금 늘었고(3.9% 증가), 개신교는 조금 줄었으며(1.6% 감소), 천주교는 크게 증가했다(74.4% 증가). 불교 신자는 약간 증가했지만 인구 대비 증가율(인구 증가율 5.6% 증가)은 오히려 감소했기에 불교측은 사실상 감소로 해석했고, 개신교는 미미하게 감소했지만, 초고속 성장을 거듭한 종교였기에 감소라는 것 자체만으로도 엄청난 충격을 주었다. 그리고 천주교는 거의 두 배에 가깝게 증가했지만, 미사 참례률은 현저히 감소한 상황이었기에 신자통계는 급증했음에도 일상의 예배는 큰 증가율에 비해 별다른 차이를 실감할 수 없었다고 한다.[1]

이에 대해 전문가들의 다양한 해석들이 나왔는데, 그 모든 논

의들에서 간과된 해석이 하나 있다. 그것은 '멀티신자'(multi-believers)층
이 폭넓어졌다는 점이다. 멀티신자란 특정한 종교에 귀의하지 않고 다
양한 종교 의례에 존경심을 표하는 사람을 말한다. 가령 개신교 교회도
다니면서 천주교 성당도 다니고 불교의 템플스테이도 참여하며, 별신
굿이 열린다고 하면 거기도 다녀오는, 또 매년 명절 때마다 가족의 운
세를 보는 점을 치거나, 매일 오늘의 운세를 살피는, 그런 종교성을 가
진 사람이다. 그런데 중요한 것은, 그런 자신을 그이 스스로는 종교인
이라고 생각한다는 점이다. 바로 이런 사람을 가리켜 나는 '멀티신자'라
고 불렀다.

　　　이런 신앙양태는 서구사회에는 이미 오래전부터 폭넓게 나
타났지만, 한국은 최근 들어 부쩍 늘어난 것으로 보인다. 일부 개신교
신학자들에 의해 이른바 '가나안 성도',[2] 즉 교회 활동에 한동안 충실했
으나 이후 거의 교회를 다니지 않고 소속 없는 신앙인으로 사는 이들
에 관한 연구가 수행되었는데, 흥미로운 사실은 그들 중 55%가량이 다
른 종교에도 구원이 있다고 생각하였고, 30% 정도가 자유로운 신앙생
활을 추구한다고 답했다. 이것은 개신교 신자 중 최근 급증하고 있는

---

1 한국 천주교 신자의 미사 참례율은 1995년에는 34%였지만 2005년에는 26%이다. 전체 신자 514만
　　명 중 23% 정도인 1200여만 명만이 주일 미사에 참례하는 것이다.
2 '가나안 성도'란 표현은 이 말을 거꾸로 하여 교회를 '안 나가'는 개신교형 냉담신자를 가리키는
　　속어적 표현이다.

'가나안 성도'의 상당수가 멀티신자일 가능성을 시사한다.

한데 인구센서스는 이런 다중적 종교인들을 측정하는 항목을 갖고 있지 않다. 거기에는 단지 하나의 종교만을 선택하여 표기하게 되어 있는 것이다. 해서 멀티신자들은 그중 하나의 종교란에 표기할 수밖에 없다. 아마도 멀티신자 중 적지 않은 이들이, 자유로운 신앙을 방해할 뿐 아니라 많은 이들에 의해 부끄러운 종교로 낙인찍힌 개신교보다는 상대적으로 이미지가 좋고 자유로운 신앙에 대해 관대한 천주교를 자신의 종교라고 표기하였을 수 있다. 하지만 그럼에도 그들의 신앙 패턴은 한 종교에 강한 귀속성을 보이지 않으니 천주교의 입장에서 신자수가 현저히 늘었다는 것을 체감할 수 없었던 것이라는 얘기다.

최근 출판계에서 이러한 멀티신자를 가상의 독자로 삼는 번역서들이 다수 출간되었다. 멀티신자층이 비교적 학력 수준이 높은 데다 정체성에 대한 의문이 강할 것으로 보이므로, 그들을 겨냥한 책을 펴내는 것은 적절한 판단일 것이다. 그런 저작들 중 종교적 배타성의 문제를 자본주의 체제의 구조적 특성과 연관하여 해석하고 이런 논점에 기반을 두고 대안적 신앙이나 신념을 묻는 저작은 거의 없다. 그런 점에서 좀 오래된 책이지만 에리히 프롬(Erich Fromm)의 책 《너희도 신처럼 되리라―급진적 휴머니스트의 혁명적 구약 읽기》(*You Shall be as Gods: A Radical Interpretation of the Old Testament and Its Tradition*)가 주목된다. 물론 에리히 프롬은 자신을 멀티신자라고 생각한 것이 아니라 무신론자라고 생각했다. 하지만 그는 이 책을 무신론자의 종교성에 관한 책으로 저술하였고, 특히 제1성서(구약성서)를 주목하였다는 점에서 멀티신자를 위한 책으로 읽는 것은 무리한 독서가 아닐 것이다.

에리히 프롬에 의하면, 종교심은 인간의 보편적 체험에 속한 것이다. 그런데 이 종교심은 인간이 언어로 표현함으로써 역사 속에 실재하게 된다. 즉 종교는 언어로 표기된 종교심이라는 것이다. 하여 이 '종교적인 미지의 X'는 해당 언어권의 문화에 따라 다르게 구체화되었다고 그는 말한다.

《너희도 신처럼 되리라》에서 에리히 프롬은 제1성서 속에 표현된 '종교적인 미지의 X'에 대해 이야기하고 있다. 그것은 고대 이스라엘 문화권의 인식 범주 내에서 그 신과 신앙이 이해되고 있다는 뜻이다.

우선 책의 제목은 〈창세기〉 3,5을 인용한 것이다. 이것은 저자가 독자를 향해 말하는 핵심적 메시지이지만, 〈창세기〉 텍스트에서는 뱀이 여자(하와)를 유혹하면서 한 말이다. "…… 너희가 그 나무 열매를 먹으면, …… 하느님처럼 되어서……" 한데 프롬은 이 구절을 일반적인 해석과는 굉장히 다르게 읽어낸다. 고대 이스라엘인들은 자신들의 '종교적인 미지의 X'를 '하느님'(엘로힘. 하느님이라는 뜻의 '엘'의 복수형)이라고 표기된 '신들'을 중심으로 표현했다. 그 신들은 권위적이고 배타적이다. 해서 자기의 형상을 닮은 존재, 곧 신성을 가진 존재를 만들었음에도 그 신성에 접근하는 것을 차단하고 자신들만 독점하였다. 한데

'첫 인간들'은 그것을 거슬렀다. 금단의 열매를 따먹은 것이다.

신들은 이들 인간을 저주하였다. 하여 신은 말한다. [하와에게] "너에게 임신하는 고통을 크게 더할 것이니 너는 고통을 겪으며 자식을 낳을 것이다. 네가 남편을 지배하려고 해도 남편이 너를 다스릴 것이다." [아담에게] "이제 땅이 너 때문에 저주를 받을 것이다. 너는 죽는 날까지 수고를 하여야만 땅에서 나는 것을 먹을 수 있을 것이다. 땅은 너에게 가시덤불과 엉겅퀴를 낼 것이다. …… 너는 얼굴에 땀을 흘려야 낟알을 먹을 수 있을 것이다." 에덴동산에서 추방된 삶은 이러했다. 그것은 자연과의 조화가 깨진 가운데 생존투쟁을 하는 삶, 노동하고 출산하며 사는 고욕의 삶을 의미했다.

그러나, 비슷한 시기에 비슷한 주장을 편 에른스트 블로흐 (Ernst Bloch)처럼, 프롬은 바로 이것을 '자유를 향한 여정'의 출발점으로 해석한다. 권위주의적인 신성으로 종교심을 표현하던 사회, 그러한 지배적 관념에도 불구하고 제1성서는 그것에 거스르는 분열적 종교성을 말하고 있다는 것이다. 바로 이러한 분열성에서 그는 인간의 자유를 향한 이스라엘 신앙의 '진보의 역사'가 가능했다고 보고 있다.

이러한 분열성이 준 역사적 진보 덕에 신에 관한 경험도 진보했다. 아담과 하와의 하느님은 권위주의적 신이었다면, 모세의 '이름 없는 하느님'은 법치적 주권자로 진화했고, 12세기 유럽의 유대주의 사상가 마이모니데스(Maimonides)의 하느님은 본질적 속성이 없는 하느님으로 진화했다.

　　이는 마치 현대 선교신학과 종교신학에서 현대적 신성의 의미로 새롭게 강조되는 '성령'이라는 삼위일체론적 수사와 유사하다. 여기서 성령은 신의 형상의 해체를 의미한다. '성자'는 그리스도교적 정체성이 강하게 반영되어 있기에 성자 이미지 배후에 제국종교인 그리스도교 체제가 얽혀 있어 종교 간 대화에 적절하지 않다는 문제제기가 있었고, '성부' 개념은 유일신적 신앙을 갖지 못한 종교성을 간과하고 있다는 점에서 종교 간 대화에서 많은 대화 상대방을 존중하지 않는 담론적 특징을 지닌다는 비판이 많았다. 반면 '영'은 형체가 없는 것, 누구도 어떤 대체물로 형체를 만들어 독점할 수 없다는 함의를 지니기에 다종교적 세계에서 반독점적 태도로 대화하고 협력하는 그리스도교적 신학의 거점적 문제제기로 안성맞춤이다. 그것은 모든 종교와 비종교를 아우르는 신성 혹은 진리적 가치에 대한 긍정이고, 동시에 신성을 주장하는 모든 우상에 대한 부정으로 해석될 수 있기 때문이다.

　　이런 맥락에서 프롬은 자유를 향한 인간 진화의 역사를 에덴을 떠나는 이야기에서 시작한다. 마찬가지로 이스라엘의 역사를 시작하는 것도, 그 선조인 아브라함이 고향, 친척, 아비의 집을 떠나는 이야기로 시작하고 있다. 그것은 단순한 새로운 민족의 형성사인 것처럼 보이지만, 그 속에는 저 민족의 형성사는 자유를 향한 미지의 여정의 역사라는 주장이 담겨 있다는 것이 그의 요지다. 그리고 이것은 모세를 거쳐 예언자의 이야기로 이어지면서 자유를 향한 역사가 진보적으로 노정되고 있다고 해석한다.

요컨대 그는 '자발적 유민'의 역사를 제1성서에서 발견해냈다고 말한다. 정착지의 삶은 안정된 듯하지만, 그 속에 사는 이들을 무기력하게 하여 결국에는 노예로 전락시켜버린다. 그러므로 아담과 하와가 에덴동산을 떠나고, 아브라함이 우르와 하란을 떠나고, 모세가 이집트를 떠나고, 우리가 자본주의를 떠나야만, 그런 체제들로부터 떠나는 자발적 유민이 됨으로써만 체제의 우상들의 질서에서 벗어날 수 있고, 진정한 자유를 향한 혁명을 가능하게 할 것이라는 얘기겠다.

이렇게 본다면, 내가 앞에서 이 책의 독자로 언급한 멀티신자는 단순히 여러 종교를 전전하며 그러한 자신의 개방적 신심에 만족감을 얻는 것에 그쳐서는 안 된다. 프롬의 권고는 익숙한 곳, 자신이 하는 일상이 자신을 다치게 하지 않는 한 그냥 머물러 안주하는 것이 아닌, 끊임없이 안주하려는 욕망에서 벗어나, 자유의 여정을 향해 영혼의 미지의 여행을 떠나는 자가 되어야 한다는 것이다.

하지만 아직 이것으로 프롬의 조언이 끝난 것은 아니다. 그는 단지 좁은 의미의 종교성을 말하고자 한 것이 아니기 때문이다. 프롬은 소비사회로 한창 치닫기 시작한 20세기 중반 이후의 미국과 유럽을 바라보면서 이 책을 썼다. 그는 고대 이스라엘의 우상들처럼 현대 소비사회에서도 무수한 우상들이 사람들을 지배하고 있음을 직시하고 있다.

특히 사람들은 자신들이 만들어낸 기계와 그 시스템에 스스로 포박되어 도리어 그것의 노예가 되어버렸다.

보다 최근 프랑스의 사상가 들뢰즈(Gilles Deleuze)는 기계의 노예가 된 인간이라는 관점보다 더 나아가 인간 자신이 기계(의 일부)가 되어버렸다고 주장한다. 한국계 독일의 사상가 한병철은 기계가 된 인간이 자발적으로 기계처럼 일하다 몸과 정신이 중증질환에 걸린 사회를 '피로사회'(Müdigkeitsgesellschaft)라고 명명했다.

한데 그런 현상을 미국과 유럽보다 더 적나라하게 겪고 있는 한국을 살피면, 세계의 거의 모든 신자유주의적 자본주의 사회를 향해 치닫는 세상이 적나라하게 보인다. 한국은 세계에서 가장 심각한 과로사회(Hyper-Müdigkeitsgesellschaft)다. 해서 한병철류의 피로증후군을 가장 심각하게 체감하는 사회는 다름 아닌 한국이다. 그런 점에서 기계와 그 시스템이라는 우상, 그것에서 벗어나 자유를 향한 여정에 뛰어들라는 권고는 한병철의 제안만큼이나 귀에 쏙 들어온다.

한데 그것으로 충분하지 않은 것은, 최근 한국사회는 신자유주의적 세계의 여러 사회들처럼, 아니 그들 사회보다 훨씬 심각하게 '비자발적 유민들'이 급증하고 있다는 점 때문이다. 이것은 한병철의 피로사회론이 말하지 않은 것이다. 또한 에리히 프롬이 말한 자발적 유민론이 담지 못하는 현상이다.

프롬은 소비사회에서 기계와 시스템에 사람들이 노예화되

고 있음을 지적했는데, 오늘 우리 사회는 기계와 시스템의 체계에서 퇴출된 이들로 넘쳐나고 있다. 비자발적 유민들은 노예가 아니라 '방출된 노예'다.

노예는 주인에게 예속되었지만 동시에 주인에 의해 생존이 유지되는 존재이기도 하다. 한데 방출노예는 예속의 '소박한 권리'마저 빼앗겨버렸다. 그리고 그중 많은 이들이 최소한의 자존성까지 괴멸되고 있다. 특히 그들 중 상당수가 가해나 자해 중독성을 드러내고 있다. 가해 중독성에 대한 사회적 담론은 '악인'에 관한 담론으로 이어진다. 또 자해 중독성에 대한 사회적 담론은 '무능력자'에 관한 담론으로 이어진다. 하여 이들 비자발적 유민들, 그들 중 다수는 '악인'이 되거나 '무능력자'가 된다. 그리고 시민사회는 이들을 체제에 의해 배제된 이들이 아닌 악인으로 혹은 무능력자로 취급함으로써 그들을 배제한 체제의 공모자가 된다.

이러한 비자발적 유민 현상은 우리 사회에서 1997년 외환위기 이후 급가속된 노동배제의 현상과 깊이 연관되어 있다. 그리고 MB 정부를 거치면서 그러한 질곡에서 헤어 나올 미래의 경제학에 대한 사람들의 희망마저 무너져버렸다.[3] 그 자리를 대체한 것이 일종의 메시

---

3 참여정부 시절인 2005년에는 자신이 부자가 될 수 있는지에 대해 사람들의 20.6%가 그렇다고 보았는데, MB 정부 때인 2010년에는 14.8%만이 긍정적으로 대답했다.

아 정치에 대한 기대였다. 1997년 본격화되기 시작한 박정희 메시아주의는 2012년 대선 때에 박근혜에게 박정희를 투사하는 방식으로 나타났다. 그러나 박근혜 정부는 약속했던 복지나 경제민주화를 시도조차 하지 않았으며, 2015년 이후 강력히 밀어붙이고 있는 노동개혁안은 노동배제를 더욱 심화시킬 우려가 농후하다. 그리고 민주노총 같은, 반대 세력을 폭력세력으로 '악인화'하는 낙인찍기를 강력히 드라이브함으로써 정부의 노동배제 정치에 대한 합법적 비판의 공간 자체를 붕괴시키고 있다.

한편 최근의 몇몇 사상가들은 이런 비자발적 유민 현상을 주목하면서 성서를 묻기 시작했다. 민중신학자 안병무는 예수를 통해 비자발적 유민 현상을 살폈고, 프랑스의 철학자 알랭 바디우(Alain Badiou)는 바울을 통해 이 문제를 살폈다.

나 또한 최근 바울에 관한 저작에서 수많은 난민과 유민, 특히 방출된 노예들이 넘치고 있다는 점에서 1세기 지중해 연안의 대도시들과 현대의 신자유주의적 메트로폴리탄들 사이의 유사성을 주목하였다. 바울 시대에 이들 비자발적 유민들은 마치 유기견처럼 이곳저곳을 떠돌면서 지중해 연안의 대도시들로 속속 모여들었고, 대도시는 이들로 인해 수많은 병리적 문제를 앓고 있었다. 사회는, 특히 대중은 이들을 악인이나 무능력자로 취급하고 그들에 대한 배타성과 적대행위를 선동하는 이들에게 포획되곤 했다. 한데 바울은 비자발적 유민을 중심으로 하는 신앙운동의 한 주역이었다. 그런 점에서 바울의 신학은 오늘 우리 사회의 비자발적 유민 현상을 신학적으로 해석하는 하나의 전거이다.

하여 에리히 프롬이 주목하지 못한 현상인, 이들 '악인'과 '무능력자'가 될 가능성이 농후한 비자발적 유민들은 자유를 향한 여정을 떠날 최소한의 잠재력마저 잃어버린 존재가 되고 있다. 그러므로 기계와 시스템에 의한 노예화 메커니즘에서 탈출하는 것도 중요하지만, 그것과 아울러 그 체계가 방출하는 노예들의 현상을 문제제기하고 그것이 일으키는 문제들을 주목하는 것이 더욱 중요한 현안이 되었다. 그런 점에서 멀티신자는 한편에서는 기계와 시스템의 질서에서 탈출하려는 에토스를 추구하는 자가 되어야 하지만, 동시에 그러한 체계에 의해 방출되고 있는 이들을 돌보고, 그런 사회가 일으키는 무수한 병리성을 문제제기하는 자가 되어야 한다. 그것이야말로 배타적이지 않고 대화적인 종교성의 주역인 멀티신자의 진정한 모습일 것이다.

'성경대로' 하는 조세
박근혜 정부의 조세 정책에 대하여

> 여러분은 모든 사람에게 의무를 다하십시오.
> 조세를 바쳐야 할 이에게는 조세를 바치고, 관세를 바쳐야 할 이에게는 관세를 바치고,
> 두려워해야 할 이는 두려워하고, 존경해야 할 이는 존경하십시오.
> ―〈로마서〉 13,7

"성경도 모르는 것들이"

박근혜 정부에 들어와서 증세안이 속속 발표되고 있다. 담배값을 대폭 인상하겠다는 것이 사실상의 증세임은 의심의 여지없다. 거기에 자동차세나 지방세를 인상하겠다는 계획도 제시되었다. 예상한 대로 반론이 속출한다. 증세 문제는 거의 언제나 조세저항이 있기 마련이다. 하지만 이 반론들의 요지는 증세 자체가 아니라 그것이 사실상 서민증세의 성격을 지니고 있기 때문이다. 게다가 다른 한편에선 배당소득 증대세제, 근로소득 증대세제, 임대소득 과세[1] 등, 고소득자일수록 유리한

---

1 배당소득 증대세제(配當所得 增大稅制)는, 주주나 출자자가 이익을 분배받아 생긴 소득인 배당소득,

감세안들을 내놓고 있으니 증세안의 설득력이 더 궁색하다.

　　　개신교 성직자들 중 많은 이들은 정책 내용이 어떻든 보수정부의 관점에서 생각하는 경향이 있다. 아니나 다를까, 이 정권의 조세안에 대해서도 몇몇 목사들이 정부를 편드는 말을 공공연히 했다. 한 목사는 〈로마서〉 13,7을 들이대며, "성경도 모르는 것들이" 아무 말이나 해댄다고 '무지한'(?) 대중을 나무랐다. 그는 이 구절을 정부가 부과하는 조세안에 무조건 동조하는 것이 성경²의 뜻이라고 해석하고 있는 것이다.

　　　과연 그런가? 이 구절을 들이대며 현 정부의 증세안에 이견을 표하는 이들이 성경을 모른다고 말해도 좋은가? 과연 그 목사는 성경을 제대로 알고 있는 것인가? 이 구절 속에 담긴 조세의 의미는 무엇일까?

로마시의 그리스도파

로마제국의 네 번째 황제 클라우디우스(재위 41~54년) 치하인 서기 49년

특히 고배당주식에 대한 배당소득의 원천징수세율을 줄여주는 제도로, 주주 인센티브를 통한 배당촉진과 주식시장 활성화를 목적으로 한다. 근로소득 증대세제(勤勞所得 增大稅制)는 기업의 임금증가율이 직전 3년간 평균 임금증가율을 넘었을 경우 초과한 임금증가분에 대해 10%를 세액공제해주는 제도다.

2　이 책에서 나는 Bible의 표기를 '성서'로 통일했는데, 그것은 그리스도인들에게 '책 중의 책'인 성서를 해석의 대상으로 여긴다는 의미를 강조하기 위함이다. 반면 성경은 책의 내용을 해석하기보다는 맹목적인 믿음으로 포장된 책이다. 이 문맥에서는 성서보다는 성경이 어울린다.

경 로마 시에서 그리스도파로 알려진 일단의 사람들이 주도한 소요가 있었다. 황제는 소요를 진압한 뒤 주모자들을 처형했고 많은 이스라엘인들을 로마 시에서 강제 추방했다. 바울의 가장 절친한 동료가 된 브리스가(아내)와 아굴라 부부도 그때 추방당한 사람들 중 하나다. 그들은 추방당해 고린도로 왔고 거기에서 바울을 만났다. 바로 이 만남이 이들 부부가 자신들의 신앙의 뿌리였던 로마 시의 그리스도파와는 '다른' 그리스도 운동가가 되는 계기가 되었던 것으로 보인다.

알다시피 '그리스도'라는 이름은 그로부터 이십여 년 전에 예루살렘에서 처형당한 메시아를 가리킨다. 메시아는 하느님의 나라를 다스리는 대리인을 뜻하는데, 많은 이스라엘 사람들은 그 나라의 긴급한 도래를 부르짖었던 이들을 메시아라고 부르곤 했다. 하여 그 나라의 도래를 체험한 이는 아무도 없었지만 사람들이 '메시아'라 불렀던 이들은 여러 명이 있었다. 나사렛 예수도 그중의 하나다.

한데 그리스말을 쓰는 일단의 사람들이 바로 나사렛 예수가 처형당한 뒤, 그이를 '그리스도'라고 부르며 메시아운동을 펼쳤다. 그리스도란 메시아를 뜻하는 그리스어로 그들에 의해 차용된 용어다. 아무튼 이들은 처음엔 예루살렘에서 그리스도 운동을 벌였다. 하지만 그들의 활동터인 예루살렘의 리버디노 회당(《사도행전》 6,9)[3]에서 이들의 지

---

3 리버디노 회당은 예루살렘에 거류하는 헬라계 교포들의 회당이다. 구역 별로 여러 개가 있었을

도자 스데반이 처형되자 사방으로 흩어져 나가 그리스도 운동을 계속했다. 특히 시리아의 다마스쿠스와 안디옥에서 그들의 활동이 돋보였다. 하여 이 지역에서 이들을 가리키는 이름이 생기게 된다. '그리스도 인'이 바로 그것이다.(〈사도행전〉 11,26)

다마스쿠스는 아랍 지역과, 안디옥은 지중해 지역과 연결되는 거점도시다. 즉 이들 도시에서 시작된 그리스도 운동은 이 두 도시를 기점으로 해서 동서로 퍼져나갔는데, 우리에게는 지중해로 퍼져나간, 즉 서쪽으로 전파된 그리스도 운동만 알려져 있다.[4]

아직 하나의 종교로서의 그리스도교가 탄생하기 이전이다. 그러니까 당시의 '유대교파'가 그랬던 것처럼 범이스라엘 신앙권 내의 한 분파에 속한다. 아니 실은 좀 더 복잡하다. 이 시절 그리스도파는 하나의 분파라기보다는 예루살렘에서 로마 관리에 의해 처형당한 예수라는 이를, 메시아를 뜻하는 그리스말인 '그리스도'로 부르며 활동하는

것으로 보이는데. 이 회당들의 구성원들 사이에는 상대적으로 긴밀한 관계망이 형성되었던 것 같다. 당시 예루살렘에는 이들 헬라계 이스라엘 교포의 수가 이 도시 인구의 대략 10～15%나 되었던 것으로 추산되며, 그 수는 최소한 2,500～4,500명 이상이 되었을 것으로 보인다.

4 다마스쿠스에서 그리스도 운동가로 전향한 바울은 처음엔 이 도시를 거점으로 아라비아 지역(아마도 오늘의 요르단국 지역) 일대에서 활동했으나 이렇다 할 성과를 이루지 못했던 것으로 보인다. 아마도 그것은 그 시기인 38년 어간의 정치적 상황과 무관하지 않을 듯하다. 그 당시 이 지역 통치자인 나바테아국의 아레타스 4세와 헤롯의 계통을 잇는 통치자들 간에 전쟁이 벌어졌었다. 아무튼 그는 이 선교활동 내용에 대해서 침묵하고 있다. '3년 후에' 그는 돌아와 안디옥을 거점 삼아 서방, 곧 지중해의 에게 해 지역에서 활동을 재개한다.(〈갈라디아서〉 1,15～19)

이들을 지칭하는 보통명사라고 하는 게 더 적절하다. 지중해의 여러 지역에 흩어져 있다 보니 이들 그리스도인들끼리도 서로 모르는 경우가 많았고, 때로는 그리스도인들 간에 갈등과 분쟁도 적지 않았다. 그만큼 이념적 성향도, 신앙의 기조도 다양했다. 그들 중의 하나가 떠돌이 선교자 바울이 주도하는 그리스도파였다.

한편 로마 시에는 또 다른 그리스도파가 있었다. 그들은 로마 시에 살고 있던 이스라엘 교포사회의 일원으로서, 아마도 자산이나 지식에 있어 평균보다 꽤 수준 높은 이들이 많았던 듯하다. 해서 바울은 이들을 "강한 자들"이라고 불렀다.(《로마서》 14,1 참조) 곧 로마 시의 이스라엘 교포사회 일반에 비해 그리스도파는 '강한 자들'에 속했다.[5] 반면

---

5 고대 로마의 역사가 수에토니우스가 쓴 《황제전》에 따르면 클라우디우스 때에 일단의 이스라엘 인들이 강제추방되었는데, 그 추방의 이유는 '크레스투스'(Chrestus)의 선동으로 인한 것이었다. 여기서 '크레스투스'가 '크리스투스', 곧 그리스도를 그렇게 표기한 것임은 의심의 여지없다. 그리고 황제가 추방조치를 내린 것이라면 그 소요는 도시 치안에 중대한 위해가 되는 행위와 관련이 있다고 할 수 있겠다. 그렇다면 이 사건은 이스라엘 교포사회 내에서 그리스도파의 위험한 행위가 당국에 의해 처벌된 사건이라고 이해할 수 있다. 한편 《로마서》 14장에 묘사된 '강한 자들'은 이스라엘 전통주의자인 '약한 자들'과는 달리, 로마 사회의 문화에 아무런 거리낌이 없이 적응하는 이들이다. 이민자 집단에서 현지 문화에 더 적극적이며 자신의 조상의 전통에 좀 더 개혁적 태도를 갖는 이들은 대개 언어적으로나 사회문화적으로 그 현지 사회에 더 잘 정착한 부류의 사람들인 경우가 많다. 《로마서》 11,11에 의하면 이들 로마 시의 그리스도파는 예루살렘이나 사마리아에서 메시아가 등장하여야 세계에 대한 신의 통치가 시작될 것이라는 이스라엘의 전통적 신앙의 기획이 실패했고, 아마도 그 메시아는 자신들이 활동하는 로마에서 먼저 등장할 것이라고 주장한 것으로 보인다. 그런 점에서 '강한 자들'은 사회계층적으로 젊고 혁신적인 엘리트 계층일 가능성이 크다. 그런데 이들 가운데 브리스가와 아굴라 부부가 속해 있었다면 '강한 자들'은 로마 시의 그리스도파로서 대개 젊고 안정계층에 속한 진취적 엘리트였다고 추정된다.

바울이 다른 도시들에서 조직한 그리스도인들은 그 지역 이스라엘 교포사회들에서 "약한 자들"이었다.

조세거부운동

이들 로마 시의 그리스도인들은 황제의 권력에 동조하지 않는다는 표시로 조세거부운동을 벌였던 것 같다. 그 결과 브리스가와 아굴라 부부 등 많은 그리스도인들이 이 도시에서 추방당해 여기저기로 흩어졌다.

그런데 클라우디우스가 죽었다. 소문으로는 아내 아그리피나에게 독살당했다고 하니, 그의 죽음을 두고 이스라엘 사람들, 특히 그리스도인들은 신의 응징으로 해석했을 법하다. 하여 흩어지거나 지하로 숨어들어 있던 그리스도파가 다시 결집하고 있었다. 그런 즈음에 그의 아들 네로가 즉위한다.

새 황제는 처음부터 선왕과는 다른 모습을 보여주었다. 그는 검투경기 등 대중적 이벤트를 대폭 늘렸고, 심지어 대중 앞에서 연기자로 나서는 파격을 보이기도 했다. 선왕은 꽤 유능한 실무능력에도 불구하고 대중적 인기가 너무나 없던 통치자인 반면, 네로는 처음부터 대대적인 대중의 열광을 불러 일으켰다.

이 이벤트는 대중에게 여흥만 준 것이 아니다. 엄청난 고기와 빵이 대중에게 분배되었다. 로마 시의 전 시민들이 그 수혜자다. 이 도시에서 시민에게 식량을 무상공급하는 것은 모든 황제들이 공히 지속적으로 펴온 정책이었는데, 황실 재정이 최고조에 달했던 아우구스투스 시절에 그 수가 최대치를 기록했다. 한데 네로는 그때와 맞먹을 만큼 많은 이들에게 시민의 권리를 부여했다.

전쟁이 별로 없던 시절이다. 공화정기 대대적인 정복전쟁의 수혜를 입고 지존의 자리에 앉은 아우구스투스는 제국 각처에 흩어진 황제령 농경지에서 수거한 곡식으로 복지비용을 충당했지만, 네로는 다른 수입원이 필요했다. 그중 하나는 제국 내의 각 태수와 정무관들, 예속국 왕들이 보내는 공납물이었다. 왕은 그것을 원활히 하기 위해 교통과 행정망을 효율화했다. 또한 황제는 귀족들과 시민들, 곧 안정계층으로부터 더 많은 세금을 징수했다. 이와 함께 귀족층의 횡포를 억제하였다. 황제의 공권력은 귀족의 권력 남용을 응징하는 데 활용되곤 했던 것이다.[6]

그러나 로마 시의 그리스도파는 새 황제의 권력이 아직 공고해지기 전에 반제국 투쟁을 벌이고자 했다. 그들에게 모든 황제는 다

---

6 네로가 미친 황제, 잔인한 독재자 등으로 알려진 것은 그가 쿠데타로 강제폐위된 이후, 그의 정적(政敵)인 원로원 귀족 출신 문필가들이 그를 격하시킨 결과다. 이후 한 세대 이상 지나서 황제가 된 도미티아누스의 정적(政敵)인 원로원 귀족 출신 역사가들이 도미티아누스가 암살당한 이후 그를 격하시키는 작업을 벌인다. 즉 도미티아누스를 제2의 네로로 낙인찍는 작업을 한 것이다. 그러면서 그들은 과거 자신들의 선배들이 온갖 불명예를 뒤집어씌운 네로에 대한 역사를 재정리한다. 그것이 오늘 우리가 네로에 대해 알고 있는 부정적 인상의 뼈대가 되었다.

적이었다. 많은 이스라엘 사람들은 예루살렘에서 메시아가 활동을 시작할 때까지는 아직 '그 날'이 아니라고 생각했지만, 이들 그리스도파에게 예루살렘 중심적 기획은 지난 일이고, 그리스도의 새 시간은 그 낡은 법칙과는 달리 어디서든 일어날 수 있다는 주장을 담고 있었다. 그런 맥락에서 이들은 황제에게 복종하지 않았고, 그 일환으로 조세거부운동을 벌이고자 했다.

"'그 권력'에 복종하라"

바울은 아마도 이런 분위기를 브리스가와 아굴라 부부로부터 들었던 듯하다. 한데 그는 로마 시의 그리스도파의 활동을 위험하게 보고 있다. 저들의 섣부른 행동은 오히려 대중을 죽음으로 내몰 것이라고 생각한 것이다. 하여 그는 주장한다. 권력에 복종하라고, 세금도 내고, 의무를 다하라고 말이다.

그가 보기에 '그 때'는 아직 아니었고, '아직 아닌' 지금의 전략은 '기다리는 것'이다. 게다가 로마의 새 황제는 귀족의 횡포를 응징하고 있었고, 대중에게 나눠줄 복지자금과 식량을 위해 조세를 증액시켰다. 여기서 주지할 것은, 과세대상은 안정계층에 한정되었다는 점이다. 빈곤층은 너무나 가난해서 조세는커녕 생계도 이어나가지 못할 형편이었으니 그들을 과세대상으로 삼는 것은 무의미했고, 또 실제로 로마

시의 빈곤계층은 인구조사조차 불가능할 정도로 협소한 지역에 밀집해 살고 있어 과세 자체가 불가능했다. 그럼에도 그들을 조금이라도 더 갈취하려는 황제나 귀족이 있었지만, 네로는 그런 대중을 자신의 지지기반으로 삼아 원로원과 대결하고 있었다.

아무튼 그의 과세 정책은 명백한 '부자 증세' 정책이었고, 내용은 복지를 위한 증세였다. 하여 바울은, 네로가 펴는 권력이 (궁극적으로는 아니지만) 당장은 존중해야 할 권력이라고 보았다. 문제의 구절, 이제까지 숱한 연구자들과 성직자들, 그리고 신자 대중에게 혼란을 주어왔던 〈로마서〉 13,1~7의 구절들, 특히 권력에 복종하고 세금을 순순히 내라는 구절은 바로 이렇게 이해되어야 한다.

요컨대 그날, 그리스도의 날이 도래하기 전까지 황제가 대중을 착취하고 괴롭히지 않는 한, 또 대중을 학대하는 귀족층의 횡포를 억제하는 한, 그 권력은 존중해야 한다고 말이다. 또 그날, 그리스도의 날이 도래하기 전까지 대중에게 식량을 나눠주고 복지를 위해 쓰이는 한, 세금을 응당 내는 것이 옳다고 주장하고 있는 것이다. 그것이 다름 아닌 부자 증세이기 때문이다.

성서에 부합하는 세금인가

지난 2012년의 총선과 대선 과정에서 박근혜 정부는 야당보다도 앞서서 복지에 관한 진일보한 공약을 내놓았다. 그리고 그것은 많은 유권자에게 모종의 기대감을 품게 하였음에 분명하다. 한데 집권 기간 중에 복지 공약은 줄줄이 후퇴하고 있다. 그리고 경제활성화를 명분으로 자산가들에게 더 많은 혜택을 주어왔던 종래의 성장주의 정책을 다시 되풀이하고 있다. 그나마 형식상의 복지를 위함이라는 명분으로 증세 정책을 내놓았는데, 그 성격이 누진세율이 적용되지 않는 기계적인 증세, 그러니까 결국 사실상의 서민증세 정책에 다름 아니다.

복지란 양극화 해소를 기조로 하는 정책이다. 한데 최근, 빈약한 복지를, 그것도 서민증세로 기금을 충당하려는 정책, 게다가 경제활성화를 위한다는 명분으로 실행될 예정인 부자 감세 정책은 설사 경제가 활성화되더라도 양극화가 해소되지 않고 심지어 더 악화될 가능성이 농후하다. 그러니 최근의 정치는 저 빈약한 복지가 그나마 더 후퇴하는 방향으로 전개되고 있다고 할 수 있다.

다시 바울의 〈로마서〉 13,7을 되새겨보자. 증세를 비판하는 이들을 향해 "성경도 모르는 것들"이라고 비난한 목사는 과연 바울의 이 텍스트를 잘 이해했는가? 그는 40년대 말에서 50년대 초라는 시간과 로마 시라는 공간의 특수성을 묻지 않고 이 구절의 표피적 문장을 곧이곧대로 읽었다. 그렇다면 그를 포함한 개신교 성직자들은 왜 소득세를 내라는 주장에 반대하는가? 심지어 끝도 알 수 없는 교회의 부동산에 대한 과제에 대해 말도 꺼내지 못하게 한다는 것인가? 혹자는 〈마가복음〉12,17을 빌미로 하여 교회는 황제의 것이 아니어서 과세 대상이 아니라고 주장했다. 하지만 많은 교회들은 법률이 정하는 방식에 따라 대지를 구입하고 건축을 하며, 매매를 한다. 그리고 많은 경우 적지 않은 시세차익을 올렸다. 왜 하느님의 것을 짓는데 법률에 따르고 법률에 따라 매매하며 시장의 규칙에 따라 차익을 올리는가? 그것은 성서 어디에 근거를 두고 있는가?

우리가 살펴본 바에 따르면 〈로마서〉 13,7은 그 역사적 문맥을 함께 본다면, 국가권력은 그것이 약한 대중의 인권과 생존권을 위해 존재할 때 한시적으로 존중받을 수 있는 것이다. 조세정책도 마찬가지다. 바울은 그것을 얘기했고, 그 이상을 주장하지 않았다. 그렇다면 그리스도인은 박근혜 정부에게 주장해야 한다. 증세를 하든 감세를 하든, 서민을 위해서 하라고. 그것이 바로, 그들이 그토록 소리 높여 주장하는, '성경대로' 하는 조세이기 때문이다.

제2부

MB 정부 시대
정치비평과 종교

욕망의 습격

미친 성공주의적 자화상으로서의 MB 체제

> 하느님의 아들들이 사람의 딸들의 아름다움을 보고,
> 저마다 자기들의 마음에 드는 여자를 아내로 삼았다.
> —〈창세기〉 6,2

하느님의 아들들이 사람의 딸들과 결혼했다는 〈창세기〉 6,2의 수수께끼 같은 말은 다섯 개 묵시록의 묶음집인 〈에녹1서〉[1]의 첫 번째(1~36장), 《파수꾼의 책》에서 매우 흥미롭게 해석되어 있다. '하느님의 아들들'은 '타락한 천사'라는 것이다.

하느님의 천사들이 타락했다는 생각은 이스라엘에서 생소한

---

1 기원전 3세기 이후, 곧 헬레니즘 시대의 어느 때에 저작된 팔레스티나에서 유래한 묵시문서에 속한다. 이 책은 현재 에티오피아어로 된 판본만 남아 있는데, 아마도 원래는 히브리어나 아람어로 된 것이 헬라어로 번역된 이후 다시 여러 언어로 번역되었고 그중 하나가 현존하는 에티오피아 판본일 것이다. 해서 이 책을 〈에티오피아 에녹서〉라고 부르기도 한다. 아무튼 헬레니즘 시대에 에녹은 이스라엘 신앙에서 매우 유명한 존재로 부상했다. 현재 남아 있는 에녹 이름으로 된 문서들로는 고대 슬라브어 판본으로 전해진 〈에녹2서〉와 고대 히브리어 판본으로 전해진 〈에녹3서〉 등이 있다. 이때 1, 2, 3이라는 숫자는 단순히 구별하기 위한 표기에 지나지 않다.

관점이다. 한데 이런 낯선 해석이 헬레니즘 시대에 나타나고 있다. 바로 이 문서가 그런 예에 속한다. 신의 영역은 거룩하며 정의롭고 완전무결(完全無缺)하다는 일반적인 믿음이 붕괴되고, 그곳조차 부패하여 죄로 오염되었다고 생각하게 된 것이다. 왜 그런 생각이 침투하게 된 것일까. 이 물음은 그 시대에 대한 물음과 함께 해명할 때 보다 설득력을 갖추게 될 것이다.

여러 학자들은 이런 문제제기가 등장한 시기를 기원전 2세기, 그러니까 셀류쿠스 제국이 팔레스티나를 통치하던 시대로 보는데, 나는 그것보다는 좀 더 앞선 시기인 프톨레마이오스 제국의 식민지이던 기원전 3세기로 본다. 〈창세기〉6,4이 그렇게 보는 하나의 근거가 될 수 있다. 이 구절에는 신의 아들들과 사람의 딸들 사이에서 태어난 '네피림'이라는 거인족속이 '용사들'이었다고 전한다. 이것은 얼핏 보아도 그리스 신화 풍의 이야기다. 신과 여자가 결혼하여 영웅을 낳았다는 이야기는 그리스 신화에서 흔한 소재다.

게다가 알렉산드로스 시대는 그런 영웅신화가 현실로서 구현된 시대였다. 이 시대에 그리스의 신화는 세계화되었고, 그것이 신화가 아니라 현실이기까지 하다는 생각이 발생한 것이다. 게다가 알렉산드로스의 마케도니아 제국은 영토 확장에 몰두한 데다, 불과 몇 번의 초대형 전투에서 승리한 것으로 페르시아 제국을 몰락시켰으므로 제국에 병합된 백성들은 이렇다 할 침략의 참상에 놓이지 않았다. 또 그가 일찍 사망함으로써 이 제국은 수탈이라는 혹독한 경제적 압박 또한 별로 겪지 않았다. 그런 점에서 알렉산드로스 신화가 빠른 속도로 전파되기에 헬레니즘 시대 초기가 더 적합하다.

프톨레마이오스 제국은 알렉산드로스 신화의 세계화에 선구적 역할을 하였고 그 신화를 자국 통치자들이 계승했다고 자부했다. 하여 그리스적 영웅 숭배 의례를 발전시켰으며, 황제들은 그 신화의 일원으로 등장한다. 가령 제국의 창건자 프톨레마이오스 1세(기원전 323~282년)는 자기를 '소테르'(*sōtēr*)라고 불렀다. '구원자'라는 뜻이다. 이렇게 그는 이 국가의례를 행하는 본국과 식민국가들에게 바로 자신이 구원자임을 설파하고자 했다.

물론 라이벌 국가인 셀류쿠스(Seleucus) 제국도 예외가 아니다. 이 나라의 창건자 셀류쿠스 1세(기원전 312~280년)는 자신을 니카토르(*nikator*)라고 불렀다. '승리자'라는 뜻이다. 또 후대에 팔레스티나를 병합하고 폭압적으로 황제숭배를 강제하던 안티오쿠스 4세(기원전 175~164년)는 자신을 '에피파네스'(*ephanēs*)라고 불렀다. '화육(化育)한 신'이라는 뜻이다.

앞에서 여러 연구자들이 〈에녹1서〉가 담고 있는, 이스라엘인들에게 '타락한 천사'라는 생각이 대두한 시기를 셀류쿠스 제국 시대라고 본 것이 바로 안티오쿠스 4세 시대를 말한다. 그의 부친이자 선왕인 안티오쿠스 3세는 프톨레마이오스 제국을 압도하게 되면서 자신의 제국을 지중해 패권국가로 발전시키려 했다가 신흥제국으로 부상하던 로마와의 전쟁에서 패퇴하고 빚더미에 앉게 되었다. 이런 파산 직전의 제국의 새 황제로 즉위한 이가 안티오쿠스 4세다. 제국의 부활을 위해서는 무엇보다도 고갈된 황실 재정의 확충이 중요했고, 그것을 위해 식민지들의 성소 창고에 축적되어 있던 재화들을 갈취하고자 하였다. 그런 의도로 시도된 정책의 하나가 자신을 신격화하는 의례를 강요한 것이다. 해서 이 시기에 신격화된 영웅, 곧 황제를 타락한 천사로 보는 해석들이 대두했다는 주장이다.

하지만 이 제국의 황제제의는 예후다(유다) 지방 주민들을 설득하는 데 그다지 효과적이지 못했다. 다만 제국의 노골적 강압 정국을 활용한 일부 사제귀족들 간의 권력투쟁이 치열하게 벌어졌을 뿐이다. 하여 이 시대는 셀류쿠스 제국이나 예후다 지배층에 대한 대중의 반감이 폭넓게 확산되어 있었다. 그런 점에서 이에 대해 비판적인 묵시문학이 등장했을 수 있지만, 이런 시대에 비판적 묵시 담론은 그다지 신선해 보이지 않는다. 반면 프톨레마이오스 시대는 제국의 통치가 훨씬 치밀했고 안정적이었다. 이 제국의 황제숭배는 훨씬 더 설득력이 있어 지배층의 대다수가 이 제국의 이데올로기에 견인되어 있었다.

해서 나는 〈에녹1서〉, 특히 그중 가장 오래된 문서인 《파수꾼의 책》 같은 묵시문학이 천사의 타락이라는 소재를 이야기하기에 안성맞춤의 시기는 프톨레마이오스 제국이 팔레스티나를 지배하고 있던 기원전 3세기라고 본다. 더욱이 기원전 2세기 설의 주인공 안티오쿠스 4세 시대에는, 말했듯이, 제국의 정치적 압박에 대해 팔레스티나에서 예후다 족속의 군사적 항쟁이 격화된 반면,《파수꾼의 책》에는 이러한 군사적 폭력보다는 경제적인 압박이 더 중요하게 다루어져 있다. 여기서 거인들은 인간이 땀 흘려 수확한 열매를 남김없이 먹어치워버렸다.(〈에녹1서〉7장) 그것 또한 경제적 수탈이 정교해지고 강력해진 프톨레마이오스 제국 시대가 그 배경으로 더 어울린다는 근거다.

프톨레마이오스 제국 시대는 경제적 발전이 두드러졌다. 특히 국제무역이 전례 없이 활발했다. 이것은 급격한 계층분화를 낳았다. 수많은 소농들이 몰락했다. 또한 동시에 노동에서 자유로운 소자산가층의 수도 꽤 증가했다. 한데 제국의 수도 알렉산드리아에서 전례 없는 초대형 도서관이 장기간 건립되고 있을 때 제국 전역에서 서기관의 수요가 크게 늘어났는데 그들 다수는 소자산가층에서 나왔다.

팔레스티나에서도 이런 현상은 예외가 아니었다. 신흥 소자산가 계층 출신의 문자 엘리트들이 다수 등장했고, 그 무렵에 갑자기 대두한 새로운 장르의 문서들인 '지혜문학'들을 저술한 이들 중 다수는 아마도 이런 계층의 지식인들에게서 나온 것으로 보인다. 이 시대의 지혜문학들 중 〈잠언〉〈전도서〉〈욥기〉는 정전에 포함될 만큼 그 위상이 격상하였는데, 그것은 많은 이들이 이 문서들을 즐겨 읽었고 공감했기 때문일 것이다. 많은 이들이 이런 책들을 즐겨 읽고 공감했다는 것은 예후다 사회를 보다 광역으로 통합하는 지식의 체계화가 진행되고 있다는 징후다. 이러한 지식의 체계화 과정에서 예후다 지방의 야훼신앙 사회는 옳고 그름, 아름답고 추함, 현명하고 어리석음 등에 대한 사회적인 공감대가 재구축되고 있었다. 그리고 지혜문학은 그런 흐름의 중요한 축을 이루고 있었다.

이 중 〈욥기〉나 〈전도서〉 같은 지혜문학은 비판적 지혜를 대변하고 있다. 그것은 일반적인 지혜의 가르침과는 달리, 부조리한 사회에 대한 문제의식을 담고 있다. 경건한 이가 재앙을 겪고, 불의한 이가 풍요를 누리는 사회, 그런 일이 너무나 흔하다는 문제의식이 이들 비판적 지혜의 공감대였다.

주목할 것은 이런 비판적 지혜가 유행하던 바로 그 시기에, 묵시적 문서들도 비슷한 문제의식을 드러내고 있었다는 점이다. 그런 묵시적 문서들이 사회의 부조리함을 제기하는 방식의 하나를 우리는 천사의 타락에 관한《파수꾼의 책》에서 엿볼 수 있다.

천사장 아사엘이 '신의 비밀', 특히 야금술을 사람들에게 폭로한다. 사람들은 그것으로 무기를 만들어 전쟁을 벌였고, 또 장신구를 만들어 사치스러운 생활에 젖기 시작한다. 물론 이 둘은 서로 맞물리는 현상이다. 전쟁은 자신을 지키기 위한 소극적 행동의 결과가 아니라 더 많은 향락을 누리기 위한 욕망의 산물이다. 많은 통치자들이 내걸었던 방어적 전쟁 이데올로기는 명분일 뿐이다. 욕망은 전쟁을 낳고, 전쟁은 더 강한 욕망을 불러일으킨다. 전쟁과 욕망의 악순환이 역사를 비극으로 몰아가고 있었다.

신의 비밀을 가지게 된 인간의 역사다. 그것은 일종의 문명사적 원리가 되었다. 네피림, 신이기도 하고 인간이기도 한 중간적 존재인 영웅들이 중심에 있고, 모든 인간이 그 원리의 충실한 수행자다. 묵시가는 이 문명사적 원리 아래 모든 이들이 자기 파괴를 향해 치닫고 있음을 직시한다. 그 욕망의 질주는 자멸로 향하는 질주이기도 하다. 물론 그이는 그것을 종말적 심판으로 해석하고 있다.

한데 그것에 제동을 걸 이가 존재하지 않는다. 타락한 천사 아사엘은 심판을 받지만, 그 종말을 되돌릴 이는 부재하다. 어느 인간도 그것을 막을 수 없다. 천사도 예외가 아니다. 아니 신조차도 불가능하다. 신이 할 수 있는 것은 엄청난 재앙 이후 역사를 다시 시작하는 것뿐이다. 욕망의 침입은, 그 절정에 이르면 이렇게 환원 불가능한 파멸로 인간을 몰아간다는 것, 이것이 프톨레마이오스 제국 시대, 그 욕망의 질주가 끝 모르게 치닫고 있던 시대에 그것의 위기를 통찰한 한 묵시가의 문명비평적 고언이다.

한국사회에서 욕망의 질주를 단적으로 보여주는 시대는 단연코 MB 정부의 시대다. 이명박 자신이 기업인인 것처럼 MB 정부는 역대 어느 정권보다도 기업 친화성이 강한 정권이었다. 그런데 국민이 이명박 씨를 전례 없을 정도의 압도적인 표차[2]로 승리한 대통령으로

뽑은 것은 그가 남다른 정직한 기업인이었다거나 남다른 정치적 비전을 주었기 때문이 아니다. 그가 한국의 다른 성공한 기업인들 못지않게 부패 경력이 많다는 의혹을 국민들은 잘 알고 있었고 참신한 정책으로 승부하고 있지 않다는 것도 모르지 않았다. 그의 정치적 성공의 결정적 이유는 단지 성공한 기업인이라는 데 있었다. 특히 기업인 이명박의 성공이 부동산과 관련이 있었다는 점이 주효했다. 그것은 한국의 산업화를 체험한 국민들의 집합적 기억 속에 가장 효과적인 성공의 비법은 바로 부동산 경제에 편승하는 것임이 각인되어 있었기 때문이다. 그것이 다분히 투기적인 것이고 어떤 것보다도 국가 전체적인 부작용이 큰 방법이라는 점을 모르지 않았음에도 국민들에게 부동산의 유혹은 너무나 컸다. 아마도 1997년 외환위기를 거친 한국사회에서 '부자되기'는 다른 어느 가치보다 큰 욕망이 되었기 때문이겠다.

아무튼 정부 주도의 토건정책이 일으키는 부동산 경기 활성화에 대한 국민적인 욕망 속에서 그는 대통령이 되었다. 뿐만 아니다. 이러한 압도적 지지는 대선 이듬해인 2008년 총선에서도 나타났다. 집권당인 한나라당은 국회의석 299개 중 153석을 얻어 과반수를 너끈히 넘어서는 데 성공했다. 또 부패 스캔들이 끊임없이 터져 나오고 있음에

---

2 2007년 대선 때 이명박의 득표율은 48.7%였다. 그리고 그와 경쟁을 벌였던 민주당 대선후보 정동영 씨는 26.1%였다. 1987년 이후 한국의 역대 대통령 선거에서 1, 2위 간에 이런 큰 격차를 보인 선거는 없었다.

도 집권 중반기인 2010년에 있었던 두 번의 재보궐 선거도 여당의 압도적 성공이라는 도식은 요동하지 않았다.

단 하나, 2010년 그해에 압도적 성공을 거둘 것으로 예상되었던 지방선거(6.2)에서만은 전혀 다른 결과가 나왔다. 17개 광역단체장 중 11개를 야당인 민주당이 승리했고, 서울시 25개 구청 중 21곳, 경기도 31개 지자체 중 19곳에서 민주당 후보가 당선되었다. 천안함 사건이 발생한 지 불과 두 달 남짓 지난, 일반적 상식으로 보면 안보 담론이 대세를 이루고 있던 상황에서 벌어진 선거인데 결과는 예상 밖으로 나타났다.

이런 대반전의 스펙터클에 한껏 고무된 이들은 '한나라당의 독주에 제동을 건 시민의 승리'라고 외치며 커다란 만족감을 표명하곤 했다. '한나라당 = 토건세력, 민주당 = 민주세력'이라는 등식은 결코 당연하지 않지만, 최소한 MB 정부와 한나라당을 지지하는 대중의 욕망 속에는 특정인이나 특정세력에게 권력이 독점되는 것을 거부하는 민주주의적 가치보다는 비록 평등하지는 않더라도 자신이 발전과 성공의 대열에서 더 많은 것을 누리고 싶은 욕구가 깊게 담겨 있음은 부인할 수 없다. 또 MB 정부와 한나라당이 그러한 시민사회적 욕구를 더 많이 대변하고 있다는 점도 부인할 수 없다. 그런 점에서 한나라당의 실패를 시민의 승리라고 주장한 것이겠다.

하지만 그 선거에서의 성공이 과연 우리의 시민사회가 민주주의를 더 가치 있다고 판단했고 분배보다는 자기가 누릴 성공에 집착했던 욕망을 자성한 결과일까? 그것이 시민의 승리라는 말의 의미라면 고개를 갸우뚱거리지 않을 수 없다. 실제로, 앞서 언급한 것처럼, 지방선거(6.2) 직후 실시된 두 번의 재보궐선거(7.28과 10.27)에서는 한나라당이 압승했다. 나는 MB와 한나라당을 집권하게 했던 시민의 욕구는 개개인의 성찰을 넘어서, 좀 더 구조적인 측면이 있는 것이 아닌가 의심한다.

그리고 또 하나, MB 정부가 기도했던 천안함의 정치, 과학주의의 형식을 빌려 전 세계를 향해 타전된 북한 테러리즘에 대한 폭로의 정치가 이 선거에서 성공하지 못했다는 것이 시민의 성공이라는 말의 함축된 또 하나의 의미라면 그것 역시 타당성이 의심스럽다. 분명이 선거에서 이른바 '북풍'은 무력했다. 많은 전문가들의 해석에 의하면, 정부가 주도한 천안함의 과학주의적 내러티브가 신냉전주의로 귀결되는 것에 시민사회가 주저한 것이라고 한다. 하지만 나는 시민사회가 북풍에 휘둘리지 않은 것이 과연 신냉전주의에 대한 반대이자 동북아 평화에 대한 시민사회의 의지의 산물인지에 의문을 품는다. 즉 이데올로기적 견해 차이가 주된 이유라는 해석에 공감되지 않는다는 것이다.

나는 민주화 이후 우리의 시민사회가 과하게 시장화되고 있다는 생각에서 자유로울 수 없다. 한국의 소비사회는 역사적으로 민주화와 겹쳐 있고, 이는 민주화가 소비사회적 요소들과 분리할 수 없이 얽히면서 제도화되었음을 의미한다.

소비사회는 우리를 욕망의 존재로 호출한다. 그리고 욕망은 우리들 개개인의 사적 취향을 극도로 고양시킨다. 정부는 국민의 이런 고양된 욕망에 상처를 주지 않으려 애썼고, 오히려 욕망을 부추기면서 정권의 정당성을 획득하려 했다. 그 맥락에서 민주적 제도화의 과정에 자본의 개입은 너무 강했다. 자본은 민주화에 의해 거의 제동되지 않은 채 시민의 영혼 속에 들어와 욕망을 마구 부추겨댄다.

소비는 급속도로 커졌고, 신용카드의 활성화는 욕망을 소비하는 능력을 크게 진작시켰다. 부동산의 거품은 신용카드 부채를 한방에 날려버리는 알라딘의 요술램프였고, 동시에 더 엄청난 규모의 채무자의 대열로 우리를 불러 세운다.

이때 부채는 개인의 능력으로 해석되었다. 근데 이 개인의 능력이 동시에 재앙이기도 하다는 것을 직시하는 데는 긴 시간이 필요하지 않았다. 이른바 'IMF 재앙'은 부채의 공포를 직시하게 하였다. 하지만 이때에도 시민사회는 욕망 억제의 전략보다는 분출의 전략을 통해 위기 타개의 비전을 갖도록 국가와 시장으로부터 부추김 받는다.

이렇게 부동산 거품을 통한 욕망 분출의 공식은 이제 '우리들'의 삶의 전략의 중요한 일부가 되었다. 우리 사회는 이미 이러한 욕망에 의해 달리는 무한궤도의 열차가 되었다. 한 사회학자는 어떤 계산법도 이 질주하는 욕망의 열차에 제동을 걸 수 없다는 비관적 진단을 내린다. 이제 이 열차에 제동을 걸 사회적 주체는 보이지 않는다. 아니 그럴 능력이 누구에게도 없다. 재앙 혹은 기적이 있을 뿐.

그런 점에서 2010년 지방선거에서의 민주당의 성공도 그런 해석에서 그다지 벗어나 있지 않다는 해석을 내려야 할지 모른다. 시민사회가 그 선거를 통해 보여준 것은 MB 정부의 토건주의적 행보에 제동을 건 것이 아니라, 신냉전주의적 정치의 호전성이 토건주의 욕망에 위험을 초래할 수 있다는 것을 우려한 반대인지도 모른다. 요컨대 그것은 토건주의에 대한 또 다른 집착의 결과일 수 있다는 것이다.

해서 나는 MB 정부의 토건주의에 대한 우려 못지않게 우리 자신의 욕망 분출의 전략에 대해 경계하지 않을 수 없다. 우리의 욕망을 절제하는 삶을 위해 특별한 노력을 기울이지 않는다면, MB의 토건주의를 좌초시키는 데 성공할지라도 우리는 또 다른 'MB'를 불러오게 될지도 모르기 때문이다. 즉 MB는 우리의 빗나간 욕망의 은유이고, 그 결과이다. 욕망의 습격에 저항은커녕 그 자발적 부역자가 된 우리의 자화상일 수 있다는 것이다.

'나쁜 피'는 자기를 복제한다

MB 정부와 '원한의 정치'

> 그의 외가 친척이 그의 부탁대로
> 세겜 성읍의 모든 사람에게 그가 한 말을 모두 전하니,
> 그들의 마음이 아비멜렉에게 기울어져서 모두
> "그는 우리의 혈육이다" 하고 말하게 되었다.
> ─ 〈사사기〉 9,3

레오 카락스(Leos Carax)의 영화 〈나쁜 피〉를 표절해서, '나쁜 피'와 '좋은 피'를 제목으로 하는 글 두 편을 썼다.[1] 연작으로 기획한 것은 아니지만 제목의 연관성처럼 내용에도 연관성이 있다. 아비를 증오하거나 거부하고자 혹은 무관심하고자 했는데, 어느새 아비의 길과 자식의 길이 겹치는 비극의 연쇄를 말하고 있다는 점에서 두 글은 서로 연관된다. 여기서 '나쁜 피'란 '권력의 의도하지 않은 자기 복제'를 시사하는 표현이고, '좋은 피'는 '박탈의 의도하지 않은 복제'를 말하고 있다. '나쁜 피'에 관한 이 글의 주제는 소위 '잃어버린 10년'에 대한 보상심리를 '원한의 정치'로 채우고 있는 MB 정부의 현상은 독재자의 '나쁜 피'를 청산하지

---

1 이 글과 〈누가 '좋은 피'인가─미누 추방 사태를 보며〉

못한 결과라는 문제제기다.

> 주님의 영이 기드온을 사로잡으니, 기드온은 나팔을 불어 아비에
> 셀 족을 모아 자기를 따르게 하고, 전령들을 온 므낫세 지파에 보
> 내어 그들도 자기를 따르게 하였으며, 아셀 지파와 스불론 지파와
> 납달리 지파에도 전령들을 보내니, 그들도 그와 합세하려고 올라
> 왔다.
>
> —〈사사기〉6,34~35

　기드온은 가나안 중부 이북의 이스라엘 부족들 사이에서 유
포됐던 영웅설화의 주인공이다. 아비에셀, 아셀, 스불론, 납달리, 므낫
세 부족 등은 이스라엘 가운데서 변두리 부족들이지만, 사사시대를 배
경으로 하는 성서의 여느 영웅들을 압도하는 걸출한 스타임에 분명하
다. 〈사사기〉에 나오는 다른 이들보다 분량도 길고, 막아낸 외적의 규
모도 거대하게 묘사되어 있다. 훗날 부족동맹 시대의 설화를 모아서 영
웅전을 만들어낸 이스라엘국(에브라임과 벤야민 부족이 중심인 국가)과 유다
국(유다 부족이 중심인 국가) 사관들의 입장에서 볼 때 이 변두리 부족들의
영웅을 부각시키는 것은 분명 이례적이다. 필경 기드온 이야기가 점차
북부 부족들의 차원을 넘어서 이스라엘 전체 부족들 사이에서 매우 유
명해진 덕이겠다.

한데 내가 이 글에서 다루고자 하는 이는, 부족동맹 시대의 걸출한 스타 기드온이 아니라, 그의 아들 아비멜렉이다. 근데 그는 기드온의 후처의 자식이라고 묘사되어 있다.(8.31) 〈사사기〉의 본문이 이 인물에 대해 악의적으로 말하고 있다는 점을 감안하면, 그가 후처의 자식이라는 것이 믿을 만하지는 않지만, 그것이 여기서는 별로 중요하지 않으니 그냥 아들이라고만 언급하겠다. 중요한 것은 그가 아비의 권력을 독점하기 위해 70명이나 되는 배다른 형제들을, 요행히 살아남은 단 한 명을 제외하고는 모두 학살했다는 점이다. 그리고 그는 최고 권력자가 되었다. 또한 그는 자기를 따르지 않는 족속들을 공격하고 무참히 학살한다.

설화의 배경은 '아직 왕이 없던 때'다. 아직 누군가 권력을 독점하고, 공물을 수거하고, 자기를 따르지 않는 이들을 마음대로 학살하는 전제왕권적 권력전통이 등장하지 않던 때다. 그럼에도 그는 아비의 권력을 세습하여 독점하는 자가 되었고, 마치 왕처럼 행세한다. 도대체 그는 이것을 어디서 배웠을까.

〈사사기〉는 그의 아비 기드온을 아비멜렉과는 전혀 다른 종류의 인간인 듯 묘사한다. 그는 미디안 족속이라는 강력한 유목족속의 침략을 막아낸 전쟁영웅이었음에도, 부족의 장로들이 그를 추장[2]으

---

2 원시국가의 세습 통치자를 가리킨다.

로 위촉하려 하였으나 이를 물리치는 겸손함을 보인 인물이라는 것이다.(8,23) 게다가 '왕 없는 동맹'을 이끌었던 에브라임 지파가 그를 의심하자 동맹의 정신에 대한 충성심을 보인 인물이라고 한다.(8,1~3) 또한 그는 가문의 신상인 바알과 아세라 상을 부수고 야훼의 제단을 집안에 모신 신실함의 상징이라고까지 묘사되어 있다.(6,25~26) 요컨대 그는 충분히 왕이 될 수 있었으나 사심 없는 겸허한 영웅이었다는 것이다. 반면 아비멜렉은 업적도 없으면서 아비의 영웅적 공적을 도둑질한 존재다. 아비의 겸허함과는 반대로, 통치자의 오만함과 잔인함을 과시한 자라는 얘기다.

하지만 〈사사기〉 저자가 각색한 영웅전 이면에서 힐끗힐끗 보이는 역사적 정보들은 기드온에 대해서 전혀 다른 암시를 드러내고 있다. 우선 그의 집안은 자원을 과도하게 점유하고 있는 유력한 가문이다. 바알과 아세라 상을 가진 집안이라는 것은, 유다국 말기 요시야 왕정의 신학을 반영하는 〈사사기〉의 이상적인 가치와는 달리, 그의 집안이 씨족의 가장 유력한 위치를 점하고 있었다는 것을 의미한다. 그의 가문이 지역신앙의 중심이라는 얘기다. 그런데 그가 이 지역 수호신의 상을 부수고 동맹의 질서를 상징하는 야훼성소를 세웠다는 것[3]은 더

---

3 '단 한 분의 신'이라는 것은 유다 군주국 말기의 요시야 왕정의 신학이다. 반면 부족동맹 시대뿐 아니라 고대 이스라엘 사회 일반의 신앙은 다분히 범신론적이다. 이스라엘 사회의 최고신은 야훼지만, 각 부족이나 씨족은 자신들의 수호신을 섬기고 있었다. 즉 야훼가 중앙의 신이라면 지방신은

이상 씨족 차원의 권력 중심이 아니라 부족, 나아가 부족연합 차원의 중심세력임을 선언한 것이다. 이제 이 가문은 지파동맹의 헤게모니를 둘러싼 경쟁에 들어서게 된다는 것이다.

한편 그는 70명의 아들을 두었다고 한다.(8,30) 과장된 수로 보이지만, 이것은 그의 권력이 '왕 없는 사회'로서의 지파동맹의 평등 가치와는 판이하게 다른 지분을 갖추었음을 시사하고 있다. 또 미디안 족속들의 전리품 일부를 수거하여 '에봇'이라는 조각상을 만들어 가문의 상징물로 삼았다는 것은, '왕 없는 사회'를 추구했던 지파동맹의 이상과는 달리, 그가 일종의 왕 행세를 하고 있음을 암시한다.(8,24~27) 나아가 미디안 족속과의 전쟁 과정에서 제3자인 숙곳 족속과 브누엘 족속을 학살하는 모습은 잔인한 전제군주의 정복전쟁을 떠오르게 한다.(8,16~17)

그렇다면 아비멜렉의 모습과 기드온의 모습은 무엇이 다를까. 아직 왕이 없던 사회, 군주제 사회와는 달리, 권력 집중보다 평등한 공존의 가치가 더 우선이던 사회에서 이 두 부자의 모습은 그 가치의 정반대를 향한 길의 최전면에 서 있는 존재로서 마치 하나처럼 닮아 있다. 〈사사기〉의 줄거리 속에서는 아들이 아비의 다른 자식들을 학

각개 족속마다 달랐다. 그리고 족속들의 수호신과 중앙신 야훼는 서로 충돌하지 않았다. 그것을 대립적으로 본 것은 요시야 왕정신학의 관점이다.

살함으로써 아비와는 더 이상 공존할 수 없는 관계가 되었음에도 아들은 너무도 정확하게 아비의 방식대로 사람을 대함으로써 역사의 주인공이 되고자 했다.

사사시대는 대략 두 세기 정도 지속되었는데, 한국의 민주화는 고작 20년 정도의 제도화의 길을 모색했을 뿐이다. 하지만 실은 한국의 보수주의자들이 '잃어버린 10년'이라고 말하고 있듯이, 민주적 제도화를 향한 본격적인 모색은 너무도 짧은 기간에 지나지 않았다. 그럼에도 '민주화'는 그것을 열망하던 대중에 의해 기각되었다. 오늘 우리 시대 대중의 피로감의 근저에는 물론 좌절된 민주화에 대한 실망이 자리잡고 있을 것이다. 또한 지구화라는 자본의 고강도 태풍에 대한 공포의 시대에 직면해서 민주화가 대안이 아니라는 대중적 인식이 그 주된 원인임도 의심의 여지없다.

하여 너무도 빠르게 민주화 대신 '포스트민주화'의 문제가 새로운 정치적 의제로 부상하게 되었다. 한국의 민주화가 권력집중적 체제에 대한 반제로서의 성격을 가지고 있었다면, 한국의 포스트민주화 담론은 경제적 성장에 대한 강력한 열망에 크게 의존하면서 형성되었다. 그리고 그 결과로서 '실용정부'를 기치로 내건 MB 정부가 집권한 것이다.

하여 처음엔 '실용'이라는 것이 이 정권을 이해하는 화두라고 생각되기도 했다. 필경 현 정부의 주역들 역시 스스로를 규정하는 이

참신한 용어로 자기를 해석하려 했을 것이다. 한데 그것은 실제를 구성하는 데 거의 어떠한 영향력도 갖지 못하는 말장난일 뿐임이 곧바로 드러났다. MB 정부는 처음부터 '원한의 정치'에 몰두했다. '잃어버린 10년'이라는 표현이 말해주듯, 그들은 마치 민주화의 주역들이 구상했던 것 일체를 제거하는 것이 자신의 소임인양 10년간 삐거덕거렸던 빈약한 제도적 흔적들을 난폭하게 지워버리려 했다. 심지어 민주정부의 주역들은 권력형 비리의 혐의로 정치적 존재의의를 박탈당하기까지 했다.

단지 10년일 뿐인데, 근대국가체제가 형성된 식민지 체제부터 계산해도 권위주의 시대가 1990년대 말의 이른바 'IMF 국면'까지 거의 한 세기동안 계속된 것에 비하면 턱없이 짧은 기간만 반권위주의적 제도화가 그나마 삐거덕거리며 진행되었을 뿐인데, 그것이 그렇게 참을 수 없는 모욕감으로 다가왔던 모양이다. 누가 일사불란하게 지휘한 결과라기보다는 기득권집단이 도처에서 각자의 방식대로 무차별하게 원한의 정치를 벌이고 있다. 현 정부의 수많은 정치적 행동들 속에는 원한의 정치가 떼려야 뗄 수 없이 얽혀 있다는 것이다.

원한의 정치가 작동되는 동력은 '복수'다. 복수의 정서는 대화를 필요로 하지 않는다. 오직 되갚아주어야 할 것을 갑절로 되돌려주는 것이 필요하다. 도대체 그 짧은 기간이 왜 저들에게 그토록 모욕감을 주었을까. 그 빈약한 민주적 제도화의 시도가 그렇게 치명적이었을까.

이른바 저 '잃어버린 10년'간 한국의 기득권 집단은 전례 없는 비대칭적 부를 축적했다. 개발이 본격화된 1960년대 이후 빈부격차가 가장 극심해졌다. 특히 일부 재벌이나 몇몇 기업은 정부를 압도하는 권력자원을 독과점하게 되었다. 그뿐만 아니라 사회 구석구석에서 천박하든 고상하든 귀족주의적 문화는 선망의 대상이 되었다. 요컨대 이 기간 동안 잃은 것보다 얻은 것이 결코 부족하지 않았다. 그런데 원한의 정치가 잔인하게 춤을 춘다.

　　잃어버린 것이 있다면 겨우 10년간, 기나긴 권위주의 체제를 거치면서 뿌리 깊게 자리 잡은 '지배자 의식'이 다소간 훼손되었다는 것 정도다. 권위주의적 지배자들은 시혜를 베풀지언정 피지배자의 요구와 대화하면서 자원을 나눌 수 없는 존재다. 그런 지배자의 자존심이 민주화 10년 동안 약간의 상처를 받았던 것이겠다.

　　어떤 비평가는 최근 한국사회에서 파시즘의 음울한 기조가 춤을 추고 있다고 보면서, 그것은 식민지 시대 이래 계속된 파시즘적 문화가 정치적으로 활개치는 현상에 다름 아니라고 주장하였다. 요컨대 우리의 근대 역사를 아우르는, 특히 권력집단의 정신을 관류하는 '나쁜 피'가 청산되지 않으면 결코 극복될 수 없는 '역사 단절'의 위기가 우리를 위협하고 있다는 것이다.

죽음 공간에 사는 자

소비사회의 상품으로 전락한 몸들에 대한 경고

> 나는 이제 사는 것이 지겹습니다.
> 영원히 살 것도 아닌데, 제발, 나를 혼자 있게 내버려 두십시오.
> 내 나날이 허무할 따름입니다.
> —〈욥기〉 7,16

2010년 6월 30일, 또 한 명의 연예인이 자살했다. 그는 한국뿐 아니라 일본에서도 상당한 인기를 누리던, 이른바 한류스타였다. 곧바로 그의 죽음은 상품화된다. 그의 연기, 그의 노래, 그의 일거수일투족, 그의 말, 그의 몸, 그의 옷, 그와 얽혀 있는 온갖 것이 상품가치를 지녔던 시간은 이제 종료되었지만, 자신의 목숨을 제거함으로써 더 이상 소비사회의 공간 속에 소비될 육체가 사라진 시간에도 그는, 그의 죽음은 상품이 되어 소비된다.

그 이틀 후(7월 2일), 나는 대학동창인 친구 아버님의 부음 소식을 들었다. 아버님께서 안치된 장례식장에는 화환이 없었고, 같은 규격과 디자인, 같은 글꼴이 새겨진 깃발들이 죽 늘어서 있다. 고인의 대학동창들, 그가 활동했던 기관이나 회사, 고향 향우회, 자녀의 직장 등에서 보낸 깃발들이다. 해서 깃발들을 보면 고인의 이력을 조금은 짐작할 수 있다. 그 숫자가 많을수록 더욱 많은 정보를 얻을 수 있음은 물론이다.

한데 여기서 유의할 것은 깃발의 내용들은 자랑해도 될 만한 이력들로 채워져 있다는 것이다. 또한 그 숫자는 고인의 성공 정도와 비례한다. 그리고 깃발들의 위치도 서열을 지니고 있다. 요컨대 깃발들은 장례식의 죽음의례의 공간적인 장치의 하나로서, 고인을 둘러싼 경제학을 내포하고 있다. 하여 죽음의 의례는 그이가 가진 상징자본의 효용가치를 전시함으로써 그이 주변 사람들 간에 거래의 관계망을 보여준다.

한편 신문 부음기사를 연구한 한 논문에 의하면, 부음기사는 '모든' 죽음을 공지하는 미디어적 공간이 아니다. 거기에는 '특정한' 죽음들이 기억된다. 여성보다 남성이 압도적으로 많고, 사회적 권력을 상징하는 특정 대학과 특정 직업, 특정 출신지역에 편중되어 있다. 부음기사로 표상되는 죽음의 기억 양식은 권력 관계를 반영하고 있는 일종의 경제적 지표인 것이다.

어쩌면 저 자살한 연예인은 이러한 치밀한 경제의 망에서 벗어나고 싶어 자발적 죽음을 선택한 것인지도 모른다. 그를 둘러싼 경제학은 그이를 구석구석까지 상품화하였고, 이렇게 존재의 모든 부분들이 하나씩 상품으로 변모하는 과정을 따라 그를 둘러싼 거래 관계에서 벗어난 자신은 삭제되어야 했다. 존재의 자유를 상실한 자, 그런 이를 '노예'라고 부른다. 대중스타가 될수록 그는 더욱더 자본의 긴박된 노예로 전락해야 했다.

삶의 공간에서 그는 노예와 같다는 자의식에 빠졌는지도 모른다. 아팠다. 몸이 아팠고 정신이 아팠다. 완벽한 외모, 완벽한 육체로 상품화된 그의 몸이, 정신이 어느 순간부터 자신의 통제력을 벗어나기 시작했다.

그는 이런 상태를 누구에게 얘기할 수 있었을까. 그가 상품이 되어간다는 것은 그의 인간관계가 상품으로서의 그와 무관하게 엮일 수는 없다는 것을 의미한다. 해서 그가 아프다고 말하는 것을 들은 이들 누구도 타인에게 그것을 말해서는 안 된다. 그는 몸이, 정신이 아팠지만, 완벽한 몸과 정신을 가진 대중스타로서 기억될 뿐이다.

그가 죽은 뒤 한 측근이 그가 우울증에 시달렸다는 것을 털어놓았다. 그는 완벽한 상품이 아니었던 것이다. 하지만 그 우울증은 병력(病歷)으로 기록되지 않았다. 그는 아팠지만, 병원에 가지 않았거나 갔더라도 기록되지 않는 치료를 받았겠다.

프톨레마이오스 제국 치하의 예후다(유다) 자치구에서 널리 회자되던 문학작품인 〈욥기〉는 오래전부터 대중 사이에서 회자되던 전설상의 의인인 욥을 주인공으로 하는 통속소설이다. 이 소설 이전에는 어떤 학자가 쓴 대화집 형식의 철학적 시편이 있었다. 욥과 그의 세

친구가 나누는 논쟁적 대화가 운문 형식으로 되어 있다.(3,1~4,6) 이 시적 대화집에 산문으로 된 서론과 결론이 덧붙여졌는데, 대화집이 의인의 느닷없는 고난은 누구의 책임인가에 대한 치열한 신학적·철학적 사변을 담고 있는 반면, 산문 형식의 서론(1~2장)과 결론(42,7~17)은 의인에게 신이 보응한다는 권선징악의 메시지로 재구성한다. 이렇게 서론과 결론을 덧붙임으로써 〈욥기〉는 통속소설이 되었다.

소설에 반영되어 있는, 전설적 인물 욥은 부자였고 인격자였으며 하느님 앞에서 올곧은 의인이었다. 곧 그이는 당대의 모든 사람들의 롤 모델로서 기억되었던 상징적 존재였다. 많은 사람들은 그를 동일시의 대상으로 여기면서 자신을 기획했고, 필경 살아 있는 욥임을 자처한 사람들과 그들 주위의 관계망이 그 사회의 권력을 형성하고 있었을 것이다.

그런데 시적 대화집에서 욥은 인간이 누릴 수 있는 최고의 지점에서 최악의 지점으로 추락한 자다. 그럴 만한 이유가 있었던 것이 아니다. 단지 그는 하느님과 천사 사탄이 벌인 내기의 희생자일 뿐이다.

주님께서 사탄에게 말씀하셨다. "너는 내 종 욥을 잘 살펴보았느냐? 이 세상에는 그 사람만큼 흠이 없고 정직한 사람, 그렇게 하나님을 경외하며 악을 멀리하는 사람은 없다."
그러자 사탄이 주님께 아뢰었다. "욥이, 아무것도 바라는 것이 없이 하나님을 경외하겠습니까? 주님께서, 그와 그의 집과 그가 가진 모든 것을 울타리로 감싸 주시고, 그가 하는 일이면 무엇에나 복을 주셔서, 그의 소유를 온 땅에 넘치게 하지 않으셨습니까? 이제라도 주님께서 손을 드셔서, 그가 가진 모든 것을 치시면, 그는 주님 앞에서 주님을 저주할 것입니다."

주님께서 사탄에게 말씀하셨다. "그가 가진 모든 것을 다 네게 맡겨 보겠다. 다만, 그의 몸에는 손을 대지 말아라!"

그 때에 사탄이 주님 앞에서 물러갔다.

—〈욥기〉1,8~12

시적 대화집의 주인공 욥은 유례 없는 번영을 구가하던 프톨레마이오스 제국 시대에 느닷없는 절망의 나락에 내던져진 사람들을 상징한다. 당대의 지식체계를 대표하고 있던 지혜자들 대부분은, '모든 실패에는 이유가 있다'고 말했다. 신 앞에서 자신이 저지른 잘못의 대가라는 것이다. 하지만 대화집의 욥은 바로 이런 지혜의 가르침과는 다른 실패도 있다는 것을 말하고 있다.

아무튼 하루아침에 인간이 겪을 수 있는 가장 밑바닥까지 추락한 욥은 지옥 같은 삶을, 희망이라곤 흔적도 보이지 않는 절망의 나락을 매일 겪으며 살아야 했다. 몸과 정신이 갈가리 찢겨져 나갔다. 잠을 자려 해도 잠에 들 수 없다. 악몽이 그를 사로잡았고, 한 줌의 안주

할 영혼의 땅도 헤집어 버렸다.

> 내가 태어나던 날이 차라리 사라져 버렸더라면,
> "남자 아이를 배었다"고 좋아하던 그 밤도 망해 버렸더라면,
> 그 날이 어둠에 덮여서, 높은 곳에 계신 하나님께서도 그 날을 기억하지 못하셨더라면,
> 아예 그 날이 밝지도 않았더라면,
> 어둠과 사망의 그늘이 그 날을 제 것이라 하여, 검은 구름이 그 날을 덮었더라면,
> 낮을 어둠으로 덮어서, 그 날을 공포 속에 몰아넣었더라면,
> 그 밤도 흑암에 사로잡혔더라면,
> 그 밤이 아예 날 수와 달 수에도 들지 않았더라면,
> 아, 그 밤이 아무도 잉태하지 못하는 밤이었더라면,
> 아무도 기쁨의 소리를 낼 수 없는 밤이었더라면,
> 주문을 외워서 바다를 저주하는 자들이, 리워야단도 길들일 수 있는 마력을 가진 자들이, 그 날을 저주하였더라면,
> 그 밤에는 새벽 별들도 빛을 잃어서, 날이 밝기를 기다려도 밝지를 않고, 동트는 것도 볼 수 없었더라면,
> 좋았을 것을!

— 〈욥기〉 3,3~9

하지만 사람들은 그를 내버려 두지 않는다. 다가와 다그친다. 잘못을 뉘우쳐야 회생할 수 있다고, 속히 하느님의 길로 되돌아오라고. 어떤 사람들은 아예 비아냥대기도 한다. 재산만 믿고 교만하게 굴다가 저렇게 된 것 아니냐고, 언제까지 있는 척할 수 있겠느냐고. 그것 보라고, 재산을 거둬가 버리니 금세 저렇게 하느님을 저버리는 말을 지껄이고 있지 않느냐고. 하지만 그는 탄식하듯 소리친다.

차라리 숨이라도 막혀 버리면 좋겠습니다.
뼈만 앙상하게 살아 있기보다는, 차라리 죽는 것이 낫겠습니다.
나는 이제 사는 것이 지겹습니다.
영원히 살 것도 아닌데, 제발, 나를 혼자 있게 내버려 두십시오.
내 나날이 허무할 따름입니다.
사람이 무엇이라고 …… 어찌하여 아침마다 그를 찾아오셔서 순간순간 그를 시험하십니까? ……
침 꼴깍 삼키는 동안만이라도, 나를 좀 내버려 두실 수 없습니까? ……
내가 죄를 지었다고 하여 주님께서 무슨 해라도 입으십니까?
어찌하여 나를 주님의 과녁으로 삼으십니까? ……
이제 내가 숨겨 흙 속에 누우면, 주님께서 아무리 저를 찾으신다 해도, 나는 이미 없는 몸이 아닙니까?

—〈욥기〉7,15~21

불경하게도 자살을 얘기하고 있다. 하느님이 준 생명을 감히 끊어버리겠다고 참담한 말을 지껄이고 있다. 하지만 그렇다고 자살을 하는 것은 아니다. 자살이란 생각한다고 실행되는 것이 아니기 때문이다. 절망 상황에서 넋두리처럼 말한다고 자기 목숨을 끊을 수 있는 것은 아니다. 설사 실행에 옮기더라도 두려움 때문에 실패로 귀결되곤 한다.

한 연구에 의하면 자살은 '삶의 공간'과 '죽음의 공간' 사이의 거리가 급격하게 와해되는 순간 실행된다. 죽음의 공간이 더 이상 먼 곳에 있지 않다는 느낌에 사로잡히는 순간 자살을 실행할 수 있다는 것이다. 대개의 사람들은 우울증이나 약물에 의한 환각에 빠질 때 그런 순간을 체감한다. 위대한 사람들은 타인의 극한적 고통을 자기의 것으로 내재화할 때 그것을 느낀다고 한다.

욥이 그런 자살 충동에 사로잡혔는지는 알 수 없다. 대화집에서 그는 자살하지 않았으니, 그런 충동이 없었거나 있었더라도 실행에 옮기는 것을 억제할 수 있었다고 억지 추정할 수는 있겠다.

하지만 욥은 '삶의 공간'을 저주하며, 차라기 죽기를 바라는 모습을 숨기지 않고 있다. 그는 살았지만 산 것이 아니고, 살아갈 것에 대한 욕망도 기대도 없다. 그는 마치 무덤가를 배회하는 거라사의 광인처럼, '죽음 공간'에서 사는 자다.

다시 자살한 그 연예인 얘기로 돌아가보자. 그는 많은 것을 얻은 행운아이지만, 메피스토펠레스와 계약을 맺은 파우스트처럼, 성공을 대가로 자기 존재를 상품으로 전락시키고 만다. 해서 그는 죽음 같은 존재가 되고, 그로 인한 병중에 시달리게 되는 것이다.

아파서, 너무나 아파서, 마지막까지 인습적 질서와 논쟁하고 있던 욥과는 달리, 모든 것을 포기한 채 몸이, 정신이 붕괴되고 만다. 그리고 어느 순간 자기 통제력을 상실한 또 다른 자기를 체험한다. 죽음 충동이다. 아마도 그는 이렇게 죽음을 맞이했을지도 모른다.

그렇다면 그의 죽음은, 자발적 자기 파괴는, 유서도 남길 여유도 없이 죽음의 공간으로 영원한 여행을 떠난 돌이킬 수 없는 일탈 행위는, 소비사회의 상품으로 전락한 몸들에 대한 경고의 몸짓일지도 모른다. 육체가 상품이 됨으로써 점점 자아 파괴를 체감하고, 서서히 죽음의 공간 속으로 스스로를 유폐시켜가는 이들에게, 곧 죽음 공간에서 사는 모든 이들에게, 그의 죽음은 메피스토펠레스와의 계약 해지를 권고하는 예언자의 메시지로 남아 있을지도 모른다.

밤의 발견, 세계화에 맞서다

주님의 말씀 묵상하다가, 뜬눈으로 밤을 지새웁니다.
— 〈시편〉 119,148

방 하나에 다섯 식구가 옹기종기 모여 잠을 잔다. 별로 없는 일이지만 소변이 급하면 난감한 일이다. 캄캄한 밤에 현관 밖으로 나가 대문 오른편 좁은 길을 따라 창고 옆 변소로 가는 건 여간 무서운 일이 아니다. 해서 그 반대편 안뜰 수돗가로 가서 실례를 하곤 했다. 세 가구가 바짝 붙어 마주 보는 한가운데 있는 수돗가에서 소리 없이 일을 보는 것도 굉장한 기술이 필요했다

　　근데 어려움은 그것만이 아니다. 어른이 대자로 누워 양팔을 벌리면 이 끝에서 저 끝이 닿는 비좁은 방에 다섯 식구가 칼잠을 자고 있으니, 잠시 나갔다 돌아오면 누울 자리는 이미 사라져버리기 때문이다. 결국 마루로 나가 오돌돌 떨며 잠을 자야 했다. 아니 거기까지는 걱정할 것도 아니다. 자리에서 일어나 누군가를 밟지 않고 밖으로 나가기

란 거의 불가능했다. 틈도 없는 데다 캄캄했기에 발 디딜 곳을 찾아내기란 너무나 어려운 일이었다.

어린 시절의 얘기다. 문득 그런 곳에서 밤은 잠자는 것 외에 무엇을 할 수 있는 시간이었을까 궁금해진다. 통행금지[1] 시간에 대문 밖을 나가서는 안 되었고, 마당은 여러 가구가 살고 있는 공간 한가운데라 작은 소음도 조심스러웠다. 방에 앉아 책을 읽는 것도 불가능했다. 전깃불을 켜면 나머지 네 식구가 잠을 설쳐야 한다. 물론 앉아 있을 틈도 없었다.

원고를 쓰면서 숱한 밤을 지새우는 지금의 내가 얼마나 호사를 누리고 있는지 모르겠다. 책을 읽는 것만으로도 예전엔 상상도 못할 만큼의 자기만의 공간이 필요한 일인데, 글을 쓰자면 더 큰 나만의 공간이 필요하다. 컴퓨터 앞에 앉아 있는 내 주위에는 책과 프린트물이 켜켜이 쌓여 포위하고 있다. 또 그 바깥 주위에는 책장들이 둘러싸고 있다. 하나의 책이 아니라 많은 문서들로 둘러싸여 있는 것이다. 게다가 컴퓨터와 외장하드 속에 들어 있는 문서들 십여 개가 모니터에 창으로 떠 있고, 수도 없이 인터넷 속의 정보들을 찾아가며 글을 읽어낸다. 이렇게 디지털 가상공간까지도 차지하고서야 글쓰기는 가능하다.

---

1 야간통행금지는 1945년 실시된 이래 계속되다가, 1982년 1월 5일 안보치안상의 특수지역으로 분류된 곳들을 제외한 전 지역에서 해지되었다.

더 옛날, 아주 먼 옛날, 아마도 기원전 3세기경 예루살렘의 지식인들은 어땠을까? 119편은 〈시편〉의 150개 중 가장 긴 장편시로 무려 176개 절로 구성되어 있다. 어느 날 이 시편을 읽어 내려가다 문득, 밤새도록 주님의 말씀을 읽고 있다는 이 시의 주인공에 관한 상상에 빠진다.

이 긴 시편의 거의 모든 구절에서 그가 읽고 있는 책의 정체를 추정할 수 있게 하는 묘사들이 있다. '주님의 말씀'(26회) '주님의 법도' (18회) '주님의 계명'(20회) '주님의 증거'(17회) '주님의 율례'(23회) 등등. 많은 학자들은 이것이 '토라'가 아닐까 추측한다. 말씀, 법도, 계명, 증거, 율례 등으로 불릴 만한 책은 토라 외에 다른 상상을 허용하지 않기 때문이다.

느헤미야와 에스라 이후, 그러니까 페르시아 제국의 식민지이던 기원전 5세기 중반 이후 예후다(유다) 지역이 사실상의 정치적 자치구로 인정받게 된 뒤 더디지만 다시 문헌들이 제작되기 시작했다. 그리고 페르시아 말기에 오면 전보다는 좀 더 활발하게 문헌 편찬작업이 진행되고 있었다. 그러나 토라나 신명기적 역사서, 그리고 예언집 등, 현재의 제1성서(구약성서)의 주요 부분은 헬레니즘 제국 시대[2] 초기에

---

2 페르시아 제국이 팔레스티나를 지배하고 있던 시기는 기원전 539~332년까지였고, 이후 알렉산드로스의 마케도니아가 지배했고, 프톨레마이오스 제국은 기원전 301~198년까지, 셀류커스 제국은 기원전 198~142년까지 팔레스티나를 통치했다.

와서야 어느 정도 편찬이 완료되었던 것 같다. 그러니까 기원전 331년 페르시아 제국을 멸망시킨 알렉산드로스 이후, 그의 휘하 장군들이 몇 개 나라를 건국하여 서로 경쟁하던 시대가 시작할 무렵 제1성서의 초기 판본이 편찬된 것이다.

특히 알렉산드로스의 휘하 장군이었던 프톨레마이오스는 기원전 304년에 이집트에 제국을 세웠고 그 몇 년 후부터 1백년 이상 팔레스티나를 장악하였는데, 바로 이 제국의 초기에 성서의 초기 편찬물이 제작되었고 또 여러 문서들이 저술되었다.

프톨레마이오스 제국은 국가가 주도한 해상무역을 전례 없이 확장시켰는데, 이러한 국제무역은 당시 국제적 공용어인 헬라어를 사용하는 이들의 역할을 크게 증대시켰다. 특히 그들은 거래를 성사시키는 언어 능력, 수량을 계산하는 수리 능력, 거래명세서 작성 능력, 그리고 항해를 위한 별자리 해석 능력 등을 고루 갖춘 전문집단으로 성장했다. 또한 이러한 국제무역을 관장하고 식민지 각 지역의 수탈을 체계화하는 국가기록체계를 발전시킴으로써 공무행정을 담당하는 서기관들도 크게 늘었다.

한편 수도 알렉산드리아에 도서관이 건립되었다. 그 장서의 수를 전승에 따라 50여만 권이라고도 하고 70만 권[3]이라고도 하는데,

---

3 서기 2세기의 문헌학자 아울루스 겔리우스(Aulus Gellius)와 4세기의 역사학자 암미아누스

어느 경우든 전례 없는 초대형 도서관임에는 틀림없다. 황실이 임명한 문서수집관은 수단방법을 가리지 않고 무수히 강탈과 무단복제를 해 댔지만, 동시에 대대적으로 책을 구입한 것도 사실이다.

이러한 상황은 알렉산드리아뿐 아니라 지중해 곳곳에 민간 필사자의 수요를 크게 증대시켰다. 이들은 점차로 단순한 필사 역할만 수행한 것이 아니라, 민간 영역에서 글을 활용하는 다양한 직업을 만들어냈다. 그리고 그러한 능력을 갖춘 이들을 양성하는 교육인프라가 잘 구축되게 된다.

문서들이 왕실이나 정부관서만이 아닌 다양한 곳에서 생산·유통되던 시기, 그것이 가능하게 된 시기에 세상은 그것으로 인해 어떤 영향을 받게 되었을까. 말했듯이, 글을 읽고 쓰는 전문가집단이 많아졌고, 그들이 사회의 다양한 곳에서 활약을 하게 되었다. 가령, 재판시 기록관 외에도, 변호사, 편지대필자, 각종 학교의 교사, 점술가로서 일하는 서기관도 적지 않았다. 그리고 서기관 중 고급지식인, 즉 대중과 멀지 않지만 고급지식을 활용할 능력의 사람, 오늘날의 표현으로 하면 '학자'가 바로 이 시기에 등장하게 된다.

흥미로운 것은 문서가 대중문화와 접하면서 등장하게 됨으

마르켈리우스(Ammianus Marcellinus)는 이 도서관의 장서가 70만 권에 달했다고 주장했고, 12세기 비잔틴 시대의 학자 요하네스 트제트제스(Johannes Tzetzes)는 500여만 권이라고 말했다.

로써, 글 자체가 어떤 신성한 인격체처럼 사람들의 삶에 끼어들기도 하였다는 것이다. 우리의 무속전통에서 부적(符籍)이 그런 예다. 부적의 상당수는 그림이 아니라 글자로 되어 있는데, 그것은 문자와 문서가 마치 신성한 능력을 가진 존재처럼 여겨지던 시대의 산물이다. 그런 생각이 〈요한복음〉 1,1 "태초에 '말씀'이 계셨다. 그 '말씀'은 하나님과 함께 계셨다. 그 '말씀'은 하나님이셨다"라는 구절에서 엿보인다. 여기서 '말씀'으로 번역된 '로고스'(logos)라는 그리스어는 진리를 함축하는 '낱말'의 힘에 관한 뉘앙스를 담고 있는 어휘다. 또 유교문화권에서 문설주나 대문 같은 데 글을 쓰면 그 글자의 내용과 같은 신령한 힘이 그 집을 아우르게 될 것이라는 관습도 글의 신령스러움에 관한 또 다른 예다. 맹세할 때도 글로 남겨두면 목숨을 걸고라도 지켜야 하는 것이 된다. 바로 이 시편의 시기가 그랬다.

더욱이 그런 신령한 문자들의 모음집, 그 내용이 주님의 율법이라고 해석된 책, 바로 토라는 우리가 상상하는 것 이상의 무게로 사람들에게 다가왔다. 이 시편에 150회가량 사용된 그 문서, 말할 때마다 그것에 의존해서 말하고, 그것에 의존해서 하느님의 심판과 축복을 논하는 책, 토라가 아니고서야 그런 신령함을 가진 것은 아마도 없을 것이다.

그런데 그가 밤을 새며 책을 읽고 있다. 글이 주로 사람들 앞에서 낭송함으로써 읽기가 수행되던 시절이다. 우리나라 선비들이 골방에서 혼자 글을 읽을 때 약간의 음률을 붙여서 읽는 것은 바로 이런 낭송 문화가 지배적인 독서법이던 시절의 풍경이다. 이런 문화에선 글이 쓰일 때 이미 음률이 붙여진다. 가령 우리 시에서 7·5조니, 4·4조니 하는 것이 그렇다. 또 히브리에서는 시구의 첫 단어를 히브리어 알파벳순으로 이어지게 하는 방식이 사용되곤 했다. 이런 시대에 글 읽기는 곧 노래였고, 글쟁이는 작곡가이기도 했다.

이 글 서두에 인용한 구절을 보자. 여기서 저자는 주의 말씀을 '시아흐'(*siyach*)하고 있다. 우리말 성서가 '묵상하다'라고 번역한 그 어휘다. 그는 속으로 읽으면서 내용을 묵상하고 있는 것이다. 낭송하며 읽는 행위보다 묵독하는 행위는 더 깊고 더 풍부한 내면의 대화를 낳는다. 바로 여기서 저자는 그런 읽기를 하고 있는 것이다. 토라는 이제 묵독하는 책이 되었다. 토라를 통해, 글을 통해, 문자를 통해 사람과 만나게 된 신, 그이는 이제 사람의 생각 안으로 들어와서 그이의 내면에서 그와 대화를 나눈다. 신앙은 이제 '내면의 종교'로서 탄생하게 된 것이다.

그는 묵독을 하는 사람이다. 글을 읽을 수 있고, 낭송이 아닌 묵독으로 읽으며, 글을 읽을 수 있는 자기만의 방을 가지고 있고, 그 방에서 밤새 불을 켜고 책을 읽는다. 고대사회에서 이것은 학자의 특별한 능력에 속한다. 그는 학자인 것이다.

한 학자가 불면의 밤을 보내는 이유는 단지 주의 말씀을 사모함 때문만이 아니다. 그는 심각한 위기 상황에 놓여 있다. 그는 누군가에 의해 곤욕을 치르고 있다. 재판에 회부되어 있는지도 모르겠다. 누군가가 그를 조롱하고(51절) 명예를 훼손하고 있다.(69절) 또 구속되기까지 했다(61절) 해서 그는 주의 말씀을 향해 절규한다. 나의 변호사가 되어달라고 말이다.(154절) 그것이 얼마나 혹독했는지 그는 저들로 인해 '거의 죽게 되었다'고 말한다.(87절)

도대체 그의 적은 누구일까. 누가 그이처럼 학식 있는 이를, 그만큼 권위를 가진 이를 함부로 하고 모욕하며 기소하고 구금까지 했을까. 저자에 의하면 저들은 '오만한 자들'(21·69·78·122절), 곧 권력자들이고, '하느님의 법을 지키지 않는 자들'(136절)이다. 아마도 그런 자들은 예후다(유다) 사회를 식민화하고 있던 제국에 의존해서 나라를 좌지우지하는 사람들일 것이다.

당시 예루살렘의 권력 최상층부 인사들은 이집트의 프톨레마이오스 제국과 시리아의 셀류코스 제국 사이에서 줄다리기하며 권력게임을 벌이고 있었다. 물론 그들은 저자가 말하듯이 '배신자'라고 단순히 폄하(158절)할 대상은 아닐 수 있다. 그들은 예루살렘을 국제도시로 만들고 싶어 했던 자들이다. 또 하나의 알렉산드리아나 안디옥이 되면 폴리스 간의 국제무역에서 특혜를 얻을 수 있었던 것이다. 그러면 예루살렘도 화폐경제가 활발해질 것이고, 인근 국가들 못지않은 국력을 가진 나라가 될지도 모르기 때문이다. 적어도 그들은 그렇다고 믿고 있었다. 더구나 도시 안에 청년 훈련소와 경기장을 건설함으로써(〈마카베오2서〉 4,7~10) 국제감각을 익힌 인재를 양성해야 한다고 주장한 이들이다.

이들의 생각은 상당한 설득력이 있다. 그리고 그 설득력은 그네들의 권력 장악과 긴밀히 결부되어 있었기에 그들 간의 싸움은 명분이 있었고 그만큼 치열했다. 그리고 그런 권력게임의 어느 편에도 가담하지 않고 국제화 전략에 반대했던 〈시편〉 119편의 저자 같은 이들이 국수주의자로 비난을 받았고, 어떤 명분으로든 기소되고 처벌되기까지 했던 것으로 보인다.

그가 밤새도록 주의 말씀을 묵독하게 했던 것은 그런 내막을 갖고 있는지도 모른다. 한데 그 시인이 꿰뚫어 보았는지는 알 수 없지만, 이런 국가발전프로젝트는 많은 예후다 지방의 농민을 몰락하게 했고, 도시의 빈민으로 전락하게 했다. 곧 그것은 '저들만의 세계화'였던 것이다. 시인은, 시인의 밤샘은, 그의 의도였는지는 알 수 없어도, 그러한 세계화에 맞선 지식인이 되게 했던 것이다.

우리 사회는 인적 자원에 대한 남다른 집착을 가진 사회다. 그 사회의 교육을 담당하는 정부부처 명칭이던 문교부(1948년) 또는 교육부(1990년)가 참여정부 시절(2001년) '교육인적자원부'로 개칭되었다가 MB 정부 시절(2008년) 과학기술부와 통합되어 '교육과학기술부'로 발족되었다. 그리고 박근혜 정부는 교육과학기술부를 '교육부'로 개칭했

다.(2013년)

　　참여정부 때부터 교육부서 명칭 변경의 이면에는 세계화 시대에 대응하여 신자유주의적 지식기반사회에 부합한 인재 양성이라는 교육 목적이 반영되어 있다. 그리고 박근혜 정부가 '교육부'로 명칭을 환원시킨 것은 MB 정부가 교육부서에 통합시킨 과학기술부를 미래창조과학부로 변경·독립시키기 위한 조치였지, 신자유주의적 교육 목적이 폐기된 것은 아니다. 이렇게 이 명칭의 역사 속에는 2천 년대 이후 정부가 일관되게 추구하는 신자유주의적 지향이 함축되어 있다. 물론 그 이면에는 국가의 적극적인 법적·정치적 조치들이 수반된다.

　　문제는 이러한 변화가 놓치고 있는 것이 있다는 점이다. 그것은 신자유주의적 세계화가 담고 있는 양극화, 그리고 그 실패자에 대한 냉혹함을 문제제기하지 않는 아니 무관심한 '인재'의 탄생에 관한 것이다. 그런 지식체계에 저항하는 이들은 온갖 불이익을 받는다. 바로 이런 이들이 오늘로 환생한 〈시편〉 119편의 시인이다. 한데 성서는 그런 시인의 시각에서 세계화를 바라본다. 그리고 거기에 맞짱 뜨고 있다.

악마와 이웃
로버트 박 방북사건에 대하여

> 이스라엘 자손은 모든 이방 사람과 관계를 끊었다.
> 그들은 제자리에 선 채로 자신들의 허물과 조상의 죄를 자백하였다.
> —〈느헤미야기〉9,2

방북사건, 하나의 해프닝

2009년 12월 24일, 로버트 박이라는 한국계 미국인이 북한의 인권개선을 부르짖으며 항의방북을 단행했다. 당시 그는 28세의 청년이고 독실한 개신교 신자이며 특정 기관에서 파송되지 않은 독립 선교사로서, 멕시코 노숙인들을 돌보는 사역에 참여하는 등 사회적 약자에 관한 남다른 호혜적 의지를 가진 인물이다. 그런데 그가 탈북자 문제로 관심이 옮겨가 중국에서 탈북자를 돕는 활동에 참여했고, 급기야는 북한의 인권유린을 문제시하면서 입북을 단행한 것이다.

입북 당시 그는 김정일을 비롯한 북한 지도자들에게 보내는 서신을 소지하고 있었는데, 거기에는 "죽어가는 북한 인민들을 살릴 식량, 의약품, 생필품 등과 살기 위해 몸부림치는 사람들을 도와줄 물품들을 가지고 들어갈 수 있도록 국경의 문을 열어주십시오. 그리고 모든 정치범 수용소를 폐쇄시키고 정치범들을 석방해주시기 바랍니다. 그래서 각종 고문과 상처 입은 사람들을 치유하고 도와줄 사역팀이 들어갈 수 있도록 허락해주시기 바랍니다'라는 내용의 요구가 담겨 있다.

동시에 그는 한국을 포함해서, 북한과 연관을 맺고 있는 세계의 여러 나라나 국제기구 지도자들을 향한 서신을 타전했는데, 거기에는 김정일 정권에 의해 자행된 강제구금, 강간, 고문, 처형 등에 관해 고발하고 국제사회의 즉각적인 개입을 촉구하고 있다.

필경 그는 북한 인민의 고통의 심각성에 관해 누구보다도 긴박한 위기의식에 휩싸여 있었던 것으로 보인다. 그럼에도 한국과 미국을 포함한 전 세계의 지도자들이 방관하고 있다는 것에 견딜 수 없이 고통스러웠던 모양이다. 하여 그는 목숨을 걸고 혈혈단신 입북을 감행한 것이겠다.

물론 그는 곧바로 체포되었다. 북한 인권을 다루는 세계 100여 개 단체 간 네트워크 조직인 '자유와 생명 2009'는 발 빠르게 움직였다. 그의 입북 경로와 그가 남긴 서신 등을 세계 각국의 기자들에게 배포함으로써, 박 씨의 입북은 이 단체와 사전 협의한 것임이 드러났다. 이어 이 단체는 뉴욕과 도쿄, 그리고 남아프리카공화국의 북한대사관 앞에서 북한 인권개선을 위한 집회 계획을 발표하였다. 또한 2010년 1

월 12일에는 임진각에서 인권문제를 해소하라는 성명서 4천 장과 과자를 매단, '로버트 박 풍선'이라고 명명한 풍선 2개를 북으로 날려 보냈다. 그리고 얼마 후 서울에서 로버트 박의 무사귀환과 인권유린의 중단을 촉구하는 대규모 집회 계획을 공고했다.

그해 2월 25일로 공고된 집회는 무산되었다. 로버트 박이 2월 5일 석방되어 미국에 인도된 것이다. 43일 만이다. 그사이에 어떤 일이 있었는지는 알 수 없다. 그 하루 전날, 북한 중앙통신에 의하면, 그가 자신의 과오와 무지를 사과하고 속죄하는 기자회견을 열었다고 한다. 석방 이후 그는 아무런 말도 하지 않았다. 방북 시 목숨을 건 소명의식에 불타 있던 야무진 표정은 온데간데없고 무표정한 얼굴만이 기자들의 카메라에 포착되었다. 목적의식을 상실한, 마치 혼란에 빠진 사람 같기도 했고, 어쩌면 감당할 수 없는 심적 고통에 무기력해진 나약한 지식인의 모습 같기도 했다.

아무튼 이렇게 해서 로버트 박의 입북으로 인해 벌어진 소동은 해프닝으로 끝나버렸다. 아무것도 변한 것은 없었고, 아무런 변화의 조짐도 없다. 북한은 북한대로, 반북 인권단체들은 그들대로, 그리고 불타는 열정이 한순간 모두 소진되어버린 한 청년의 소식은 우리의 시야에서 사라져버렸다.

북한인권법

그해 2월 11일, 국회 외교통상통일위원회가 '북한인권법'을 통과시켜 본회의에 상정했다. 그 골자는 통일부 산하에 북한인권자문위원회를 설치하고, 외교통상부에서는 북한 인권대사를 두며, 북한인권재단을 통일부 산하에 두어 북한의 인권침해 사례를 수집 조사하여 매 3년마다 북한인권기본계획을 수립하게 한다는 것 등으로 이루어져 있다.

　　　만약 이 법안이 본회의를 통과하게 된다면 한국은 북한인권법을 제정한 세 번째 국가가 된다. 미국은 지난 2004년 고강도의 신냉전주의 정책을 추구했던 부시 정부하에서 북한인권법을 제정하였고, 일본은 2006년, 납치 문제가 한참 불거졌던 때 이 법을 제정하였다. 두 나라는 모두 대북관계가 극도로 악화된 상황에서 대북압박카드로 사용하기 위해 이 법안을 제정한 것으로 평가된다. 실제로 양국의 북한인권법은 북한의 인권상황 개선에 거의 기여하지 못했다. 한데 미국과 일본의 정부가 바뀌고, 이 두 나라가 북한과의 관계개선을 통해 북한의 개방과 인권개선을 모색하는 것으로 대북외교의 기조가 변화하고 있는 시점에서, 남한의 정부와 여당은 북한인권법을 제정하고자 했다.

　　　여기서 국민의정부(김대중 정권)와 참여정부(노무현 정권)의 대북유화정책이 MB 정부 이후 현저히 후퇴하였음은 주지의 사실이다. 국가의 식량지원은 사실상 중지되었고, 민간 차원의 지원도 심한 제약을 받고 있는 상황이다. 그리고 북한의 식량상황은 더욱 심각한 사정에 있으며, 북한 붕괴론이 유령처럼 떠돌고 있다. 요컨대 세 나라의 북한 인권법은 공통점을 갖고 있는데, 모두 북한의 인권개선에는 전혀 영향을 미치지 못했거나 그럴 것이 예상되고, 대북관계를 더욱 냉전적 관계로 만드는 데 기여했다는/할 것이라는 점이다. 이런 상황에서 외교상의 압박수단으로 이 법안이 활용되었거나 그럴 것이 예상된다는 공통점이 있다.

한데 남한의 경우, 북한인권법은 그 이상의 효과를 함축하고 있다. 이제까지 남한에서 대북지원을 수행한 비정부기구(NGO)들은 대체로 현 정부에 대해 비판적인 경향이 있다. 한데 북한인권법이 실효되면 이들 단체들의 대북지원사업은 대단히 심각한 제약을 받게 될 것이 확실해 보인다. 또한 북한인권을 주장하던 단체들, 특히 개신교계 교회나 단체들은 대체로 냉전주의적 가치를 추구하고 있으며 MB 정부에 대해 우호적인 경향이 있는데, 이들 단체들은 정부에 의해 적지 않은 지원을 받게 될 것이 예측된다. 하여 이들 단체들의 사회적 영향력과 발언권은 더욱 강화될 가능성이 크다.[1]

또한 용산사건에서 보듯 국내의 인권상황이 급속도로 악화

---

1 결과적으로 이 법안은 MB 정부 시기인 18대국회 본의회 통과를 하지 못했다. 그리고 박근혜 정부 때에 다시 상정되었으나 이번에도 야당과의 문구조정에 실패함으로써 다시 무산되었다.

되고 있는 추세에 있는데 북한인권법이 제정된다는 사실은 불온한 함의를 지닐 수 있다는 점에 주목하게 된다. 보다 열악한 북한인권의 문제를 정부가 주도함으로써 내부의 인권문제가 희석화될 소지가 다분하다는 것이다.

순진한 예언자적 모험주의

다시 로버트 박의 이야기로 돌아가보자. 한 폐쇄적 사회에서 벌어지는 참혹한 인권문제를 가슴 아파하고, 심지어 자기 목숨을 걸면서까지 항의를 표하는 선교사적 영성은, 적어도 그 뜻과 동기의 측면에서는, 숭고하다. 그런데 그가 북한 국경을 넘어서자마자 교회를 포함한 극우인권단체들과 각국 정부들은 인권문제를 왜곡된 체제의 문제와 연동시켰고, 북한 정부는 순진한 청년의 눈과 귀를 봉쇄한 자본주의사회의 위선을 강조하였다. 주장은 다르지만 모두 인권의 문제를 이데올로기적으로 재해석하고 있다는 점에서는 별반 다르지 않다. 물론 양측의 상호비난은 어느 정도 사실을 담고 있기도 하다. 그러나 문제는 그런 공방이 북한의 인권개선에는 아무런 영향을 미치지 못한다는 사실이다. 단지 미국과 북한, 일본과 북한, 서방과 북한, 남한과 북한 간의 냉전적 대립만 강화시킬 우려를 낳았을 뿐이다.

그런 점에서 로버트 박의 선교사적 영성은 위험하다. 그의 순수함, 아니 천진함은 세계의 냉전적 관계를 고조시키고 양측의 냉전주의자들의 세력을 강화시킬 우려가 있다. 북한 인민이 겪고 있을 참혹함은 이러한 냉전주의자들의 체제 아래에서는 거의 개선될 가능성이 없다.

　　그런데 로버트 박의 열정적이고 순진한 선교사적 영성은 단순히 그가 그런 성격의 사람이라는 사실로 환원될 수 없다. 아니 미국 그리스도교는 그러한 열정으로 가득한 선교사를 양산하는 신앙제도를 가지고 있다. 인권에 관심을 두든 복음화에 관심을 두든, 그 차이는 별반 다르지 않다. 양자는 모두 자기가 소명받았다고 생각하는 선교지를 어둠의 세계로 보며, 선교를 밝음의 공간에서 어둠의 공간으로 들어가, 어둠을 밝음으로 개조하는 것으로 이해한다. 이러한 이분법은 세계를 단순한 것으로 오인한다. 하여 그의 행동은 천진하다. 그런데 그러한 천진성은 신앙제도에 의해 '순수함'으로 승화되어 해석되고, 권력은 이것을 이데올로기적 도구로 활용한다.

　　나는 한국의 그리스도교도 그런 점에서 미국의 전철을 밟고 있다는 점을 문제제기하고자 한다. 아니 미국사회나 미국교회보다 좀 더 심한 반지성주의적 열정에 사로잡힌 한국사회와 교회는 그런 우려를 더욱 진하게 담고 있다. 종교권력과 국가, 그리고 시민사회의 권력(자본의 권력, 문화권력 등)은 열정에 불타는 천진한 예언자들의 모험주의를 언제든지 도구화하여 자신의 권력 자원으로 활용하고 있다. 저 천진한 예언자들의 이분법적 세계는 권력의 속성과 너무나 어울리는 사유

틀이기 때문이다.

　나는 이 글에서, 순교를 두려워하지 않는 선교사 혹은 예언자적 영성이 대중의 영혼을 사로잡고 있을 때 그것을 도구화하여 권력의 자원으로 활용하는 성서 속의 한 사례를 이야기하면서 얘기를 마무리하고자 한다.

"이웃은 적이다" – 느헤미야와 에스라의 정치

느헤미야 총독이 부임한 이래 예후다(유다) 지방은 인구가 급증했다. 그가 성벽을 건설함으로써 예루살렘 도성의 규모도 확장되었다. 더 이상 예후다는 팔레스티나의 극빈 지역이 아니다. 이제 누구도 무시할 수 없는 어엿한 정치세력으로 부상한 것이다.

　페르시아 제국이 그리스와 전쟁[2]을 벌이느라 제국의 서부 국경지역에 많은 요새와 도로들이 건설되었고, 그 와중에 지중해 무역이 활발해짐으로써 많은 도시들이 기회를 얻었다. 특히 서부 해안 지역은 일종의 전쟁특수를 누린 셈이다. 반면 예루살렘은 오랫동안 그러한 기회에서 뒤져 있었는데, 느헤미야 시대에 와서야 뒤늦게 성공대열에 뛰

2　이 전쟁을 역사학자들을 (그리스–)페르시아 전쟁이라고 부르는데, 기원전 499년부터 450년까지 몇 차례에 걸친 페르시아의 대규모 침공으로 일어난 전쟁이다.

어든 것이다. 그것은 아마도 이 유능한 정치인이 주도하여 건설하는 데 성공한 예루살렘 성벽 수축공사가 바로 페르시아의 대(對)그리스 방어 요새의 하나였던 덕일 것이다.[3]

그런데 우리는 그가 예루살렘에서 정적을 제거하는 방식에 주목하게 된다. 그는 페르시아 황제의 명을 받고 부임한 사람이었기에 그의 집권은 예루살렘에 정착해 있던 구지배세력에 비해 불리한 점이 많았다. 한데 그는 느닷없이 성전 귀빈실에 기거하던 암몬의 토호 도비야를 축출한다.(〈느헤미야기〉 13,5~9) 또 사마리아의 통치자인 산발랏과 사돈관계를 맺고 있던 대사제 엘리아십 집안을 축출한다.(13,28~31) 요컨대 인근 정치세력과 연대하면서 유지해왔던 구지배세력을 제거하기 시작한 것이다.

이것은 그의 권력을 안정화하는 데 매우 중요한 요소다. 토착 집단에 비해 지역기반이 부족했지만, 과거 제국의 수도에서 황제가 신뢰한 관료였던 그는 그것을 십분 활용하여 정적을 제거한 것이다. 그가 적대시하는 집단은 제국황실에게는 친그리스파로 해석될 여지가 많았던 자들이다. 내부의 권력을 공고히 하기 위해 외부의 대상을 적으

---

3 그리스 군의 침공을 방어하려는 요새가 아니다. 그것은 페르시아–그리스 간의 전쟁을 기회삼아 독립을 꿈꾸었던 서부 지역 식민지들에서 반란이 일어나곤 했기에, 그것을 예방하기 위해 건설된 요새다. 이들 식민국들은 이 전쟁에서 그리스의 승리를 기대하면서 반란을 일으켰다는 점에서, 일종의 비명시적인 그리스 동맹국이라고 해도 과언이 아니다. 적어도 페르시아 제국은 그렇게 보았다. 그런 점에서 느헤미야가 수축한 성벽은 페르시아 제국의 이해와 맞닿아 있었다.

로 규정짓고, 그 외부와 연계된 내부의 정적을 제거하는 데 활용한 것이다. 그 결과 그는 체제의 안정과 발전의 기수가 된다. 하지만 그 과정에서 '사마리아'라는 적이 발명되었다. 바야흐로 유다-사마리아 분단의 역사가 시작된 것이다.[4]

　　느헤미야가 임기를 마치고 돌아간 이후 얼마 안 되어 에스라가 파견되어 온다. 그 역시 제국황제가 파송한 인물이지만, 총독으로 부임한 것은 아니었음이 분명하다. 그의 직위와 직무가 무엇인지 알 길은 없지만, 〈느헤미야기〉 8,1부터 시작되는, 예루살렘 성의 수문(Water Gate) 앞 광장에서 시작된 율법낭독과 회개의 집회는 의미심장한 사건이었다. 율법공동체를 선포하는 그의 긴 연설이 내포한 중대한 실천은, 이 글 서두에 인용한 구절 〈느헤미야기〉 9,2에서 보이듯, 이웃족속과의 혼인관계 해체에 초점이 있었다.

　　제국황실에서 황제를 보좌하던 이력의 인물 에스라가 천진한 예언자일 가능성은 없지만, 예후다 백성은 그를 하느님의 영에 사로

4 　유다와 사마리아 족속 간의 갈등은 기원적 10세기 군주국 시대부터 계속된 것이지만, 사마리아 중심의 이스라엘국이 멸망한 이후 요시야 왕실은 이스라엘국 유민들을 대거 수용하는 적극적 이민자 수용정책을 취했을 뿐 아니라 북방영토 병합을 추구했다. 그런 맥락에서 요시야 왕실 서기관들은 이스라엘국과 유다국의 부족들 간의 동질성을 강조하는 사료 편찬 작업에 돌입하였다. 불행히도 요시야 개혁은 성공하지 못했지만, 이러한 종족 간 동화 작업은 상당한 성과가 있었다. 하여 팔레스티나의 야훼계 부족들 간의 동족의식은 모든 이스라엘-유다 백성에게 공유되었다. 한데 느헤미야의 정책은 그러한 동족의식에 균열을 내어, 마치 한반도처럼, 동족임에도 서로 적대적으로 반목하는 관계로 만들어버렸다.

잡힌 '순수한 열정'의 사람으로 보았던 것 같다. 하여 대중은 그에게 열광했고, 그 앞에서 회개하고 충성을 다짐하며 순수한 열정의 행동을 감행하겠다고 결단한다.

이웃족속과의 단절은 느헤미야가 시작한 것이지만, 그는 귀족 일부의 혼인관계를 문제시한 것에 그친다. 하지만 에스라는 이를 예후다 공동체 전체의 강령으로 확대해석하고 있다. 공동체 내에 이미 결혼한 사람들과 그 자녀들 모두가 해체의 대상이 된다. 그리고 그것은 대중의 자발적이고 적극적인 행동으로 이어졌고, 대단히 폭력적으로 진행되었다.

느헤미야에게 '이웃'은 친그리스파로 낙인찍히는 존재가 되었다면, 에스라에게 '이웃'은 죄와 벌을 가져다준 부정한 존재들이고, 그런 점에서 '악마의 자녀들'이었다. 하여 전자는 제국 황제의 심판대에 놓이게 되지만, 후자는 하느님의 심판의 대상이 된다. 그렇게 함으로써 이 두 인물은 공히 그 사회를 이끌어가는 주역이 된다. 느헤미야가 씨를 뿌린 사마리아라는 적에 관한 논리는 이렇게 탄생했고 발전하게 된 것이다.

랑페르, 이웃 없는 세계

이웃을 적으로 만들고 그 적과의 전쟁에 대중을 동원하는 전략은, 실제

로 전쟁으로 이어지기도 하지만, 대개는 냉전적 공존의 상황을 초래한
다. 그러한 냉전주의 아래서 적대감은 계속되며 그러한 적대감 속에서
대중의 삶과 실천은 증오로 점철된다. '천진한 예언자적 영성'은 이러한
증오의 정치의 부산물에 지나지 않으며, 종종 그러한 증오 속에서 자라
는 권력의 도구로 전락해버리곤 한다.

  '지옥'의 프랑스어를 제목으로 하는 영화 〈랑페르〉(L'enfer, 2006)
는 특정 대상을 향한 편견과 증오가 자기 자신의 상처를 영구화하고
그것으로 인해 예측하지 못한 폭력과 파괴, 그리고 상처가 되풀이되는
악순환의 공간을 지옥이라고 말한다. 그렇다면 진정한 선교사적 영성
은 선악으로 나뉜 세상에서 악의 세계로 들어가는 순수하면서 뜨거운
믿음이 아니라, 그러한 이분법으로 세상을 해석하는 질서, 그것의 편견
과 증오가 아니라, 그런 이분법 세계가 야기한 상처를 보듬는, 냉철하
지만 따뜻한 믿음과 연관된 것이다.

악마가 사라지다
기업중심사회의 우울함

> 나는, 악한 사람들이 죽어서 무덤에 묻히는 것을 보았다.
> 그런데 사람들은 장지에서 돌아오는 길에 그 악한 사람들을 칭찬한다.
> 그것도 다른 곳이 아닌, 바로 그 악한 사람들이 평소에 악한 일을 하던 바로 그 성읍에서,
> 사람들은 그들을 칭찬한다. 이런 것을 보고 듣노라면 허탈한 마음 가눌 수 없다.
> — 〈전도서〉 8,10

프톨레마이오스 제국 치하(기원전 301~198년)의 예후다(유다) 지방은 오랜만에 누리는 평화를 만끽한다. 그런데 바로 이 시기에 '코헬렛'(qohelet, 전도자)이라고 자칭하는 한 노학자는 '헛되다'는 말을 무려 30여 회나 내뱉으며 독한 냉소주의문학을 저술한다. 그의 글은 "전도자가 말한다. 헛되고 헛되다. 헛되고 헛되다. 모든 것이 헛되다"(1,2)로 시작하고, 이 글이 저작된 후에 첨가된 12,9~14을 제외하면, "전도자가 말한다. 헛되고 헛되다. 모든 것이 헛되다"(12,8)로 끝을 맺는다. 왜 그는 이 평화의 시대에 그토록 독한 냉소주의에 빠져야 했던 것일까.

기원전 332년 알렉산드로스 대왕이 이끄는 무적의 군대가 팔레스티나로 진군하자 사마리아와 예루살렘의 지도자들은 저항 없이 곧바로 항복한다. 그리고 323년 이 새 제국의 군주가 요절한 뒤, 그의

휘하 장군들 사이에 치열한 전쟁이 벌어진다. 기원전 301년 이집트에 터 잡은 프톨레마이오스의 제국에 병합될 때까지 팔레스티나는 이 대 제국 간의 전쟁의 화염에서 자유로울 수 없었다. 하지만 그 이후, 프톨레마이오스 제국에 병합된 뒤 1백 년 남짓의 기간 동안 이곳에는 거의 전쟁이 없었다. 식민지이긴 하지만 오랜만에 누리는 평화였다.

　　알렉산드로스의 다른 장군들이 세운 나라들에 비해 프톨레마이오스 제국은 정치적으로 매우 안정되었고 경제적으로 크게 번성했다. 전례 없이 안정된 중앙집권적 체제 아래 제국은 각 지방의 농민들에게 개량된 농법, 농기구, 새로 개발된 태양력에 기초한 과학화된 농경주기법을 보급했고, 국제무역에서 유리한 작물 경작을 유도했다. 그리고 화폐제도를 확산시켜 무역의 효율성을 크게 진작시켰다. 하여 헬레니즘 제국들[1] 여기저기에 건설된 폴리스 간 국제무역이 대단히 활발해졌다.

　　한편 프톨레마이오스 제국의 수도 알렉산드리아에는 거대한 도서관이 건립되고 있었다. 50여만 권이라고도 하고 70만 권이라고도 하는 어마어마한 장서로 유명한 이 도서관 건립을 위해 제국은 막대한 기금을 아낌없이 쏟아부었다. 이런 상황에서 책을 필사하여 복사본을

---

1 알렉산드로스의 마케도니아. 그리고 그의 휘하 장군들이 세운 제국들인 프톨레마이오스 제국. 셀류쿠스 제국 등. 로마제국 이전까지의 지중해 제국들을 가리킨다.

만드는 서기관의 수요가 급증하고, 체계적이고 전문적인 서기관 교육 시스템이 제도화된다. 이것도 문자 능력이 출중한, 중산층 출신 엘리트가 대량으로 탄생하는 배경이 되었다. 그런데 이들 중 적지 않은 이들이 경제적 활황으로 부를 축적한 서민 계층에서 배출된 이들이다.

이것은 제국 전역에 지식인 운동을 활성화시켰는데, 예후다 지방에서도 이른바 '지혜'라는 장르의 문학이 태동하였다. 과거 왕실 사제나 서기관들이 저술한 문헌인 율법서나 역사서는 왕과 귀족의 나라, 그 뿌리와 비전을 다루었는데, 이들 신흥학자들인 민간서기관들의 지혜 문서들은 대중의 일상적 삶의 질서를 언어적으로 체계화하는 것, 곧 일상적 경험을 성찰하는 가르침을 다루었다.

그런데 그런 학자들이 많은 활약을 하고 있는 시기에, 자신을 '코헬렛'이라고 자칭한 한 노학자가 그 지혜들에 짙은 냉소의 말을 쏟아내고 있는 것이다. 지배적인 지혜들이 평화로운 세계를 만끽하면서, 이런 세상에서 하느님의 뜻에 따라 올바르게 사는 법을 말하고, 그것이 풍요와 안정, 건강이라는 신의 축복으로 이어질 것이라는 인과응보의 진리를 설파하고 있는데, 코헬렛은 그 모든 것이 헛될 뿐이라고 말한다.

제국이 제공해준 안정과 번영의 토대 위에서 많은 야훼의 지혜자들이 행복한 표정을 지으며 악이 소멸해가는 세상의 가능성에 탐닉하고 있는데, 글 서두에 인용한 구절처럼, 코헬렛은 악한 자가 죽어도 그 악행이 자행되던 바로 그곳에서조차 칭송받는 세상을 절망스럽게 냉소한다. 악마가 사라지고 있다는 바로 그 시대에 악마는 사람들의 공모 속에 칭송받으며 일상과 동거하고 있었던 것이다.

사실 바로 이 시기에 새로 부자가 된 평민들이 많았지만, 막대한 세금을 강탈하는 프톨레마이오스 제국 특유의 조세체계 아래서 더욱 많은 이들은 몰락하고 있었다. 많은 이들이 자신의 생각을 글로 남기게 된 시기에 여전히 문맹인 더 많은 이들은 주체의 조건을 더욱 상실해갔던 것이다.

그로부터 한두 세기 전에 느헤미야-에스라 이후 예후다 지방은, 더 이상 명목상의 자치구가 아니라, 명실상부한 자치구가 되었다. 하나의 독자적인 정치적 단위가 된 것이다. 바야흐로 총독사회가 안착되었다. 하지만 이들이 남겨둔 갈등의 축은 여전히 예후다 지방 내부를 휘두르고 있었다. 이 싸움은 성전을 장악하기 위한 싸움이었다. 그 과정에서 분명해진 것은 예후다 지방의 핵심은 성전이라는 점, 그리고 성전의 수장, 곧 대제사장은 이 사회의 사실상의 지배자임을 의미하게 되었다는 점이다. 요컨대 군주제가 총독통치를 경유한 뒤 '사제들의 사회'가 되었다. 물론 사제들의 시대에도 군주 혹은 총독 같은 세속 통치자가 있기도 했지만, 대중의 정신을 지배하여, 슬프게도 하고 기쁘게도 하며, 절망하게도 하고 희망에 차게도 하는 것은 바로 제사장들이 주도하는 신정체제였던 것이다.

페르시아-헬레니즘 시대에 예후다 사회가 그렇게 변했다면,

오늘 우리 사회는 어떨까? 민주화를 기치로 내걸은 두 번의 정권이었던 국민의정부와 참여정부 이후 우리 사회는 민주주의에 대한 기대감으로 사회를 구성하려는 노력이 현저히 감퇴하였다. 그런 점에서 모호하지만 포스트민주화 시대의 사회는 아직 구상 중이라고 할 수 있다. 하여 우리 사회가 권위주의적 군부독재체제에서 민주정부들을 거친 뒤 포스트민주화를 향한 길을 찾아 나서고 있는 중이라고 한다면, 그것은 지금 어떤 양상으로 나타나고 있는 것일까.

군인들의 합리성이 사회 전체의 합리성이 되어야 한다고 강요받던 시대가, 반독재 민주화운동 특유의 문화적 성향이 대안적 합리성으로 수용되었던 시대로 이행했다. 그리고 그것은 다시 최근 기업가들의 합리성을 전 국민에게 강요하는 시대로 나아가고 있다.(군인의 합리성⇒민주화운동가의 합리성⇒기업가의 합리성) 한데 한국의 기업을 상징하는 삼성의 부조리함에 대한 내부고발서인 김용철 변호사의《삼성을 생각한다》를 읽으면 이러한 해석은 보충할 필요에 직면하게 된다.

한국사회의 민주적 제도화가 본격화된 것은 정권교체가 실현된 1997년 이후라고 할 수 있다. 국민의정부(1997~2003년)와 참여정부(2003~2008년), 이 두 번의 민주정부들의 실험은 공히 두 가지 목표를 지향하고 있었다. 그 하나가 '민주화'이고 다른 하나는 '성장'이다. 민주화는 권위주의적 군부체제를 청산하고 시민적 주권사회를 향한 제도적 실험을 의미했고, 성장은 과거 발전국가 모델을 신자유주의적으로 재구축하는 정치경제적 제도화 과정을 뜻했다. 그런데 민주화와 성장은 '그 10년' 내내 잘 조화를 이루지 못한 채 줄곧 갈등을 일으켜왔다. 하여 시민사회는 그것을 '386적인 합리성'의 한계로 이해했고 그 결과가 MB 정부의 탄생으로 귀결되었다.

그런데 김용철에 따르면 포스트민주화체제를 추동하는 제도적 헤게모니 세력은 MB 정부라기보다는 삼성의 이건희 체제가 될 수도 있다는 생각으로 이어진다. 이미 삼성의 연 매출액은 국가 예산을 상회하고 있다. 또한 그들은 정보력에서 국정원을 능가하고 기획력에서 청와대를 압도하는 능력을 소유하고 있으며, 정계 · 제계 · 법조계 · 학계 · 언론계 등, 사회 각 영역의 여론 주도집단을 지지층[2]으로 둠으로써 막대한 정책형성 능력을 갖춘 세력이다.

게다가 민주화 이후, 특히 MB식 막가파 정치 이후, 사회적 합의 시스템이 교란된 상황에 있는 정부에 비해, 잘 조직된 중앙집권적 전제군주체제 같은 삼성[3]은 훨씬 효과적으로 민주화 이후 체제의 비전을 더 잘 드러내고 있는 듯이 보인다.

시민사회는 삼성의 부당내부거래, 불법상속, 노조탄압, 정경유착 등의 부조리함에 대해 잘 알고 있음에도, 글로벌사회에서 세계기

---

2 그들 중 많은 이들은 이른바 '삼성장학생'으로 알려진, 매수된 지지층일 것이다.
3 최근 삼성은 이재용 중심으로 권력재편에 일단 성공함으로써, 세습체제를 안착시킨 듯이 보인다.

업으로 성공했다는 민족주의적 자긍심의 핵심을 이루고 있음을 또한 각인하고 있다. 삼성이 없다면 국가의 성장과 시민사회의 행복을 향한 여정은 심각하게 좌초될 것처럼 보일 정도다. 그러니 부조리함 대 자긍심 사이의 양자택일의 귀로에 서 있는 한, 시민사회는 대체로 후자를 선택하게 된다.

그렇다면 내가 음울하게 상상하는 기업의 합리성이 추동하는 포스트민주화 시대는 정치세력이 아니라 기업이 이끄는 사회일지도 모른다. 영화 〈로보캅〉이 그려내고 있는 사회처럼 말이다. 하여 사회세력 간의 협상에 기초하는 정치가 아니라, 시장의 이익을 강조하는 기업이 우리의 미래를 이끌고 있다면, 더구나 그 기업이 군주제 모델에 기초하고 있다면, 그러한 상상은 한 편의 치명적인 재앙의 시나리오처럼 들린다.

그런데 시민사회는 꿈을 꾸고 있다. 일류국가, 일류시민이 되는 꿈을 말이다. 그것은 지구화 시대 삼성의 성공 모델에 기초한 꿈이다. 그 과정에서 탈락자들이 무수히 있고, 그러한 탈락의 위기가 우리 자신의 목을 옥죄고 있는 그 순간에도 우리는 삼성의 꿈을 공유하기를 갈망한다.

군부권위주의 체제는 '빨갱이'라는 악마가 필요했다. 그리고 민주화 시대에는 '반민주세력'이라는 악마가 있었다. 그런데 기업의 시대인 포스트민주화 체제에 '악마는 사라졌다.' 낙오자와 성공한 자만 존재하고, 그 성공의 정점에 한 기업의 신화가 있다. 그 신화가 우리의 욕망과 결합하면서 '악마는 내면으로 들어왔다.' 코헬렛의 '헛되다'는 주장이 겨냥하는 과녁은 우리 시대에는 바로 이 신화에 있을지 모른다.

'생기 없는 바다'
천안함 사건, '죽음의 국가화'에 대하여

> 주님께서 그들을 벌하시어 멸망시키시고, 그들을 모두 기억에서 사라지게 하셨으니,
> 죽은 그들은 다시 살아나지 못하고, 사망한 그들은 다시 일어나지 못할 것입니다.
> ─ 〈이사야서〉 26,14

알렉산드로스의 마케도니아 제국 이후 지중해와 메소포타미아 사회,
두 역사권이 하나로 엮였다. 현대의 학자들은 그런 역사권의 연동을 상
징하는 표현으로 '헬레니즘'이라는 용어를 쓴다. 한데 이러한 역사권의
정치적, 경제적 연동을 가능하게 했던 가장 중요한 고리는 '폴리스'였
다. 이 고대 제국 시대의 폴리스들은 대체로 과거와는 비교할 수 없을
정도로 매우 왕성한 국제교역을 매개로 서로 연동되어 있었다. 배는 육
로를 통한 운송보다 수십 배나 운임비를 절감할 수 있었다. 또 바다를
통한 교역은 육로무역보다 비교적 신속하고 안전하며 또한 대량수송
을 가능하게 했다. 하지만 그만큼 배를 소유하고 운용하는 것은 막대한
비용을 필요로 한다. 해서 지중해를 오가는 국제무역의 시대는 부자들
의 시대이기도 했다. 그리고 그러한 시대를 활짝 연 것은 바로 이집트

를 근거지로 하는 프톨레마이오스 제국이었다.

이제 바다를 지배하는 나라는 세계를 지배하는 나라였고, 바다를 이용할 줄 아는 이는 성공을 얻는 신의 축복을 받은 자였으며, 바다는 온갖 생기의 원천이었다. 오늘의 언어로 말하면 그 시대의 세계화는 '바다화'였고, 그것은 도시들의 폴리스화를 통해 구체화되는 것, 바로 그런 시대가 도래한 것이다. 프톨레마이오스 제국과 더불어.

이 시기에 지중해 지역의 여러 소국들은 식민화되었다. 과거에 식민지였던 국가들도 더 견고한 제국의 식민통치 아래 매였다. 아무튼 이 시대의 무수한 식민지 소국들도 이런 바다화, 폴리스화의 대열에 앞 다투어 나서기 시작한다. 심지어 내륙 한가운데 있고 고지대에 입지한 예루살렘을 도성으로 하는 소국 예후다(유다)까지도 폴리스화하려는 시도를 한다. 세계화라는 게 대개 그렇듯이, 폴리스화란 폴리스 간 국제무역을 위해 사회적 제도들이 재구성되는 과정을 동반한다. 하지만 그것 이상이다. 폴리스 간의 이른바 글로벌 스탠더드를 추구하며 형성된 각종 교육·스포츠·패션 등이 활성화되며, 국제어인 헬라어를 사용하는 어법들이 유행처럼 번져나갔고, 헬라풍의 외래어들이 범람하게 된다.[1]

---

1 마케도니아는 그리스 문화의 변방에 속했던 나라였지만, 제국으로 세계를 지배하던 때 그리스어와 문화를 세계화시킨 장본인이다. 이렇게 국제화된 그리스 문화는 그리스 본토의 문화와 연관되어 있지만 구별된다. 한데 그 차이를 무시할 수 없음에도 그것을 지칭하는 이렇다 할 용어가 없다. 나는

이러한 변화는 시대의 대세처럼 보였다. 보수적이고 폐쇄적인 일부 귀족을 제외한 대부분의 지배층들은 이런 바다화-폴리스화의 대열의 열렬한 추종자였다.

'알 수 없는 사고'로 침몰한 천안함 병사들 46인의 영결식이 2010년 4월 29일에 치러졌다. 그해 3월 26일에 천안함이 침몰한 직후, 3월 29일부터 국방부에서 북한 개입설이 나왔지만, 그 어간 국방부·청와대·미 국무부 등은 북한 개입설을 부인했다. 4월 24일 민군 합동조사단(합조단)은 수중폭발 가능성이 높지만 외부 폭발체가 선체에 닿기 전에 수중에서 폭발했을 가능성이 높다는 발표를 했다. 그러니까 영결식이 있던 4월 29일까지는 북한 개입설은 아직 가능성이 매우 낮은 것으로 표명되고 있던 때였다.

전국에 분향소가 39개나 설치되었고, 군부대 내에도 220개소가 설치되었다. 이날은 '국가 애도의 날'로 선포되었으며, 전국 관공서에는 조기가 계양되었다. 그리고 오전 10시에 1분간 사이렌 소리에 맞춰 추모묵념시간이 있었고, 지상파 방송은 영결식을 생중계했으며, 공영방송은 추모모금방송을 편성하기까지 했다. 사망한 병사들은 '전사자'가 되었고 모두 국립묘지에 안장되었다. 원인 불명의 사고로 죽은

그 차이를 나타내기 위해, 서로 동일하면서도 다른 표현이었던 두 어휘인 그리스와 헬라를 구별해서 쓴다. 그렇게 쓴 것은 세계화된 그리스 문화를 일반적으로 헬레니즘이라고 부르기 때문이다. 마케도니아 이후 헬레니즘은 세계화된 그리스주의가 되었다고 할 수 있는 것이다.

군인들에게, 그 진상이 아직 밝혀지지 않은 상황에서, 이와 같은 대단한 국가적 애도가 시행된 것은 전 세계적으로도 유례를 찾아볼 수 없을 정도로 감동적이다. 마치 사건의 진상과는 별개로 병사들의 죽음 자체를 애도하는, 인권에 대한 애정이 넘치는 정부인 것처럼 보였다.

그러나 영결식 직후인 5월 4일 이명박 대통령은 북한에 의해 폭발한 것임을 언급했고, 5월 19일 미 백악관 대변인도 북한에 의한 침몰임을 명확히 선언한다. 그리고 이튿날(5월 20일) 민군합동조사단은 북한 잠수정의 어뢰에 의한 폭발임을 공식발표했다. 그 무렵 다른 견해를 피력하는 이들을 정부는 유언비어 날포로 기소하는 등 진상에 대한 논쟁적 문제제기를 원천봉쇄하려는 의도를 명백히 하고 있었다. 아무튼 영결식의 이례적인 애도는 인권에 대한 전향적 태도가 아니라 북한의 소행임을 전제한 것임이 명백해졌다.

진위가 어떻든 이제 북한은 사실상 무력도발의 가해자임이 한국 정부와 미국 정부의 주도로 확정되었다. 통일부장관은 타국 외교관들에게 대북관계를 재고하라는 내정간섭적 발언까지 서슴지 않았다. 당분간 대북 지원 및 교류는 생각할 수도 없는 것이 되었고, 응징의 방법을 둘러싼 논의가 공론의 장을 주도한다. 일부 외국 언론들은 한국만의 이 뜬금없는 신냉전주의적 행보에 의아해 했다. 그리고 MB 정부를 이어 집권한 박근혜 정부는 보다 명백한 신냉전주의적 극우정부다. 그렇다면 천안함 사태를 대처하는 MB 정부의 방식은 한국에서 극우주의 정권을 탄생하게 하는 결정적 계기였다고 할 수 있다.

　　사건이 터지고 한참의 시간이 지날 때까지도 그 수몰된 병사들이 아직 죽지 않았을 것이라고 군이 공식으로 발표하고 대통령은 인명구조에 최선을 다하라는 지시를 내렸지만, 실상 정부는 구조에 그다지 힘을 쓰지 않았다. 그런 점에서 세월호 사건은 천안함 사건의 데자뷰였다. 아마도 국가가 주장하는 안보의 목적을 인명구조에 두지 않은 결과겠다. 병사들은 사망이 확인되지 않은 '알 수 없는' 상황에서 사실상 죽음으로 방치되었는데, 죽음이 확인된 이후 느닷없이 '열렬한 기억'의 주역이 되었다.

　　국가는 그네들의 '생명'을 기억하고자 하지 않았지만, '죽음'은 열렬한 기억의 대상이 되었다. 국가는 살해 방조자였지만, 그 죽음을 기억함으로써, 전 국민의 가슴 속에 부활하게 하는데 온갖 노력을 기울였다. 국민이자 군인인 이들의 생명은 국가가 지켜야 할 공적인 생명이 아니었는데, 그 죽음은 '공적인 죽음'이 된 것이다.

　　그런 이상한 결정의 주역인 청와대 지하벙커 모임은 부랴부랴 안보관련 위기관리센터로 급조되었다. 이는 지난 정권 때 존속했던 기관을 폐쇄했다가 재건한 것이다. 하지만 이 급조된 기관이 하는 일이 바로 '죽음의 국가화'였다.

　　실은 이 정부가 진정 관심을 기울인 것은 대북정책이라기보다는 경제관련 위기관리 정책에 있었다. 큰 틀에서 얘기하면 이 정부가

치중한 것은 세계화 경제정책이었고, 그것을 실행에 옮기는 구체적인 전략은 '전 국토에 대한 토건화'라고 해도 과언이 아니었다. 대북문제는 이렇다 할 기조 없이, 지난 참여정부의 정책에 반대하는 데 몰두하는 듯이 보였을 뿐이다.

이런 생각의 편향에 사로잡힌 이들이 사건 직후 청와대 지하 벙커에 모여 긴급한 대책을 숙의했다. 부랴부랴 대북 위기관리 모임을 급조했지만, 장기적인 안보프로그램도 전문성도, 그리고 정보의 주도 권도 갖지 못한 상태에서 내놓을 대책이란 실효성 있는 안전의 대책이 될 수 없었다. 결국 우리가 확인하게 된 국가의 결론은 '안보정치'가 중 심이 되는 사건의 '정치적 도구화', 바로 그것이었다.

그 사건 이전까지, 그리고 그 이후에도 MB 정부의 정책적 중 심 기조는 '전 국토의 토건화'에 치우쳐 있다. 그렇다면 많은 이들이 의 심했던 것처럼, 이 죽음의 국가화는 북한을 적대적 대상으로 재구축하 는 데 초점이 있었던 것이 아니라, 위기에 처한 4대강 사업 등, 전 국토 의 토건화 정책에 대한 반대여론을 다른 곳으로 환기시키는 데 있는 것이라는 얘기다. 과거 안보를 정치화했던 정권들이 늘 그래왔던 것처 럼 냉전주의적 안보논리를 정권안보에 활용하고 있는 것이다.

국가는 종종 국민의 죽음을 도구화한다. 하지만 국민의 생명 에 대해서는 무관심한 경우가 적지 않다. 심지어 위기에 처하도록 방조 하기도 한다. 천안함의 병사들은 바로 그런 전형적인 예가 되었다.

이런 인식에서 시민도 그럴 수 있지만 군인은 더 말할 것도 없는, '쓸모없는 생명'에 지나지 않는다. 시장이 소모품으로 이용할 뿐인 그런 대상에 불과하다. 즉 자본주의적 생명력을 인정받지 못한 이들을 국가의 생명관리체계는 결코 소중히 여기지 않는다는 것이다.

그런 맥락에서 이른바 '천안함의 용사들'은, 국가가 그 죽음을 독점해버리자, 이른바 '영웅'으로서 대단한 칭찬의 대상이 되는 바로 그 순간에도, 생명으로보다는 죽음으로서만 이용가치가 있는 존재들로 전락해버린다. 우리의 생명권력은 그렇게 사람들을 대하고 삶과 죽음을 도구화하고 있다. 하여 권력의 시선에서 저들의 삶뿐 아니라 특별한 우대를 받는 죽음도 사실상 의미가 없다. 그런 존재에게 실제적 부활은 없기 때문이다. 자본주의적 질서에 영혼이 포박되어 있는 한 말이다.

다시 성서 시대로 돌아와보자. 바다화-폴리스화의 주인공들은 도시들을 짓는다. 그들은 이 풍요로운 도시 문화의 적극적 주역이다. 그들은 부유하고 학식 있으며 지체 높은 이들이다. 훌륭하고 멋들어진 옷차림으로 거리를 배회하고, 세련된 말투로 사람을 대한다. 그들의 가족은 교양 있고, 자녀들은 아름답고 건강하다. 그런 이들의 삶은 그 세상에서 의미가 넘친다.

그뿐 아니다. 무엇 하나 부족할 것 없는 그들에게 죽음 또한 예사스럽지 않다. 아무렇게나 시신을 유기함으로써 내버려지는 몸이 아닌 존재, 무덤에 안장되고, 숱한 장신구 등이 썩어 사라져버린 몸을 상징적으로 대리하는 존재, 그런 이들의 죽음은 끊임없이 산 자들의 기억 속에 잔류한다. 심지어 그로부터 수천 년이 지난 지금에도 그 무덤을 보며 사람들은 미지의 그이를 기억하고, 제사의례를 통해 그이를 기억하며, 그렇게 기억한 이야기 속에서 회자된다. 하여 그 죽음은 죽음이 아니다. 그리고 그이들이 묻힌 바로 그곳에서 마지막 때에 그의 몸이 부활할 것이다. 바다의 제국, 그 세계 질서 속에서.

그런데 한 익명의 예언자는 도리어 종말의 때에는 그런 이들, 기억에서 오래도록 남겨진 이들이 모두 기억되지 않을 것이라고 선언한다. 아울러 그네들의 도시, 바다화의 권력에 사로잡힌 도시는 모두 파괴되고 말 것이라고 말한다. 반면 이 글 앞에서 인용한 본문 바로 뒤에 이어지는 구절은 이렇게 선포한다.

> 죽은 사람들이 다시 살아날 것이며, 그들의 시체가 다시 일어날 것이다.
> 무덤 속에서 잠자던 사람들이 깨어나서, 즐겁게 소리 칠 것이다.
> 주님의 이슬은 생기를 불어넣는 이슬이므로,
> 이슬을 머금은 땅이 오래전에 죽은 사람들을 다시 내놓을 것이다.
> 땅이 죽은 자들을 다시 내놓을 것이다.
>
> —〈이사야서〉 26,19

버려진 생명이 다시 살아나는 꿈이다. 프톨레마이오스 제국 아래, 바다화-폴리스화의 대열에서 체제에 의해 존재를 빼앗긴 이들의 부활, 이것이 그 시대 묵시적 예언자들이 외친 새 세계의 꿈이다.

천안함의 생명들이 국가에 의해 버림받은 곳, 그 주검이 도구화된 곳, 리워야단²의 권력, 저 물의 권력이 존속하는 바다는 생기가 없다. 한데 예언자는 꿈꾼다. '그 날, 리워야단이 생명을 다하는 그 날' (27,1), 생명을 파괴하는 도시들이 잿더미가 되는 날(25,2), 주님은 그런 죽음을 영원히 멸하실 것이라고.(25,8)

---

2 한글 새번역 성서가 리워야단이라고 번역하고 있고 영어 성서가 레비아탄(leviathan)이라고 번역하고 있는 이것은 혼돈을 힘을 상징하는 바다의 괴물이다.

누가 '좋은 피'인가

미누 추방 사태를 보며

> 내가 그들을 나의 거룩한 산으로 인도하여, 기도하는 내 집에서 기쁨을 누리게 하겠다.
> 또한 그들이 내 제단 위에 바친 번제물과 희생제물들을 내가 기꺼이 받을 것이니,
> '나의 집은 만민이 모여 기도하는 집'이라고 불릴 것이다.
> — 〈이사야서〉 56,7

레오 카락스(Leos Carax)의 영화 〈나쁜 피〉를 표절해서, '나쁜 피'와 '좋은 피'를 제목으로 하는 글 두 편을 썼다.[1] 연작으로 기획한 것은 아니지만 제목의 연관성처럼 내용에도 연관성이 있다. 아비를 증오하거나 거부하고자 혹은 무관심하고자 했는데, 어느새 아비의 길과 자식의 길이 겹치는 비극의 연쇄를 말하고 있다는 점에서 두 글은 서로 연관된다. 여기서 '나쁜 피'란 '권력의 의도하지 않은 자기 복제'를 시사하는 표현이고, '좋은 피'는 '박탈의 의도하지 않은 복제'를 말하고 있다.

이 글에서 내가 말하고자 하는 것은 '순혈주의'에 관한 문제제기다. 순혈주의가 지배담론으로 사회를 뒤덮던 시절, 거기에 이견을 제

---

1 이 글과 〈'나쁜 피'는 자기를 복제한다—MB 정부와 '원한의 정치'〉

시하던 한 예언자의 고독한 외침에서, 우리는 예수의 그림자를 보며 또한 그리스도교 신앙의 한 전형을 읽고자 하는 것이다.

때는 페르시아 제국 식민지가 시작되던 기원전 6세기 말이었다. 제국의 황제 고레스는 과거 바벨로니아 시대에 유배되었던 각 종족에게 귀향할 것을 권장했다. 바야흐로 메소포타미아 사회에는 귀향 정국이 찾아왔다. 유다국 출신의 유배민들이 집단거주하고 있던 지역들도 술렁였다. 반백 년 전 황무지에 유배되어 온갖 고초를 겪었지만 그세월 동안 그런대로 살 만한 기반을 갖춘 이들도 생겨났다. 그런 이들은 다시 먼 길을, 전혀 미래의 보장이 없는 그 길을 되돌아가려 하지 않았다. 하지만 여전히 살아 있는 게 너무나 힘겹거나 비루한 더 많은 이들은 꿈에 그리던 고국 땅으로의 귀향을 선택하였다.

초기 귀향자들은 다분히 묵시적 열광주의에 젖어 있던 사람들이었다. 스알디엘, 스룹바벨 같은 구왕족 출신 인사들이 이 초기의 귀향집단들을 이끌었고, 몇몇 예언자들은 열렬히 왕정 복구와 해방의 때가 왔다고 대중을 선동했다.

하지만 그 땅은 너무 혹독했다. 귀향의 공간, 예루살렘과 예후다(유대) 지방의 현실은 꿈만으로 살아갈 수는 없었던 것이다. 저 '위대한 성전'은 잿더미만 남아 있었고, '거룩한 도시'에 남아 있는 것이라고는 불타거나 부서진 오래된 가옥들뿐이었다. 사람들은 거의 살고 있지 않았고, 농사지어 먹고살 만한 땅도 없었다. 신은 돌아온 이들을 위해 아무것도 준비하지 않았고, 주변의 도적들만이 그들을 반겨주었을 뿐이다. 강간, 약탈, 굶주림, 그리고 죽음. 얼마 안 가 지도자들은 사라졌고, 홀로 남겨진 대중은 폐허가 된 땅에서 근근이 연명하며 살아갈 수밖에 없었다.

　　페르시아 제국의 귀향 정책은 너무 안이했음이 판명되었다. 바벨로니아 시절 유배된 이민자들 다수가 한때 고국의 지배계층이었으니, 그들이 돌아가면 쉽게 귀향자 정부가 세워질 줄 알았다. 그러면 고향으로 돌아가게 해준 제국에게 감사하며 황제에 충성하는 지역 정부들이 세워질 것이라 생각했는데, 그렇기엔 유배된 세월이 너무 길었다. 고향은 이미 다른 체제가 세워졌거나 다른 체제의 영역에 복속되어 있었고, 그 속에서 나름 안정이 유지되고 있었다. 이런 상황에서 지배체제의 변화는 대다수의 원주민에게 불안한 조건일 뿐이었다. 게다가 황제의 칙령을 받아 귀향한 사람들 대다수는 유배지에서 성공적으로 정착한 이들이 아니었다. 그들은 대개 하위층 사람들이었다. 오랫동안 누군가를 지배하기보다는 누군가의 지배에 익숙한 이들이었다. 게다가 귀향자 대부분은 유배지에서 태어난 이민 2세들이었으니, 돌아갈 곳은 고향이라기보다는 또 다른 이민의 공간인 셈이었다. 그러니 그들이 나라를 재건할 곳은 낯설기만 한 곳이었다.

　　제국의 유배민 귀향 정책 제2기는, 아마도 제국 황실에서 보다 적극적으로 개입하는 방식으로 진행된 것 같다. 우리는 기원전 5세기 중반에 와서야 이 새로운 황실 정책의 결실을 발견하게 된다. 황실에서 관료로 봉직했던 이들이 이끄는 새로운, 하여 더 많고 더 조직적인 물적 자원과 정치적 수완을 갖춘 귀향민들이 돌아온 것이다. 그들은 꿈을 꾸기보다는 훨씬 현실적이었고, 따라서 정치적이었다. 지역을 순회하는 황실 칙사들의 지원을 받으면서[2] 귀향지에 세워진 지방정부들을 압박할 줄 아는 정치세력이 등장한 것이다.

이들에 의해 예루살렘과 인근 예후다 땅에는 또 하나의 정부가 등장하였다. 한데 이 정부는 왕정체제가 아니었다. 제국의 관점에서 보면 일종의 황제 직속의 총독국가가 세워졌다고 하는 게 정확하다. 즉 세습왕권이 형성된 게 아니라 황제가 파견한 통치자가 수반이 되는 귀족과두정부가 세워진 것이다. 그런데 이 귀족체제의 주도권을 쥔 이들은 다름 아닌 '제사장 계열의 귀족'이었다.

이 사실은 총독령 귀환 정부가 토착세력을 견제하기 위해 취한 이데올로기가 이른바 '순혈주의'였다는 점과 맞물린다. 제사장들은 그 사회의 어느 누구보다 혈통적 순수성에 집착하는 이들이었기 때문이다. 예후다 인근의 기존의 정치세력들, 사마리아, 암몬, 에돔 등은 혈

---

2 페르시아는 광대한 제국 각처에 있는 식민국가들을 통제하기 위해 제국을 40개 권역으로 분할하여 통치하였다. 그리고 교통과 통신망을 체계화하여 지역의 상황을 신속하게 파악하고자 했고 유사시에 군대의 신속한 이동을 가능하게 했다. 또한 '왕의 눈' 혹은 '왕의 귀'라는 이름의 칙사들을 파견하였다. 그들은 제국 각 지역을 순회하면서 그 지역의 식민 정권들이 계속 제국에 충성심을 표하도록 감시하는 역할을 하였고, 그러할 때 종종 제국의 후원이나 혜택을 받게 해주곤 했다.

연간 연대를 통해 팔레스티나 지역의 지배체제를 구축하고 있었다. 이 체제는 과거 아시리아와 바벨로니아에 의해 유배되어 이곳으로 유입된 이들과 토착귀족들이 복잡하게 얽히면서 지배집단을 이루고 있었던 것이다.

그런 점에서 예후다 지역에 새로 세워진 귀환 정부가 내세운 순혈주의는 새로운 정치세력이 정통성을 주장할 수 있는 유용한 수단이 될 만했다. 총독 정부는 주위로부터 고립된 정치체제였지만, 각처로 흩어진 이민자들에게는 비로소 고국의 정부가 세워졌다는 인상을 줄 수 있었다. 그것은 예루살렘에 성전이 재건축되자 즉각 실효성을 드러내었다. 이민자들의 기부금을 받는 정통성을 확보할 수 있었던 것이다.

그런데 총독 정부의 주요 지배계층이 혈통에 특별한 엄격성을 갖춘 제사장 집단이었고, 이들이 지배집단으로 부상하는 데 유효한 수단이 인근 정치세력과의 혈통적 차별화였다는 사실은, 순혈주의적 조치들이 이 사회를 얼마나 강력하게 요동하게 했는지를 미루어 짐작할 수 있게 해준다.

〈느헤미야기〉와 〈에즈라기〉는 그 일단을 시사해주고 있다. 예후다 지역에는 타종족과 결혼하여 살고 있는 이들이 많았는데, 정부는 갑자기 이들에게 혼인관계를 깨고 이방여인들을 내쫓지 않으면 배신자로 취급하여 처형할 것임을 포고한 것이다. 하여 혼인관계로 들어온 여성들과, 그 여성들의 인척으로 예후다 지역에 들어와 살고 있던 농민, 상인, 기술자 등 각종 영역에 종사하던 외지 출신 남자들을 추방하는 조치가 강력하게 시행되었다. 남편과 아내가 갈라졌고, 부모와 자식이 갈라졌다. 그리고 그들은 갑자기 배신자로 낙인 찍혀 온갖 수모와 불이익을 감수해야 했다.

아마도 순혈주의를 권장하는 각종 조치들이 강도 높게 수반되었겠다. 이런 정책은 흔히 오래가지 못하는 법이다. 정치인들의 정책이라는 게, 앞에서 얘기한 것처럼, 원래는 특별한 정치적 이익을 위한 수단으로 활용된 것이기 때문이다. 하지만 예후다 지방에서는 그렇지 않았다. 매우 오랫동안 비교적 일관성 있게 지속되었고, 점차로 거의 모든 사람들의 마음속에 타종족의 흔적이 자기들을 오염시킨다는 터부가 자리 잡아 갔다.

그것은 이 과정에서 예후다 지역의 지배층이 사제귀족 중심으로 재편되었기 때문이다. 그들은 매일의 제사를 통해 그러한 순혈주의를 사람들의 인식 속에 심어놓았던 것이다. 이때가 기원전 5세기 이후인데, 그로부터 몇백 년이 지나, 기원전 2세기 중반의 문서인 〈마카베오서 상〉에는 마을에 세워진 '제단'들이 언급되어 있고, 마을의 제사장은 그 지역 주민들에게 결정적인 영향을 주고 있었다는 시대적 정황이 반영되어 있다. 즉 제사장체제는 귀환 정부가 구축된 기원전 5세기 이래 하스몬 왕조가 세워진 기원전 2세기까지 지속적으로 확대되었고, 촌읍 구석구석까지 확장되었다는 것이다. 점차 성서에 수없이 등장하는 표현, '이방인의 역겨운 짓'은 일상이 된다. 하여 순혈주의는 이제 정책이 아니라 인식이 된 것이다.

정책을 넘어서 '인식의 순혈주의'가 확산되면, 사회의 '어두운 공간'에서는 순혈주의에 위배된 조건의 사람들의 생태가 펼쳐진다. 사회의 최말단 영역에는 순혈주의 사회의 규범을 위배함으로써 '순결한 이웃들'을 오염시킨다는 평판의 사람들이 있었고, 그들은 그런 편견과 배척 속에 살면서 각종 범죄에 노출되곤 했다. 그러는 가운데 그들이 순혈주의적 규범을 지니지 못한 부정한 평판의 사람이 된 것이 먼저인지 아니면 범죄를 저지르는 행태가 먼저인지 알 수 없는, 두 조건이 서로를 악순환에 빠뜨리는 상황이 일상화된다. 하여 이른바 '나쁜 피' 이데올로기가 대중에게 설득력을 갖게 되는 것이다.

2009년 10월 23일 법무부는 네팔인 불법체류자 미누를 강제출국시켰다는 발표를 하였다. 그는 이주노동자일 뿐만 아니라 다국적 밴드 '스탑 크랙다운'(Stop Crackdown)의 리드보컬로서 이주노동자 인권운동을 하는 문화활동가였다. 그는 우리 사회의 순혈주의적 배제와 차별에 문제를 제기하는 이주노동자 인권운동의 상징적 존재였다.

정부는 그를 '질서 확립'을 위해 부득이 추방하지 않을 수 없었다고 주장한다. 여기서 '질서 확립'이라는 말이 의미심장하다. 그는 1992년 관광비자로 입국한 이후 식당, 봉제공장 등에서 노동자로 일했고, 2003년부터 다국적 밴드를 결성하여 음악활동과 다큐제작 등에 참여한 사람이다. 요컨대 그는 지난 18년간 한국사회에서 범죄를 저지르며 살지 않았다는 것이다. 그런데 그는 한국 정부에 의해 질서 확립이라는 명분으로 추방되었다.

그것은 그가 불법체류자에 관한 법률을 위배했기 때문이다. 그런데 이 법률은 여러 국내외 인권단체들로부터 한국사회의 다문화적 가능성을 가로막고 있다는 지적을 받아온 문제의 법률이다. '다문화적 가능성'이라는 말은 한국 내에 체류하는 소수종족들이 사회에 잘 적응하도록 하는 사회적 인식의 틀을 말한다. 요컨대 이주노동자에 관한 법률적 질서는 그들에게 두 가지 방식의 삶만을 허용한다. 하나는 노예적 주체로 사는 것, 다른 하나는 범죄적 주체로 사는 것. 즉 노예가 아니려면 범법자가 되어야 한다는 것이다. 미누는 이 두 가지 방식 모두를 거부하면서 사는 한 사례를 보여준 사람이다. 그런데 그는 질서 확립을 위해 추방되어야 했다.

순혈주의는 우리의 법제 속에 견고히 자리 잡고 있다. 뿐만 아니라 우리의 의식 속에도 깊게 뿌리박고 있다. 참여정부 때에, 정부가 다문화주의 정책을 활발히 펼치고 있을 때에도 관료들의 다문화주의가 또 다른 '동화주의'였다는 비판이 있어왔다. 그것은 정책의 컨셉이 문제가 아니라 의식 속에 깊게 뿌리내리고 있는 관습이 문제임을 의미한다. 그것은 많은 시간과 지속적인 노력을 통해서만 극복할 수 있는 것이다. 한데 참여정부 5년이 지나고 MB 정부가 들어선 지 2년도 안

된 2009년 미누는 강제출국되었고, 그 어간 각종의 다문화적 가능성을 공공연히 억제하는 조치들이 잇따르고 있었다. 하여 비록 한계가 있었지만 조금씩 성숙하고 있던 다문화적 문제틀은 MB 정부에 들어서면서 빠르게 사라져 갔다. 의식의 순혈주의는 MB 정부가 재구축하고 있는 제도를 통해 자기 생산의 견고한 입지를 더욱 확고히 하고 있는 것이다.

이러한 상황은 글 서두에 인용한 〈이사야서〉 56,7을 다시 주목하게 한다. 이것은 〈이사야서〉의 세 번째 부분(56~66장)에 속한 것으로, 학자들이 〈제3이사야서〉라고 부르는 문서의 한 구절이다. 이름이 알려지지 않은 이 예언자는 느헤미야와 에스라 등에 의해 귀환공동체가 한참 순혈주의에 의해 재조직되고 있던 시절, 즉 제도의 순혈주의를 통해 의식의 순혈주의가 점점 강화되고 있던 때, 타종족에 대한 폭력적 배타주의가 넘쳐나고 있었고, 굳이 폭력이 아니더라도 은연중에 배타성이 사람들의 마음 속 깊게 일상을 구축하고 있던 바로 그즈음의 어느 시기에 활동했던 이로, 당국의 이러한 순혈주의적 정책 드라이브에 제동을 걸고자 혼신을 다해 저항했던 재야 종교지도자였다.

그가 이 구절에서 이렇게 말한다. "내가 그들을 나의 거룩한 산으로 인도하여, 기도하는 내 집에서 기쁨을 누리게 하겠다."(7절) 그런데 여기서 '그들'은 예후다 지역에 사는 순혈적 족속인 유대인이 아니다. 그들은 "공평을 지키며 공의를 행하"는 자다.(1절) 주님은 이방 사람도 차별하지 않고(3절) 성소수자도 거절하지 않기 때문이다.(3절) 주님이 원하는 것은 공평·공의의 행동이지 순혈주의적 편견이 아니다.(4절) 하여 예언자는 선포한다. '이땅 예후다에 있는 주의 성전으로 그들을 인도하여 기도하고 기쁨을 누리게 하라. 그리하여 나의 집을 만민이 모여 기도하는 집이라고 불리게 하라.'

이렇게 말한 예언자의 하느님, 바로 그분을 누구보다도 열렬히 섬긴다고 소리 높여 주장하는 우리는, 그리스도인은 과연 이 구절을 알고 있는가? 그리고 과연 이 구절의 메시지를 지키고 있는가? 아니 그 신탁에 따라 살 의사는 있는가? 하여 순혈주의를 강화하는 체제를 개혁하고자 노력할 준비는 되어 있는가?

그것은 광장이 아니다
'광화문 광장'과 위조된 여흥

> 이스라엘은 열매가 무성한 포도덩굴, 열매가 많이 맺힐수록 제단도 많이 만들고,
> 토지의 수확이 많아질수록 돌기둥도 많이 깎아 세운다.
> — 〈호세아서〉 9,3

오므리 왕조[1] 말기, 이스라엘은 급속도록 와해되고 있었다. 전국적으로 심한 기근이 일었다. 빈민들은 굶주리고 빚에 쪼들리고 노예로 끌려갔다.(〈열왕기하〉 4,1~4) 엎친 데 덮친 격으로 속국들이 반란을 일으켰다. 특히 모압의 반란은 이스라엘에 큰 상처를 입혔다.(〈열왕기하〉 3장) 하지만 한때 시리아-팔레스티나를 주도했던 이 소제국은 반란을 제압할 군사력이 없었다. 그뿐이 아니다. 지역의 패권을 놓고 경쟁하던 다마스쿠스 제국이 쳐들어오자, 이스라엘은 속수무책으로 연패하여 수도 사마리아가 포위되는 사태까지 벌어졌다.(〈열왕기하〉 6,24) 도성은 식량이 바

---

1 오므리 왕조 대에 와서 이스라엘국은 전제군주국으로 본격적인 성장을 하여 시리아-팔레스티나의 패권국가가 되었는데, 4대(오므리, 아합, 아하시야, 요람)에 걸쳐 약 40년 동안 지속되다가 예후의 쿠데타에 의해 몰락했다.

이스라엘 왕들	
오므리(기원전 885~873)	
아합(기원전 873~851)	오므리 왕조
아하시야(기원전 851~849)	
요람(기원전 849~843)	
예후(기원전 843~816)	
여호아하즈(기원전 816~800)	
여호아스(요아스)(기원전 800~785)	예후 왕조
여로보암2세(기원전 785~745)	
스가랴(기원전 745)	

오므리 왕조와 예후 왕조의 이스라엘 왕들

닥났다. 이런 사정인데, 부유층들은 매점매석을 일삼으며 잇속을 챙기느라 여념이 없다.(《열왕기하》 6,25) 참담하게도 도성 백성 가운데는 굶주리다 못해 자기 자식을 먹는 일까지 벌어졌다.(《열왕기하》 6,28)

다마스쿠스 군의 갑작스런 철군으로 최악의 재앙은 면했지만, 강력했던 오므리 왕조 말기에 왕권은 완전히 무력해져 더 이상 통치할 능력을 상실한 상태가 되었다. 이때 정변이 일어나고, 예후 왕조가 들어섰다.

하지만 국력은 극도로 쇠약해져 있었고, 다마스쿠스 왕조는 끊임없이 이스라엘의 북서부 국경을 넘나들며 약탈을 해댔으며, 어떤 때는 남서부 국경 부근까지, 그러니까 전 국토를 유린하였다.(《역대기하》 12,17~18)

그런데 희망이 찾아왔다. 아닷니라리 3세(Adadnirari III, 기원전 810~783년 재위)가 이끄는 아시리아 제국 군대가 다시 서진하였고 소제국인 다마스쿠스 왕국은 벅찬 전투를 벌이다 결국에는 막대한 조공을 바치고서야 겨우 망국을 면할 수 있었다. 실은 페니키아의 왕국들과 이스라엘, 블레셋 등 시리아-팔레스티나의 거의 전 왕국들이 아시리아에게 조공을 바쳐야 했다. 하지만 가장 치명적인 피해를 본 나라는 다마스쿠스였고, 그 덕에 이스라엘은 회생의 기회를 맞을 수 있었다.

예후의 손자인 여호아스(요아스)가 등극하기까지 거의 60년 간이나 지속된 재앙의 역사였다. 여호아스는 크게 약화된 다마스쿠스 국을 막아낼 수 있었고, 속국에서 독립하려고 몸부림치던 유다국도 성공적으로 제압했다.

이스라엘은 빠른 속도로 국력을 회복했고, 그의 아들 여로보암 2세(기원전 785~745 재위) 때에 와서는 오므리-아합 왕 시대에 비견될 만큼 전성기를 맞이하게 된다. 그는 무엇보다도 정복군주로서 북쪽으로는 '하맛 어귀', 그러니까 다마스쿠스 왕국의 중심부 코앞까지 진격하였고, 남으로는 '아라바 바다'까지, 그러니까 사해 앞까지 지배하게 되었다.(〈열왕기하〉 14,25) 이것은 훗날 유다국의 사관에 의한 기록이다. 해서 유다국을 북쪽에서 압박하는 정도였다고 말하는 '아라바 바다까지'라는 표현은 그리 신뢰할 만한 것이 못 된다. 아마도 오므리 왕조 이후 오랜 동안 유다국은 이스라엘의 속국이었던 것 같고, 아마샤 왕이 반기를 들었지만 여호아스 왕에게 패배하여 전사하는 사태가 벌어진 것 같다. 이렇게 이스라엘은 여로보암 2세 때에 와서 강력한 국가로 다시 태어났다.

그뿐이 아니다. 그리 많지는 않지만 이 시대를 반영하는 고고학적 발굴물들이나 〈호세아서〉와 〈아모스서〉의 묘사를 보면, 부유층의 지나친 소비행각을 어느 정도 유추할 만하다. 적지 않은 사치품이 수입되었고, 화려한 별장들이 여기저기 세워졌다.(《아모스서》3,15) 한편 정부의 지방 통제력은 현저히 강화되었고, 아울러 지주들의 대중 수탈 또한 심화되었다. 아마도 왕권이 지방 토호들인 지주귀족과 권력연합을 통해 여로보암 2세의 체제가 성립한 것으로 추정된다.

하여 이 시대 대중은 삶의 기반을 점점 더 빼앗기고 있고, 지주들은 점점 더 큰 땅을 차지하게 되었다. 그리고 그럴수록 국가는 부강해져갔다. 아모스 예언자는 바로 이런 극악해져 가는 빈부격차의 심화 현상에 대해 왕권을 향해 직격탄을 날린다. 아마도 그의 활동기가 매우 짧아 보이는 것은, 여로보암 2세의 체제가 이러한 저항을 결코 관대히 처리하지 않았음을 시사하고 있는지도 모르겠다.

이러한 왕족-귀족 중심 체제의 빈부격차의 심화, 그로 인한 사회적 위기의 심화 현상에도 불구하고, 40년이나 되는 긴 그의 치세 기간 동안 체제는 이렇다 할 위기를 겪지 않는다. 우리는 이 글 서두에 인용한 〈호세아서〉9,3에서 그 유력한 이유의 하나를 볼 수 있다.

내용인즉슨 고도성장을 구가하는 이스라엘에는 그럴수록 점점 더 많은 제단이 건립되고 있었다는 것이다. 왕립 성소들이 영토 곳곳에 기념비처럼 세워졌다. 고대 군주국시대에 국가의 통치 이데올로기를 홍보하는 가장 유력한 수단은 건축물이었다. 하지만 건축물은 주로 멀리 바라다보는 대중의 시각을 통해서 권력의 지엄함을 드러낼 뿐이다. 요컨대 그것은 매우 협소한 의미만을 전달할 수 있다. 그런데 다른 건축물과는 달리 성소는 훨씬 더 강력한 국가 통치의 장소다. 성소 안팎으로 대중이 제의에 참여하게 하며, 성소에서 일하는 하급사제들은 왕의 열렬한 홍보자일 뿐 아니라, 왕에게 충성하는 승군(僧軍)의 역할을 하는 존재였기에, 대중의 일상에 미치는 영향력은 다른 어떤 것보다도 지대하다.

'국가가 더 큰 성공을 거두면 거둘수록 제단이 많이 세워진다'는 구절은, 그러므로 종교적 예전이 풍부해졌다는 말이라기보다는 종교정치적 통제의 장치가 치밀해졌다는 것을 뜻한다. 호세아 예언자는 바로 이것을 간파했던 것이다. 당대의 수준 높은 지식인의 한 사람으로서 그는 고통의 체제를 은폐하는 종교정치적 장치를 폭로하고 비판했던 것이다.

지난 2009년 8월 1일부터 '광화문광장'이 개장되었다. 첫날부터 이십만 명이나 되는 사람이 왔고, 처음 한 주 동안은 연일 그 정도 숫자의 사람들이 다녀갔다. 분수가 있고 화단이 있고 화분처럼 생긴 벤치가 있는 공원에서 많은 사람들은 도심 한복판, 그것도 권력의 핵심 공간이던 세종로 네거리 한복판에서 삶의 여가를 누릴 수 있었다. 서울시 당국은 세종로 네거리를 시민에게 선사하는 기념비를 세운 것에 대하여 큰 자부심을 숨김없이 드러냈다.

한데 일부 시민, 사회단체들은 개장 직후 이곳에서 기자회견을 가졌다. '서울특별시 광화문광장의 사용 및 관리에 관한 조례안'의 폐지를 주장하는 기자회견이었다. 이들에 의하면 이 조례안은 광화문광장에서는 쉼과 오락 이외의 집단적인 정치적 의사표현 행위를 사실상 불허하고 있다고 한다. 단 정치적 의사표현이 가능한 행사가 있다. 서울시나 정부가 주도하는 행사다. 그리고 이것은 경찰이 이 기자회견을 강제 해산시킴으로써 입증되었다.

이 '시민의 쉼터'를 위해 서울시는 1년 3개월 동안 길을 막고 공사를 벌였고, 무려 445억 원을 사용했다. 서울시 한복판에, 정부청사들이 있고 미국대사관이 있는 권력의 공간 세종로 네거리 한복판에 시민의 쉼터를 만들어주겠다는 시 당국의 '노고' 이면에는 시민의 쉼과 여흥도 국가 통치술로 활용하겠다는 얄팍한 계산이 깔려 있는 것이 분명한 것 같다. 마치 고대 이스라엘의 여로보암 2세가 건축한 숱한 제단들이 그런 것처럼 말이다. 시민의 편안함은 국가의 통치 정신에 위배되지 않을 때만 누릴 만한 것이고, 그 반대는 허용되지 않는 건조물이 바로 '광화문광장'이라는 것이다.

그러나 온갖 설치물들로 가득 채워진 공간, 인색하나마 여흥이 있는 공간, 그러나 정치적 의사표현은 제약되는 공간, 시민이 채워갈 '어반 보이드'(urban void)[2]가 제거된 공간, 서울시가 얘기하는 광장의 풍경이다. 그러나 이것이 광장인가? 더구나 시민의……

MB 정부가 출범한 이후 사회 양극화 문제는 훨씬 악화되고 있다. 용산 사태나 쌍용자동차 사태에서 보듯 국가가 기획하는 성장전략은 자본의 편에서 기획되고 있음이 명료해지고 있다. 한국의 민주정부들이 심어놓은 양극화의 썩은 뿌리는 MB 정부에 오면서 극대화되고 있다. 또 서울시가 대대적으로 벌려놓은 뉴타운 정책은 매우 빠른 속도로 무주택자의 빈 주머니를 톡톡 털어가고 있다.

그리고 무려 445억 원을 들인 광화문광장은 그러한 자본과 국가의 폭력에 시달린 대중에게 정치성을 거세한 여흥을 준다. 실은 그것마저도 너무 인색하다. 화분을 닮았다고 하는 벤치들은 디자인도 조잡하지만, 앉아 쉬기엔 너무 불편하고, 그늘을 드리워주겠다던 이파리 모양의 햇빛가리개로 볕을 피하기는 쉽지 않다. 삶에 시달리는 이들에게 주는 위조된 그늘을 상징하는 것처럼 말이다.

또 세종로 중앙에 서 있던 29그루의 은행나무를 치우고, 인조미가 펄펄 넘치는 화단을 만들어놓은 것도 바로 그런 '위조된 즐거움'을 시사하는 듯하다. 개천을 복원하겠다고 하면서 인공으로 수돗물을 흘려보내는 프로젝트로 수백억 원을 사용한 것과 마찬가지로, 100년이나 된 나무 대신에 인위적인 조성에 의해서만 시민의 눈에 다가올 뿐

2 '어반 보이드'란 직역하면 도심의 빈공간이라는 것인데, 거기에는 국가도 자본도 어느 누구의 권력의 소리도 그 장소의 의미를 미리 규정해놓지 않은 것, 하여 그 공간의 사용자가 끊임없이 새롭게 써감으로써 장소성의 의미가 구성되고 있다는 것을 가리킨다.

인 화단이 만들어진 것이다.

　　삶의 고통스러움을 위로받을 수 있는 체제는 과연 불가능한 것일까. 성장전략은 늘 이렇게 고통을 주면서 그것을 은폐함으로써만 실행되는 것일까. 미국이 그랬고 일본이 그랬다고 하는 말들은 이제 설득력을 잃었다. 국민을 위해서 다른 상상을 할 줄 모른다면, 왜 우리는 그네들을 통치자로 받아들여야 하는 것일까. 호세아의 독설은, 그런 정부라면 차라리 없는 게 낫다는 것이다. 점점 그런 독설이 우리의 공감을 얻어가고 있다는 게 안타까울 뿐이다.

'와전된 폭력'을 넘어
폭력의 완충장치로서의 '원수사랑'

> 너희의 원수를 사랑하고 너희를 박해하는 사람을 위하여 기도하여라.
> — 〈마태복음〉 5,44

요하난 벤 자카이(Yohanan Ben Zakai)[1]를 승계한 랍비 가말리엘 2세 (Gamaliel II)[2]가 보낸 서신을 수령한 팔레스티나와 디아스포라의 수많은 이스라엘인들의 회당들에선 일대 소요가 일어났다. 그 서신은 '랍비 요하난 님의 가르침대로 율법을 충실히 지키는 데 최선을 다할 것이며,

---

1 서기 66~70년의 반로마 전쟁에서 패전한 후 헤롯 왕족이나 사제귀족 세력은 역사에서 사라져 버렸다. 이런 상황에서 이스라엘 공동체의 재건을 이끌었던 것은 바리새파 계열의 랍비를 주축으로 하는 이스라엘인들의 회당체제였다. 이 체제를 흔히 '랍비적 바리새주의 체제'라고 하는데, 그것은 요하난 벤 자카이에 의해 시작된 것이었다.

2 〈사도행전〉 5,34~39와 22,3에 나오는 가말리엘(1세)은 힐렐계의 온건파에 속했다면, 그의 아들 혹은 손자인 가말리엘 2세는 대단히 근본주의적 힐렐파 지도자로, 요하난 벤 자카이를 이어 제2대 지도자가 된다. 주목할 것은 그가 이스라엘계 디아스포라 사회에서 예수 추종자들을 가혹하게 추방하도록 선동한 장본인이었다는 점이다. 이 사건으로 인해 예수 추종자들은 서기 80년대 이후 각 지역의 회당에서 속속 축출당하며, 이로써 본격적인 대안적 제도로서의 교회가 탄생하게 되었다.

나사렛 도당들은 저주받아 마땅한 자들이니 그들을 색출하고 추방하는 것이 마땅하다'는 내용을 골조로 하고 있었다.[3]

    반로마 항쟁에 실패하고 온통 잿더미가 된 전후 이스라엘 사회의 복구를 담당할 수 있는 거의 유일한 주체는 서기 70년 이후 어느 때에 얌니아에 세워진 '율법학교'였다. 이 학교의 창설자인 요하난 벤 자카이는 전쟁에 반대했던 유대계 온건 바리새파 지도자로 매우 융통성 있는 인물이었다. 그는 폐허가 된 강토를 복원하기 위해서는 온 이스라엘인의 단결이 최우선이라고 생각했고, 이를 위해 율법에 대한 충성을 극도로 강조했다. 그가 정치적 온건파였기에 로마 황제 베스파시아누스(Titus Flavius Vespasianus, 서기 69~79년 재위)는 그의 프로그램을 적극 후원했고, 이로 인해 많은 이스라엘 공동체들은 그를 지지했다.

    한데 요하난이 죽은 뒤 그를 승계한 가말리엘 2세는 전혀 다른 캐릭터의 인물이다. 그는 전쟁에 가담했던 행동주의적 바리새파 랍비 출신이었고, 여러모로 전임자보다 과감하고 공격적이었다. 서기 80년 이후 어느 때쯤에 그는 율법학교를 보다 강력하게 재구축하고자 했고, 이에 '율법의 집'(베트 미드라시)이라는 뜻의 종교적 교육기구를 '재판의 집'(베트 딘)이라는 뜻의 행정적 기구로 확대 개편한다. 여기서 그는 율법을 강력한 도덕적 규준으로 해석했던 요하난 벤 자카이를 계승하

---

3 이것은 당시 정황을 유념하면서 만든 가상의 서신이다.

였지만, 더 나아가 그것을 법률적 틀로 재설정하여 적용하고자 했던 듯하다. 그의 이러한 강도 높은 전후(戰後)의 개혁정책을 기점으로 이스라엘 사회는 유대주의적으로 재건된다. 사마리아식 이스라엘 재건운동도 있었지만 그 영향력은 미미했다. 하여 전후 이스라엘 사회는 점차로 유대사회로 대표된다.[4]

아무튼 가말리엘 2세는 이런 맥락에서 18개조의 기도문을 만들어 모든 이스라엘 공동체의 신앙을 표준화하려 했다. 한데 이 기도문의 제12조는 예수를 추종하던 회당 내의 사람들인 '나사렛 도당에 대한 저주'가 실려 있다. 또 100년경에는 39편의 정전적 텍스트를 확정한다.[5] 이것 역시 이스라엘 공동체의 신앙을 보다 명료하게 하려는 시도임에 분명하다. 여기서 주지할 것은 가말리엘 2세의 전후 이스라엘 사회의 복구 프로그램은 근본주의적 바리새주의의 기조를 띠었다는 것이다.

팔레스타나와 비팔레스타나 지역에 세워진 일부 회당들에서 나사렛 예수의 가르침을 공공연히 얘기했던 이들이 소환되었고 심문을 받는다. 심문의 주요 목적은 그 일파의 우두머리를 포함한 전체를

---

4 하지만 이것을 너무 과장해서 이해하는 것은 금물이다. 그 속도는 우리가 상상하는 것보다 훨씬 느렸다. 서기 8세기경에 이르러서야 이스라엘 사회는 유대사회라고 단정해도 과언이 아닐 정도로 유대적이게 되었다.
5 개신교가 사용하는 제1성서(구약성서)는 바로 이때 확정된 정전텍스트 묶음과 일치한다.

색출하려는 데 있었다. 매질은 그들이 동료를 밀고할 때까지 그리고 자신의 생각이 잘못된 것임을 목숨을 다해 반성하겠다고 서약할 때까지 계속되었다.

어떤 이는 끝까지 버티다 매질에 죽었고, 어떤 이는 집안의 재산을 몰수당하고 공동체로부터 추방당한다. 또 어떤 이는 가혹한 매를 맞은 뒤에 훈방 조치된다. 추방당한 자는 이제 더 이상 이스라엘 공동체의 보호를 받을 수 없게 되었다. 팔레스티나의 이스라엘 사회는 말할 것도 없거니와, 비팔레스티나 지역의 이스라엘계 회당에서 축출당한다는 것은 정글과 같은 야수들의 사회에서 어떠한 보호막도 상실해 버린, 하여 극도의 위험 속으로 아무런 방비 없이 내던져진 것에 다름 아니었다.

그뿐만이 아니다. 그들 가운데 다수는 회당의 판관들 앞에 끌려가 모진 고문을 받으며 동료를 밀고해야만 했던 이들이다. 자기를 밀고한 이와 자기가 밀고한 이, 그들 중 어떤 이는 겨우 추방을 모면했고, 어떤 이는 함께 추방당하는 운명에 저해졌나. 배신감에 분노했고 동시에 배신한 자신을 저주한다. 그런데 그들과 계속 이웃하며 살아야 했고, 또한 그들 중 일부와 다시 공동체를 만들지 않을 수 없는 상황에 놓여야 했다.

〈마태복음〉을 만들어낸 이들도 바로 그런 사람들이었다. 아니 실은 그 이상이었다. 이들은 아마도 갈릴리 북쪽 경계 밖, 그 인근에서 살아야 했던 이스라엘인들이다. 이들 중 상당수는 전란 전후에 화를 피해 이주했던 난민들이었다.

진압 로마군은 정규군만 6만에 이르는 대군이었다. 이만한 병력이 진군하기 위해 인근 족속들이 겪었던 고초는, 비록 자료가 없어도, 충분히 상상할 만하다. 무자비한 징용과 징발이 자행되었다. 뿐만 아니라 로마군과 함께 진압작전에 투입하고자 수만 명의 청년들을 징병으로 끌고 갔다.

로마의 진압 작전은 그야말로 잔혹했다. 로마의 입장을 고려하면서 이스라엘인들의 반로마전쟁의 역사를 썼던 요세푸스(Josephus, 서기 38~100년경)[6]조차도 그 상황을, 로마군이 닥치는 대로 불사르고 약탈하고 노예로 끌고 가고 강간하고 죽여대는 만행을 더는 숨길 수 없을 정도였다.

여기서 강제징병된 인근 족속의 병사들은 로마군을 따라 무자비한 학살자 역할을 수행했지만, 그것만이 전부는 아니다. 의도하지도 않았고 준비도 안 된 채 잔인해져야 했던 이들은 그 참혹함을 견뎌낼 마음의 준비도 갖지 못했다. 칼로 상대방을 찌르는 순간, 상대의 몸속을 파고드는 날의 소름끼치는 전율을 체감해야 했다. 찢긴 살에서 튀

---

6 반로마전쟁 당시 약관의 청년이던 요세푸스는 반로마 임시정부가 파견한 갈릴리 지역의 지도자였으나, 로마 황제에게 귀순하여 평생을 황제를 위해 일하였고, 그 시선에서 방대한 이스라엘의 역사서들을 집필한 인물이다.

어나온 핏덩이들이 몸으로 얼굴로 사정없이 날아든다. 살이 터지는 소리, 그리고 비명소리……

어쩌면 그들의 고통은 고향으로 돌아온 뒤에 본격적으로 시작되었는지 모르겠다. 그들도 적지 아니 전쟁에서 죽었고, 부상당해 불구가 되었을 것이다. 또 멀쩡하게 돌아왔다손 치더라도 그 전율의 체험으로 정신이 파괴되고 설명할 수 없는 병에 들어 앓곤 했을 것이다. 또 징용, 징병, 징발 등으로 겪은 고초에 많은 가족이 해체되었고 심각한 위기를 겪었을 게다. 바로 이러한 상황에서 사회는 심하게 병들었음 직하다.

그렇지만 이곳 원주민들은 로마군을 향해 증오를 표현할 순 없다. 그러기엔 저들은 너무 강하다. 사람들은 치밀어 오르는 분노를 안고 살아야 하지만 그 분노는 다른 곳, 보다 약한 곳으로 표출되어야만 한다. 물론 이것은 의식된 행동이 아니다. 그랬더라면 약자를 공격하는 분노를 자기 자신도 용납하지 못했을 것이기 때문이다. 하여 사람들은 자신 속에 이유 모르게 치밀어 오르는 것을, 다른 대상을 향하여, 가령 인종주의적으로 표현하게 됐던 것이다.

마태공동체는 바로 이러한 분노의 대상이었다. 그나마 이스라엘인들의 회당에 속했다면 로마 공권력의 보호를 받을 수 있고, 또 이스라엘 사회의 후견을 받을 수 있었다. 하지만 회당에서 쫓겨난 이들에겐 그것마저 사라졌다. 지역사회의 적나라한 분노의 대상이 된 존재들, 바로 그들이 마태공동체인 것이다.

　　이유 없이 미움의 대상이 되고 이유 없이 집단폭력을 당한 사람들, 그들은 과연 어땠을까? 폭력은 많은 경우 연쇄반응을 일으킨다. 마태공동체는 이스라엘인들의 회당으로부터 린치를 당하고, 지역사회 대중으로부터 공격을 당한다. 회당에서 쫓겨날 때 자신도 이웃을 밀고하였기에 자기를 밀고한 이의 심정을 이해할 법도 하지만, 폭력에 무방비로 노출된 이들, 그러나 그 가해자에게 그것을 되돌려줄 수 없는 이들, 바로 이 상처받은 사람들은 저들 가해자가 아니라 자기의 이웃, 자기의 가족을 향해 미움을 표출한다. 필경 그뿐만이 아닐 것이다. 대개의 가정폭력이 그렇듯이, 많은 상처받은 이들은 자기의 아내, 자기의 자녀를 향해 폭력을 행사한 것이다. 마태공동체에도 그런 일이 있었으리라는 것은 미루어 짐작할 수 있다.

　　이것이 마태공동체가 처한 상황이었다. 해서 어느 복음서보다 이 텍스트는 폭력적인 표현들로 들끓고 있다. 해서 어느 복음서보다 이 텍스트는 분노의 언어들이 난무한다. 일상화된 폭력, 폭력에 대한 감수성이 현저히 퇴화된 상황에서, 사람들은 주체할 수 없는 폭력성을 이런저런 모양으로 드러내지 않을 수 없었을 것이다. 서로를 미워하고 보다 약한 자들을 향해 분풀이하는 일이 도처에서 드러났을 것이다. 바로 그런 상황에서 복음서의 지도자는 예수의 가르침을 다른 데서 좀처럼 볼 수 없는 방식으로 기억해낸다.

이 글 서두에 인용한 저 유명한 텍스트는 오늘날 그리스도교인뿐 아니라 많은 비그리스도인들에게도 깊은 감명을 주는 것이지만, 실은 그 맥락을 섬세히 살피지 않으면 이해하기가 매우 난해하다. 우선, 과연 그것은 가능한 요구인가? 영화 〈밀양〉의 '신애'가 그랬듯이, 원수를 용서하는 것도 불가능에 가까운데 거기에 사랑까지 하라니. 골방에서 하는 말이 아니라면 도대체 그것이 어떻게 가능한가?

하지만 마태공동체로선 그렇게 하지 않을 수 없었다. 복수하려고 해도 할 수 없는 처지였다. 그런 상황에서 분을 삭이는 게 아니라 더욱 고조시킨다면, 표현할 수 없는 분노는 다른 대상을 향해 와전되기 마련이다. 물론 무의식적으로 말이다. 이웃, 아내, 자식 등등, 약자는 그러한 와전된 폭력성의 상투적인 희생양이 되었을 것이다. 〈마태복음〉에서 적나라하게 나타나는 폭력적 언사들은 아마도 폭력에 대한 감수성이 해체된 공동체의 사회심리적 병리성을 시사하고 있다고 볼 수 있다. 오늘 우리는 이와 같이 전쟁을 겪은 사회에서 폭력이 일상화되어 있고, 약자를 향한 사회의 가학성이 무분별하게 만연된 현상을 흔히 볼 수 있다. 마태공동체도 그러했던 것으로 보이고, 그렇기에 이 공동체는 '원수를 사랑하라'는 예수의 이 가르침에 특별히 주목하고 있었던 것이리라.

폭력의 완충이 필요하다. 어디에선가는 그것을 '단'(斷)하는 과감한 선언이 필요한 것이다. 그런데 앞서 말했듯이 폭력을 억제하면,

그것이 내면으로 들어가서 엉뚱한 곳으로 와전된다. 그렇기에 단순히 억제하는 것만으로는 해결책이 아니다.

한데 〈마태복음〉은 이러한 주의 계율을 이스라엘인, 그중에서도 근본주의적인 랍비적 바리새파의 주역들보다 더욱 철저히 수행해야 한다고 말한다. 이것은 이스라엘인보다 우월한 자의식으로 신앙이 구성되어야 한다는 것을 뜻한다. 할 수 없어 참는 게 아니라, 저들보다 우월한 자기를 갖고자 하기에 참는다는 것이겠다. '우월감'이다. 피해로 인한 자아의 파산이 아니라, 더욱 견고한 자아의 구축, 이것이 바로 〈마태복음〉이 말하는 '폭력을 넘어서는 (하나의) 법'이었다.

지난 2010년 경찰청 자료에 의하면 살인피의자들의 동기별 범죄 가운데 '묻지마 범죄'가 차지하는 비율이 2007년부터 3년 동안 전체 살인범죄의 70~90%를 차지하고, 그 추세 또한 증가추세에 있으며 증가의 비율이 3년 새 56%나 증가했다. 범죄 프로파일러들의 분석에 의하면 이러한 '묻지마 범죄'

연도	2007년	2008년	2009년	2010년 (4월 기준)
금전욕심	15	14	9	3
도박관련	6	1	0	1
보복	54	2	2	2
가정불화	72	40	48	10
호기심	4	0	2	1
이성유혹	3	4	0	0
우발·현실 불만("묻지마 범죄" 성향)	366	454	572	165
부주의	3	2	3	0

자료: 경찰청

는 사회적 스트레스를 스스로 통제하는 데 실패한 심리적 불안정 상태가 사소한 요소를 핑계 삼아 폭발한 것으로 해석한다. 즉 분노조절장애, 사회적 스트레스, 촉발요인, 이 세 가지가 결합된 범죄라는 얘기다.

한데 최근 이 범죄가 급증한 것은 분노조절장애와 사회적 스트레스, 이 두 요소와 관련이 있을 것이다. 물론 그것은 신자유주의적 무한경쟁사회가 낳은 부작용이다. 지난 시대와 구별되는 신자유주의 시대의 경쟁 문화의 특징은 경쟁을 '내재화'시켰다는 데 있다. 과거에는 경쟁의 대상도 목표도 구체적이었다. 그것은 마치 계단처럼 단계별 통과의례를 거치면서 진행된다. 한데 신자유주의 시대에는 그 계단이 사라졌다. 마치 흐름을 거슬러서 가야 하는 에스컬레이터 같다. 제자리에 서는 것은 뒤로 밀려가는 것이니 쉴 새 없이 전진해야 한다. 한데 그 에스컬레이터 방향이 아래로 향한다. 하여 가는 길은 힘들지 않은 것 같은 느낌이다. 갈 만하다고 생각하고 조금 속도를 내면 실제로 전진도 가능하다. 그런데 문제는 그 끝이 안 보인다는 점이다. 갈 만하고 갈 수 있다는 생각에 사로잡혀 있지만 한없이 가야 하고 잠시 멈출 수 없다.

해서 어떤 사상가는 신자유주의적 무한경쟁사회를 '피로사회'라고 불렀다. 모두가, 성공한 자든 실패한 자든 피로증후군에 시달리는 사회다. 심지어 피로사회론이 담고 있지 않은 피로증후군도 있다. 피로사회론은 노동하는 이들에 관한 이론이라면, 할 수 있다는 생각에서 쉼 없이 일하다 자기가 '소진'(burn-out)되는 것에 관한 것이라면, 일단의 다른 이론가들이 말하는 피로증후군은 노동결핍의 산물이기도 하다는 것이다. 즉 실직자나 노숙자 등에게서 이런 증상이 더욱 심하게 나타난다는 것이다. 아무튼 우리 사회는 더 좋은 직위에 있는 이도, 더 열악한 직위에 있는 이도, 일자리에서 퇴출된 이도, 가족에서 퇴출된 이도, 심지어 자기 자신에게서 버림받은 이도 내면의 피로감에서 자유롭지 못한 사회가 되었다.

이것이 오늘날의 사회적 스트레스 심화의 양상이다. 그리고 스트레스의 심화는 사회적 분노증상을 낳았다. 사람들은 점점 더 화를 삭이지 못하게 되었다. 그리하여 분노조절에 실패하는 일이 자주 발생하고 그 극단의 지점에서 묻지마 범죄 혹은 묻지마 살인이 급증하게 된 것이라는 얘기다.

그 무렵 이런 사회현상이 심각하다는 문제의식에서 내가 속한 교회는, 기획한 것은 아니었지만, 폭력과 복수, 사랑 등에 대해 진지한 토론을 몇 주 동안 나누었다. 나는 이러한 고민의 연장에서 '원수를 사랑하라'는 〈마태복음〉 5,44을 주의 깊게 생각해보려 했다. 그것은, 적어도 이 텍스트에 대한 나의 해석에 따르면, 우리가 그간 나누었던 폭력과 용서에 관한 논의에서 빠진 부분을 말해주고 있다고 생각되었기 때문이다.

그간 교회에서 서로 얘기했던 것은, 첫 번째 폭력과 그것에 응징하는 대항폭력(두 번째 폭력)이 완전히 등가적일 수는 없다는 점이었다. 셰익스피어의 희곡《베니스의 상인》이 그러한 비등가성을 소재로 하고 있듯이 세상은 결코 등가적 거래를 할 수 없고, 그처럼 복수도 비등가적이라는 것이다. 등가적일 수 없기에 제2의 폭력은 다시 제3의 폭력을 낳고, 이렇게 폭력은 악순환하게 된다는 얘기다. 하여 현대사회의 법률 체계는 이러한 보복의 등가성의 근원적 한계 때문에 그것을 정지시키기 위해 국가가 폭력을 독점하는 법률을 발전시킨 것이라는 해석이 제시되었다.[7] 하지만 국가가 복수를 대행한다고 해도 그 원한은 해소되지 않는다. 해서 그 공백을 채우기 위해 대체물로 용서, 사랑 같은 윤리적·종교적 문제의식이 제기된 것이 아니냐는 흥미로운 의견이 나왔다. 그런 점에서 원수사랑의 신학은 복수의 정치학을 해체하는 신앙적 문제의식의 발로라고 할 수 있다는 것이 이 토론들의 잠정적인 결론이었다.

　　교인들 간의 토론이 이렇게 멋진 이해에 이르게 됐다는 것에 나는 경의를 표하지 않을 수 없다. 그리고 그 토론의 일원으로서 나는 생각의 많은 자극을 받았다. 하지만 그럼에도 폭력에 관한 다른 하나를

---

7 고대의 법전들은 '이는 이로, 눈은 눈으로'와 같이 대개 복수의 등가성을 원리로 한다. 그러나 가령, 이를 부러뜨린 이에게 등가의 복수를 수행하였는데 마침 그 사람이 허약한 사람이어서 그 일로 죽게 되었다면 복수는 다시 죽은 이의 가족에게로 넘어간다. 이렇게 완전한 등가성이 불가능하기 때문에 복수는 꼬리를 물고 계속될 수 있다. 하여 근대의 법은 개인의 복수를 허용하지 않고 국가가 독점하는 방식으로 문제를 해소하려 하였다. 하지만 피해자는 그 감정에서 벗어나지 못한다는 데 여전히 문제가 남는다. 근대법은 이 문제를 해소하지는 못한다.

이야기할 필요가 바로 예수의 원수사랑 가르침에 대한 마태공동체의 해석을 주목하게 했던 이유다.

그 다른 하나의 문제의식이란, 간단히 얘기하면 '폭력의 와전 현상'이다. 이것은 첫 번째 폭력이 많은 경우에 응징되지 못한다는 것을 주목하는 데서 시작된다. 특히 가해자가 강자인 경우 그렇다. 그(녀)의 권력 때문에 많은 경우 피해자들은 복수를 포기한다. 한데 문제는 그것으로 끝나지 않는다는 데 있다. 피해자는 끓어오르는 분노를 삭여야 하지만, 그것이 그렇게 간단히 사라지지는 않는다는 데 있다. 특히 문제는 의식에서 사라지지만 무의식에서 분노가 계속되는 경우다. 그것은 종종 다른 존재를 향한 공격성으로 표출되곤 한다.

이는 두 가지로 나누어 생각할 수 있는데, 하나는 외부를 향한 공격성이요, 다른 하나는 내부를 향한 공격성이다. 후자는 자기 몸이나 정신을 공격하여, 자아가 (치명적으로) 훼손되는 경우다. 반면 전자는 전혀 엉뚱한 타자를 향해 가해지는 뜬금없는 폭력이다. 그리고 그러한 폭력은 먹이사슬처럼 계속 와전된다. 이를테면, 사회에서 상처받은 가부장은 아내에게 폭력을 행하고, 남편의 린치의 대상인 아내는 자녀를 때린다. 그리고 자녀들은 학교에서 이른바 '왕따'에게 가해한다. 이렇게 폭력의 먹이사슬의 말단부에 위치한 존재를 '희생양'이라고 부른다. 보복할 수 있는 사회적 수단을 갖추지 못한 존재, 심지어는 자아까지 훼손되어 복수의 주역으로 스스로를 주체화할 수 없는 존재, 바로 그런 이들이 희생양으로 선택되어 사회적 폭력성의 최후의 대상이 된다는 것이다.

이렇게 폭력은 종종 권력 때문에 당사자에게 제대로 앙갚음 되지 못하고 엉뚱한 제3자에게 전가된다. 가령, 남편 또는 아버지에게, 혹은 오빠에게 상습적인 폭력을 당한 아내나 자식 혹은 여동생을 우리는 기억해야 하기 때문이다. 말했듯이 대부분의 가정폭력은 가해자가 다른 곳에서 받은 상처를 자기보다 약한 자에게 전가하는 행위다. 위에서 이야기했던 것처럼 '집단따돌림' 현상도 상처받은 이들이 만만한 타인에게 전가하는 집단적 폭력이라고 할 수 있다. 또 오늘날의 테러리즘은, 적을 상징하는 표적을 겨냥했던 과거의 테러리즘과는 달리, 엉뚱한 제3자에게 폭력을 가함으로써 그 효과를 배가하려는 전략으로 바뀌고 있다.

이렇게 폭력은 연쇄적으로 일어나고, 의식하지 않은 중에 더 약한 이들을 향하고 있다. 그러므로 폭력은 많은 경우 당사자 간의 문제가 아니다. 그것은 약한 자를 공격하는 의도하지 않은 폭력의 메커니즘인 것이다. 바로 그렇기에 우리는 폭력의 완충장치가 필요하다. 바로 마태공동체가 그렇게 해석했던 것처럼, 예수의 '원수사랑 계명'은 그러한 폭력의 와전을 제어하는 신앙의 장치였던 것이다.

MB 정부는 노동도 신자유주의적으로, 경영도 신자유주의적으로, 교육도 신자유주의적으로, ……, 모든 것을 신자유주의적으로 바꾸고 싶어 하는 정부다. 그러한 변화가 저성장의 수렁에 빠진 우리의 구출해줄 수 있는 동아줄이라는, 시민사회의 안이한 생각이 그러한 정부를 탄생시키게 했다. 한데 과연 그런가. 참여정부에서 MB 정부로 이어지는 시기에 '묻지마 범죄'가 급증한 것은, 그 원인을 단정하기는 어려워도, 하나의 상징적 사례로 해석해도 무방하다. MB 정부를 경유한 오늘 우리는 그러한 해석이 무리한 것이 아님을 충분히 체험하지 않았는가? 그런 점에서 우리는 마태공동체가 전해준 예수의 원수사랑 가르침에 대한 해석을 다시 경청할 필요가 있다. 폭력의 와전을 제어하는 제도적 장치, 그러한 정치가 절실하다고.

무덤 없는 주검들

가이사랴에서 강정까지

통치가 절정에 이르던 기원전 22년 헤롯 왕은 항구도시를 대대적으로 짓기 시작했다. 이곳은 본래 항구가 있던 자리가 아니다. 항구로 사용하기엔 해안이 너무 깊었다. 그럼에도 굳이 이곳을 선정한 이유는 아우구스투스가 선물한 땅이었기 때문이다.

10년쯤 전 옥타비아누스와 마르쿠스 안토니우스가 전쟁을 벌이고 있을 때 그는 안토니우스의 지지자였다. 그런데 옥타비아누스가 악티움 해전(기원전 31년)에서 승리하고 안토니우스는 자결했다. 이로써 제2차 삼두정치의 시대(옥타비아누스, 마르쿠스 안토니우스, 레피두스)는 종식됐고 로마는 사실상 공화정에서 제정 시대로 이행했다.

정치적 후견인이 사라진 상황에서 헤롯의 통치는 최고의 위기를 맞았다. 그러나 놀랍게도 그는 옥타비아누스가 로마에서 승전 퍼

레이드를 할 때 그이를 보좌하고 있었다. 그로부터 다시 10년쯤 전에는 율리우스 카이사르(시이저)를 암살한 공화파의 일원인 카시우스가 헤롯의 정치적 후견자였다. 하지만 안토니우스가 카시우스를 격퇴하고 제국의 동방지역을 장악하였을 때 헤롯은 안토니우스의 열렬한 지지자가 되어 있었다. 정치적 위기를 맞을 때마다 그는 항상 제국의 강자 편으로 옮겨 다님으로써 성공한 자의 대열에 설 수 있었고, 제국의 강자들은 언제나 (헤롯의 경쟁자를 택한 것이 아니라) 헤롯을 선택했다. 아무튼 그의 새 후견인이 된 옥타비아누스는 로마 원로원에 의해 아우구스투스(지존) 칭호를 받았고, 아우구스투스는 그를 팔레스티나 지역의 왕으로 임명했다.

하여 그는 로마의 새 통치자에게 충성스런 봉신국 왕임을 입증할 필요가 있었다. 그가 새로 건립한 이 도시는 이런 이유로 건설된 것이다. 과거 옥타비아누스가 카이사르의 양자로 입적되었을 때 그의 이름에 '율리우스 카이사르'가 추가되었다. 이 이름을 따서 항구도시는 '가이사라(카이사리아)'로 명명되었다. 요컨대 이 도시 건설은 헤롯 정부의 안보를 위해 필요한 조치였다.

그러나 이 항구도시는 '단지 충성심' 때문에 지어진 것만은 아니다. 그는 지중해 동부에 위치한 최대의 무역항을 꿈꾸었다. 몇백 년 전 페니키아 인들이 건설했던 작은 도시는 이제 지중해 동부를 대표하는 거대도시로 탈바꿈을 시작했다.

그는 국제무역항이 필요했다. 소아시아와 시리아에서 이집트를 잇는 남북 간 뱃길의 중간 기착지 말이다. 거센 바람 때문에 뱃길의 중간 지점에서 쉬지 않으면 안전한 운행이 어려웠기에 중간 기착지를 이곳에 만든다면 국제무역항으로 빠르게 안착할 수 있었다. 또한 로마와 아라비아반도를 잇는 동서 간 국제무역에서도 지중해 동단에 위치한 항구의 필요성은 매우 중요했다.

남쪽으로 50여km 정도 떨어진 곳에 욥바라는 오래된 항구도시가 있었다. 과거 솔로몬이 레바논의 백향목을 수입해 들여왔다던 전

가이사랴 항구 사진. 헤롯이 건설했던 방파제는 현재 침수되어 있으며, 두 개의 탑도 물 속에 유적만 남아 있다.

설을 가진 유구한 역사의 항구다. 하지만 이 도시는 국제무역항으로 발전시키기엔 너무 작았고, 이스라엘 성향이 강해서 가이사랴 같은 이름을 사용하기도 쉽지 않았으며, 국제도시로서 잡다한 인구가 평온하게 거주하기에도 부적합했다.

한데 문제는 가이사랴 역시 항구가 들어서기엔 적합한 곳이 아니었다는 데 있다. 수심이 너무 깊은 데다 파도가 거센 탓에 선착장을 만들 수 없었다. 그럼에도 그는 거기에 기어이 항구도시를 건설하고야 말았다.

그는 조상 대대로 살아온 주민들은 강제로 쫓아냈다. 그리고 집을 빼앗긴 그들을 부역에 동원했다. 수심이 깊은 곳에 나무로 거대한 곽을 짠 다음에 콘크리트와 돌을 부어 수심을 낮게 하였다. 그리고 거센 풍랑을 맞으며 60m에 달하는 방파제를 건설했다. 그런 일을 어떻게 해냈는지도 불가사의지만, 그 일에 동원된 사람들이 바로 그곳 주민, 하루아침에 살 곳을 빼앗긴 사람들이었다. 그들은 이 위험하고 고된 노역을 맨몸으로 감당해야 했다. 바닷가에 살지만 바닷사람이 아닌 이들이 바다에서 목숨을 건 난해한 건축에 동원된 것이다.

그런데 이곳은 단지 국제무역항이 아니었다. 정치와 경제의 중심지이기도 했다. 하여 왕궁, 경기장, 원형극장, 수영장, 공중목욕탕 등도 건설되었다. 주민들이 살던 터에 왕족과 귀족들의 공간이 들어섰다. 또 그이들이 마실 식수를 대기 위해 멀리 갈멜 산에서 9km나 이어

갈멜 산에서 가이사랴 시까지 9km에 달하는 거리를 물을 공급하게 만든 도수교(aqueduct).

지는 도수교(aqueduct)가 건설되었다.[1]

　　여기에 건립된 헤롯 왕궁의 면모에 대해서는 당대의 역사가 요세푸스의 찬사에서 미루어 짐작할 만하다. 헤롯에 대해서 극한 언사로 비난해마지 않았던 그임에도 이 왕궁을 보고는 너무나 아름답다고 내지르고 말았던 것이다. 요컨대 이 왕궁은 동시대 팔레스티나에서 가장 아름답고 웅대한 건조물에 속했다.

---

1 무려 9km나 되는 길이의 도수교는 지상 5m 정도 높이의 수로다. 그것은, 말할 것도 없이, 다른 이들이 그 물을 먹을 수 없게 하려는 의도다. 그 물은 단지 귀족들만 독점하는 물인 것이다.

이렇게 건립된 가이사랴는 예루살렘과 사마리아에서 로마로 연결되는 국제적 '관문'이었다. 그곳은 제국의 권력이 유입되는 곳이며, 또 팔레스티나 통치자의 권력이 공고히 되는 곳이라는 의미를 갖는다. 헤롯이 죽은 직후 팔레스티나에서 권력게임을 벌이던 지도층들이 황제의 재가를 받기 위해 속속 로마로 향할 때 이 도시를 거쳐 나갔고 돌아왔다. 헤롯의 손자였으나 헤롯에 의해 척살 당한 집안의 장손인 아그립바 1세는 이곳을 통해 로마로 망명했고, 칼리굴라(서기 37~41년 재위)의 죽마고우로서 대권을 손에 쥐고 팔레스티나로 귀환할 때 이 도시를 통해 들어왔다. 또 팔레스티나의 통치자로 들어온 로마의 총독들의 관저도 이곳에 세워졌으며, 헤롯의 증손자인 아그립바 2세의 관저도 여기에 있었다. 이렇게 이 도시는 팔레스티나의 권력의 핵이었고, 그 배후에는 언제나 로마 황제가 있었다. 이곳은 로마의 정치적 식민주의의 관문인 것이다.

또한 이곳은 부의 중심지였다. 황제의 재가로 이곳에서 특권을 거머쥔 이들은 국제무역을 장악하며 막대한 부를 축적하게 된다. 이 도시는 곧 동부지중해 전역에서 가장 큰 재화가 형성되는 곳의 하나가 되었다. 그 풍요로움은 이곳을 발판삼아 처세하는 이들에게 중요한 기회가 된다.

이것은 후대에까지 계속되어 비잔틴 시대(동로마 제국 시대, 서기 306~1453년)에는 인구 10만이나 되는 거대도시로 발전하였다. 이런 규모는 당시 로마제국의 도시들 가운데서 가장 큰 도시의 하나였음을 뜻한다.[2] 요컨대 이곳은 로마의 경제적 식민주의의 관문이었다.

그런데 이렇게 소박한 어촌마을을 거대한 국제무역항으로 만들어낸 원천적 자원은 바로 원주민들의 땀과 피였다. 그들의 노동과 목숨이 기반이 되어 이 도시가 만들어졌다. 하지만 그럼에도 그들은 집을 빼앗기고 죽거나 빈민지역에 거주하는 하층민이 되거나 떠돌이가 되어야 했다.

결국 이 도시로 몰려든 사람들, 이 도시에서 성공한 사람들과 실패한 사람들 어느 누구도 그 원주민들의 고통과 죽음을 기억해내지 못하였다. 사람들은 탐욕을 가지고 이 도시로 들어오고 탐욕을 가지고 이 도시에서 살아가며 탐욕을 배우며 이 도시를 떠나간다. 반면 아무도 도시의 제일 밑바닥 층에 화석처럼 묻힌 원주민들의 몸을, 영혼을, 고통을, 삶과 죽음을 발견해내지 못했다.

〈사도행전〉에 따르면 초기 예수운동이 세계로 전파될 때도 이 도시는 관문이었다. 이방 선교의 선구자인 빌립은 이 도시에 정착했고(8,5; 26,40), 베드로가 이탈리아 부대의 백부장 고넬료(Cornelilus)에게 세례를 베푼 곳도 이 도시였다.(10장) 〈사도행전〉은 그를 최초의 이

---

2 서기 11세기 유럽에서 가장 큰 도시들인 피렌체, 베네치아, 밀라노, 제노바 등의 인구가 10만 명 정도였고, 14세기 유럽의 가장 큰 도시의 하나인 파리도 10만 명 정도였다.

방인 수세자(受洗者)로 묘사한다. 또 세 차례에 걸친 바울의 선교여정은 언제나 가이사랴를 귀향지로 하고 있었다. 그가 최후로 예루살렘을 방문할 때도 가이사랴를 통해 들어왔고, 예루살렘에서 체포된 이후 구금되어 있던 곳도 이 도시였다. 그리고 여기서 재판을 받은 후 예루살렘 법정으로 이관하려는 총독 베스도(Porcius Festus, 서기 55년 재임)의 판결에 불복하고 황제의 재판정에 서겠다고 주장한 곳도 여기였다. 요컨대 감옥과 법정까지도 선교의 무대로 해석한 〈사도행전〉은 초기 그리스도교에서 이 도시의 의의를 예루살렘에서 로마로 펼쳐지는, 곧 유대에서 이방으로 가는 선교의 '관문'으로만 보려 한다. 즉 초기 그리스도파 운동의 주요 텍스트의 하나인 〈사도행전〉에서도 이 도시는 희생자가 된 원주민의 삶과 영혼이 얽힌 땅이 아니라 유대인과 이방인 사이의 선교 거리를 극복하게 하는 관문도시로만 기억되고 있다.

　　이렇게 헤롯의 탁월한 정치력에 의해 구축된 안보도시는 정치적 관문, 경제적 관문, 선교적 관문으로만 이 도시를 의미 있게 했다. 하여 이 땅에 얽힌 존재들의 얼은, 그 생명성은 망각되었다.

　　'안보'는 통치자의 언어다. 통치자는 그 사회와 자신의 안전의 공통분모를 찾아 그것을 안보라고 명명한다. 그리고 그렇게 명명된 안보는 어떤 것과도 거래될 수 없는 절대적 위상을 지닌다. 헤롯에게 로마는 안보의 핵이다. 로마에 적대하는 것은 자신뿐 아니라 전 팔레스티나 사회를 몰락하게 할 것이다. 그는 그렇게 생각했다. 해서 로마 황제를 기리는 도시를 건립한다.

한데 도시의 건립이 그 나라의 어떤 이들에게는 안보가 아니라 '위험'을 뜻했다. 위에서 말한 것처럼 특히 원주민들이 그랬다. 그런 점에서 그 안보는 이들에겐 '위험한 안보'였다. 역설이다. 게다가 이 도시는 팔레스티나 전역에서도 가장 커다란 규모의 도시가 아닌가. 그 큰 도시를 위해 가장 작은 이들이 자기의 모든 것이 산산이 부서지도록 희생해야 했다. 더구나 국제항이다. 불가능한 것을 가능하게 하기 위한 노동, 그것은 주민들에겐 위험의 극대화를 의미했다.

안보라는 이름으로 수행된 도시 건설, 거기에 발전에 대한 욕망이 결합되면서 그 안보에 엮인 사람들의 욕구의 크기는 무한히 커졌다. 헤롯이 그랬고, 그 나라의 귀족들이 그랬다. 그리고 그 나라의 발전에서 자기의 성공까지 엮어 상상하고 있던 대다수의 사람들이 그랬다. 하지만 사실 그 안보를 위한 건설은 다른 이들의 생명을 갈가리 찢어놓는 폭력을 의미했다. 그들의 아무런 동의도 없이 말이다. 또 그런 발전의 체제가 운영되는 과정에서 숱한 희생자들이 끊임없이 나타날 것이었다. 한데 그 발전의 체제와 그것을 지탱하는 안보동맹은 점점 더 큰 탐욕으로 배를 채워갈 것이고 그 과정에서 점점 더 심화된 이익 불균형 상태를 만들어낼 것이다. 나는 이렇게 안보논리가 극단의 비대칭적 이익을 창출하는 것을 '탐욕스런 안보'라고 부르고자 한다. 곧 탐욕스런 안보는 불균형을 이루는 이익의 편파적 배분을 정당화하며, 그 희생자들의 고통을 은폐하는 담론적 장치인 것이다.

바로 그런 탐욕스런 안보의 또 다른 예가 강정의 해군기지일지도 모른다. 정부와 군이 발표한 이 해군기지의 명분은 원래 남방해역 안전과 해저자원 및 해양수송로 보호에 있었다. 한데 그것이 갑자기 대북안보 문제로 둔갑했다.

이명박 대통령이 취임 4주기인 2012년 2월 22일 기자회견에서 제주강정의 해군기지 건설을 공포하였다. 그 이틀 전에는 백령도와 연평도 해상에서 대규모의 사격훈련이 있었다. 그리고 3월 26일에는 천안함 사건 2주기가 된다. 청와대, 정부, 군, 여당, 기독교우파와 극우세력, 그리고 보수언론 등이 일제히 대북 강경발언들을 쏟아냈다. 갑자기 정국은 대북안보론이 폭풍처럼 휘몰아쳤다.

2년 전 천안함 사건 때도 6.2 지방선거 직전이었고, 정부는 초고속으로 사건 조사를 마무리했다. 박사학위 논문의 표절 문제도 심의가 두 달이나 걸리는 나라에서[3] 전례도 없는 미궁의 사건이 단지 56일 만에 명료한 결과가 발표되었다. 한데 다시 선거 직전, 해군기지 건설이 공포되고 만만치 않은 반대여론에도 불구하고 쏜살같이 공사가 진행되었다. 그리고 지배언론의 맹활약 속에서 순식간에 군사안보가

---

3 당시, 2012년 19대 국회의원 선거에서 당선된, 태권도 선수 출신 한 후보의 박사학위 논문 표절 시비가 있었고, 학위를 수여한 대학은 심의 기간이 2개월 정도 걸린다고 발표함으로써, 학위표절 문제 못지않게 2개월 심의 기간이 논란이 되었다.

우선이고, 그것을 반대하는 것은 '매국'이라는 이분법이 횡행했다.

사실 이 군사기지는 2007년 참여정부가 기안한 것이다. 여러 군사전문가들은 이것이 미국의 대(對)중국 아시아 방위전략과 결합되어 추진되고 있는 것이라는 논리를 폈다. 미국의 아시아 방위전략이 중국에 대한 광역의 포위망을 형성하는 것으로 전환되면서, 육·공군보다는 해·공군 중심의 전술이 중요해졌고 해군이 주둔하는 영구거점보다는 순환배치의 거점을 확보하는 것이 중요해졌는데, 그런 점에서 미군이 주둔하지는 않지만 유사시에 중국의 팽창을 막는 요처에 미 해군이 드나들 수 있는 기지를 만든다는 것, 이것이 강정기지의 숨은 함의라고 주장한다. 그렇다면 미국의 안보 문제가 한국 국민의 안보로 둔갑하여 추진되고 있는 셈이다.

그런데 선정 과정의 문제, 졸속의 환경평가 문제 등이 지적되면서 공사는 사실상 중단 상태에 있었고 찬·반 논의만 무성했다. 그리고 MB 정부는 취임 이후 이 문제에 전혀 관심을 기울이지 않았다. 그런데 갑자기 대통령이 해군기지 건설을 공포한 것이다. 선거와 연계시키지 않는다면 도무지 이해할 수 없는 행보임이 분명했다. 또한 4조 원 이상의 공사비가 드는 거대사업이니만큼 MB 정부가 그토록 목매고 있는 토건자본의 이해와 맞닿으니 이제까지 지난 정부의 사업인 탓에 무관심했던 게 후회스러울 만큼 광속으로 추진되고 있다. 요컨대 통치자와 지배권력의 탐욕이 강정 안보론의 핵심을 이루고 있다. 즉 미국의 안보 문제였던 것이 최근 한국의 집권세력, 그리고 거대자본의 안보와 결합되었다.

한데 바로 이런 안보론의 제일 큰 문제는 '구럼비의 눈물'을 망각하게 한다는 데 있다. 폭파되어 산산조각 나고 있는 구럼비 바위들, 그곳 물과 뭍의 생명체와 비생명체들, 그리고 그곳, 그 땅에 얽힌 주민들의 기억을 산산이 조각내는, 그러한 말살된 기억의 희생이 무시되고, 그것에 대한 항변이 묵살되고 있다. 또한 이 기지가 있음으로 해서 가중된 제주도를 포함한 한반도의 위험과 그로 인한 대중의 불안이 안보의 이름으로 간과되고 있다. 하여 '위험한 안보'이자 '탐욕스런 안보'가 만들어낸 이 무감각의 체제에서 무덤도 없이 사라진 비존재들은 기억을 상기시킬 아무런 기념비도 없이 망각되어버릴 위험에 처해 있다.

투명유리

오늘의 바울, 토건체제와 맞서다

> 하느님을 알 만한 일이 사람에게 환히 드러나 있습니다. (…)
> 하느님의 보이지 않는 속성, 곧 그분의 영원하신 능력과 신성은,
> 사람이 그 지으신 만물을 보고서 깨닫게 되어 있습니다.
> ─ 〈로마서〉 1,19~20

"그룹들(Cherubim)은 주님의 성전으로 들어가는 동문에 머무르고, 이스라엘 '하느님의 영광'(하느님의 카보드)이 그들 위에 머물렀다."〈에스겔서〉 1,19에는 이렇게 쓰여 있다. 마치 '하느님의 영광'이 존재처럼 움직여 어느 곳에 머물고 있다.

　　그곳은 성전이다. 유다국이 바벨로니아에 의해 멸망하고, 지배층 인사들을 비롯해서 병사들, 기술자들 수천 명이 유배[1]된 직후에

---

1 〈열왕기하〉 24,14~16은 바벨로니아의 느부갓네살 황제에 의해 유배된 이들의 총수를 18,000명이라고 하고, 〈예레미야서〉 52,28~30에서는 느부갓네살이 세 번에 걸쳐 4,600명을 끌고 갔다고 한다. 일반적으로 연구자들은 〈열왕기하〉보다는 〈예레미야서〉의 내용이 좀 더 신뢰할 만한 것으로 본다. 하지만 〈예레미야서〉의 숫자도 작위적인 느낌을 지울 수 없다. 그럼에도 굳이 말하자면, 아마도 수천 명 정도가 유배되었을 것이다. 이들 유대 유배민들은, 유프라테스 강 중류 지역의 고대 수메르 유적지인 니프르(Nippur) 지역 일대에 대략 30개 정도의 황무지로 분산 배치되어 정착촌을 만들어 살았다.

그 유배민 정착촌 지역에서 활동했던 한 예언자의 말이지만, 이것은 훗날 귀환공동체에서 성전종교가 탄생하는 하나의 계기가 된다. 그때까지 야훼종교는 왕실종교였다고 해도 과언이 아니다. 야훼는 왕실과 더불어 존재했고, 일종의 왕실의 후견인에 다름 아니었다. 하여 유다 왕실의 몰락은 야훼의 몰락을 뜻했다. 그런데 그 왕실이 진짜로 몰락했다. 유다국의 야훼신학은 위기에 처한 것이다.[2]

이때 바벨로니아 식민지 시대, 유배된 공동체들 사이에서 활동했던 예언자 에스겔은 환상 속에서 야훼가 성전에 머무르는 것을 본다. 그것은 왕실이 없어도 성전만 있다면 그이는 존재하는 분이라는 점을 말하고 있다. 그때는 성전도 불타고 없었던 때인데 말이다.

하지만 훗날 성전이 다시 지어졌을 때, 이 예언자의 환상은 하나의 종교를 탄생시키는 근거로 활용된다. 바야흐로 성전종교가 등장하게 된 것이다. '유대교'라는 야훼신앙의 한 변종, 배타주의적 성격을 고도로 강화시킨 신앙 양식은 이렇게 해서 역사에 태동하였다.

한데 여기서 하나 더 언급해야 한다. 에스겔은 하느님을 본 것이 아니라 '하느님의 영광'을 보았다. 그에게 하느님은 너무 숭고하고

---

2 요시야 왕은 유다국 왕실의 후견인으로 고착되어버린 신에 관한 신앙을 개혁하고자 했다. 그 개혁안에는 다윗 왕실을 무조건 축복하는 신학이 아닌 야훼가 원하는 개혁에 공조할 때에만 다윗 왕실에 대한 축복을 계속 유지한다는 조건부 축복의 신학으로의 갱신이 포함되어 있다. 하지만 요시야의 개혁은 아시리아–이집트 제국 세력이 왕을 포함한 개혁주체세력을 무참히 짓밟아 버림으로써 좌절하고 말았다. 하여 요시야 개혁은 훗날 끊임없는 사회개혁의 메시지로만 살아남았다.

초월적이어서 볼 수 없었다. 유대교는 이렇게 너무나 초월적인, 범접할 수 없는 이, 바로 그이를 숭배한다. 그이는 성전 안에 계신다. 제사장만이, 아니 대제사장만이 대명절 때에 단 한 번 들어갈 수 있다는 성전 지성소 안에 계신다. 아니, 아니, 실은 지성소 안에는 아무것도 보이지 않는다. 그곳은 아무런 조명도 없는 칠흑의 공간이다. 단지 그곳에 계신다는 법궤 같은 상징물만이 상상 속에서 보일 뿐이다. 아니, 아니, 아니, 성전 지성소 안에서 볼 수 있는 것은 그런 상징물에 대한 상상도 아니다. 신은 어떤 형체로도 상징될 수 없다. 에스겔이 본 하느님은 바로 '그분의 영광'이다. 형상이 아니고 형상에 대한 상상도 아닌, 형상 해체적인 존재인 '영광'으로 신은 인간에게 당신을 나타낼 뿐이다. 이런 에스겔의 전통을 더 극단적으로 발전시키면서 탄생한 유대교는 성전 안에 지극히 초월적인 하느님의 영광이 머물러 있다는 믿음, 그 위에서 출발한 종교다.[3]

　　　여기서 글 서두에 인용한 바울의 텍스트를 보자. 여기서 바울은 그러한 유대교의 초월적 신성에 대해 반론을 편다. 하느님의 보이지 않는 속성에도 불구하고, 사람들은 그이를 본다는 것이다. 바로 그이가 '창조한 만물 속'에 당신이 드러나 있다고 말이다.

---

3 물론 이후 수백 년간 지속되면서 유대교는 내적으로 다양한 신앙형식들을 발전시켰고, 그중에 배타성이 지양된 종파운동들도 탄생했다. 하지만 그 이전 시대의 야훼신앙 유형들과 비교하면 유대교라는 신앙의 매트릭스는 배타성이 보다 강화된 양식이다.

유대교는 하느님을 보려고 안간힘을 썼지만, 그이는 성전 속에, 아무도 볼 수 없는 곳에 있다. 더구나 그 안에는 하느님이 아닌, 그이의 영광만이 있다. 그나마 그 영광을 볼 수 있는 것도 대제사장뿐이다. 하여 유대교에서 '봄'은 권력과 결부되어 있다. '시선의 권력'에 의해 엄히 통제되는 종교인 것이다.

반면 바울은 다른 패러다임으로 하느님이 당신을 드러낸다고 주장한다. 하느님을 보고자 하는 이는 볼 수 없으나, 그이는 당신이 지은 존재들 속에 깃들어 있다는 것이다. 더욱이 바울은 그것을 이렇게 표현한다. 그이는 "'환히' 드러나 있"다.(〈로마서〉1,19)

또한 그이를 볼 수 있는 이는 대제사장만이 아니다. "그 지으신 만물을 보"는 이는 누구나 "깨닫게 되어 있"다.(〈로마서〉1,20) 초월자를 보고자 하는 이는, 권력의 시선에만 찔끔 드러낼 뿐, 아무것도 볼 수 없지만, 만물 속에 '내재하는 신'을 보고자 하는 이는 그이를 환히 볼 수 있다. 특히 세상의 존재들을 보고, 그 존재들의 고통과 신음 소리를 애틋하게 들을 줄 아는 이는 모두가 그이를 환히 본다.

모든 피조물이 …… 함께 신음하며 함께 해산의 고통을 겪고 있다는 것을, 우리는 압니다.

—〈로마서〉8,22

하여 바울은 하느님을 보는 것에 관한 신학적 주장에서 '시선의 권력'을 해체하고 있다. 바울은 지성소를 가로막고 있는 장막 대신에 '투명유리'를 두었고, 그 유리를 통해서 하느님을 모두에게 환히 드러내고 있다고 강변하는 것이다.

얼마 전 내가 사는 지역의 구청 청사가 새로 지어졌다. 그 전면이 시멘트가 아니라 투명유리로 되어 있는 건물이다. 옛날 청사는 8차선 도로에서 좁은 길을 따라 1백 미터는 올라가야 있다. 학교 운동장 절반만한 주차장 저편에 청사 건물들이 있다. 언덕에 위치한 청사 주위에는 높은 담장이 있고, 담장을 따라 나무가 또 하나의 담벼락처럼 줄지어 서 있으니, 흡사 하나의 작은 성채 같은 구조물이다. 닫힌 구조, 왠지 중차대한 일이 있지 않는 한, 출입하지 않는 게 나을 법한 구조다.

과거엔 성전도 그랬겠다. 높은 성전 외벽이 있고 그 안에 개종한 이방인들의 뜰, 유대 여인들의 뜰, 유대 남자들의 뜰, 그리고 성전 내벽 안에는 사제들의 뜰과 창문 하나 없이 밀폐된 구조의 성전 본당이 있다. 또한 그 안에 다시 두꺼운 장막으로 나뉜, 대제사장만이 명절 때만 들어갈 수 있다는 지성소가 있다. 친근감보다는 경외감으로 둘러싸인 건조물이다. 그곳에 '지극히 높은 이'가 있고, 그이를 만나려면 충분한 자격을 갖춰야만 할 것 같은, 그런 곳이다. 유리가 아닌, 무수한 장벽들로 둘러싸인 '막힘의 공간'이다.

한데 새 청사는 언덕이 아니라 평지에 지어졌다. 같은 8차선

도로지만, 더 넓어 보이는 도로 한편에 담장도 없이, 모두에게 열린 문처럼 개방된 모습으로 서 있다. 더욱이 그 전면이 유리이니, 마치 속이 다 들여다보이는 듯하다. 투명한 행정, 누구에게나 공개되고 누구나 쉽게 드나들어도 될 것 같은, 들어가면 구청장이 환한 얼굴로 나를 반겨줄 것 같은, 하여 나의 소박한 민원에도 귀 기울일 것 같은 기분이 들게 한다.

여기만 그런 것이 아니다. 서울과 인근 신도시에 건설된 구청과 시청 청사는 유리벽 전면인 경우가 유난히 많다. 필경 투명한 행정을 과시하려는 것이겠다. 필경 모두에게 열린 개방된 공간임을 자부하려는 것이겠다.

그런데 실은 그 안으로 들어가면 밖이 훤히 보이지만 밖에서 안은 잘 보이지 않는다. 그 유리는 투명유리가 아니라 투명유리를 가장한 유리, 곧 '거짓 투명유리'다. 아예 투명함을 포기한 듯, 폐쇄 양식의 건조물은 안이든 밖이든 서로를 볼 수 없게 하는 구조로 되어 있다. 반면 투명한 듯 착각을 일으키지만 투명함을 거부하는 투명유리 아니 '거짓 투명유리' 양식은 시선의 권력이 훨씬 더 정교화된 근대 민주사회의 전형적 건조물에 속한다. 그것은 두 가지 효과를 통해 지배를 실현하는 사회를 상징한다. 하나는, 밖에 있는 자에게는 마치 투명하고 평등한 사회에 살고 있는 듯 착각하게 한다는 것이다. 그리고 다른 하나는, 안에 있는 자가 밖을 훤히 응시할 수 있는 능력, 아니 권력을 부여한다는 것이다.

실제로 바로 그곳, 시청과 구청에서 수많은 재개발밀약이 맺어졌다. 건설에 살고 건설에 죽는 나라의 미친 재개발사업의 '밀실 삼각동맹'이라는 '행정관서-금융기관-건설주'의 밀약은 바로 이 '거짓 투명건물' 안에서 아무도 모르게 맺어졌다. '안'에 있는 이들은 세상을 환히 볼 수 있고, '밖'의 시민사회는 그 안을 모른다. 그리고 마치 법이 평등하다는 착각 아래서 그 재개발사업에 환호하고 욕망한다.

한데 부패지수가 대단히 높은 우리 사회에서 1990년부터 2006년까지 언론에 보도된 부패사건을 분석하면 전체 부패건수의 55% 이상이 건설과 주택 관련 분야에서 일어났다고 한다. 실제로 수많은 건물들에는 소송이 걸려 있고, 또 정치자금이 은닉되어 있다는 의혹을 끊임없이 불러일으킨다. 시민사회 각각은 그 부패양상이 너무나 일상화되어서 경각심조차 갖지 않고 건축 메커니즘의 일원으로 끼어든다.

도시재개발사업의 경우는 규모가 훨씬 커서 행정관서-금융기관-건축주의 삼각동맹은 합법적 틀을 따라 진행되곤 한다. 건설 투자가 총투자액의 20%를 넘나들고, 건설업이 국민총생산의 20% 가까운 비중을 차지하는, 하여 경제협력개발기구(OECD) 평균의 두 배나 되는, 건설에 미친 사회에서 법은 이미 이들 재개발주체에게 유리하게 작용한다.

그러니 법이 공평하다고 생각하면서 재개발에 환호하고 욕망을 나누었던 평범한 시민은, 그중 많은 이들은 치명적인 피해를 입고 몰락하곤 한다. 그럼에도 시민들의 재개발에 대한 욕구는 좀처럼 가라 앉지 않았고, 정치인들은 그것을 부추기며 자신의 정치적 이력을 쌓아 갔다. 특히 MB 정부는 이러한 토건욕망의 극한 지점에서, 그것을 무한히 부추기며 탄생했다.

그리고 그를 이어 서울시장이 된 오세훈 씨는 서울시에서 재개발이 가능한 거의 전 지역, 무려 96개 지역을 재개발지구로 지정했다. 하지만 그 무모한 토건주의의 긍정적 효과는 그리 오래 가지 않았다. 그 기획안이 발표된 지 불과 1년 만인 2011년에 벌써 재개발사업으로 인한 피해자의 규모와 정도가 과거와 비교할 수 없이 광범위하게 나타나기 시작했다. 또한 LH주택공사나 SH공사 등, 정부와 서울시의 주택·토지에 관한 개발 및 관리 기관들은 엄청난 빚더미에 올랐다.

상업지구의 경우 그 피해가 더욱 심각하다는 것은 익히 알려져 있다. 저 끔찍한 용산의 철거투쟁과 홍대역 근처의 두리반 투쟁은 그 심각성에 시민사회적 경각심을 한층 높여 놓았지만 MB 정부는 밀실 삼각동맹에서 한 발짝도 빠져나오지 않았다.

그 무렵 만난 명동 철거지역의 한 카페 주인은 억대를 훨씬 넘는 권리금과 시설투자비는 고사하고, 1,700만 원의 보증금에서 단 1,000만 원만 받아가라는 통보를 받았다고 하소연하였다. 그런 식으로 중산층이었던 이들의 재산이 몇십 분의 일로 축소되어 몰락의 위기에 빠지게 하는 것, 이것이 우리 사회 재개발사업의 한 전형적 모습이다.

이렇게 관공서의 투명유리는 내부와 외부를 가르는 더 높은 장벽을 상징할 뿐이다. 이 '거짓 투명유리'는 민주주의적 공공성을 의미하지 않는다. 공공성, 곧 사회적 정의는 부재하며, 더 강하고 더 교묘해진 권력을 상징하는 사회정치적 장치에 다름 아니다.

바울은 유대교의 폐쇄성과 싸움을 벌였다. 그 닫힌 신앙구조는 극소수의 엘리트에게만 드러내는 신에 관한 종교였다. 바울은 바로 이런 종교가 주장하는 신의 폐쇄성을 해체하고, 신을 공공화하는 종교로 재탄생시키고자 했다.

바울의 '예수 따라하기'는 이러했다. 그는 '거짓 투명유리'로 된 성전체제를 해체하고, '거짓 투명유리'로 된 신을, 너무나 초월적이기만 해서 사람들에게 닫혀버린 신을 대중에게 훤히 드러내게 하는 새 종교의 등장을 위해 열정을 다해 권력과 싸웠다. 오늘 우리가 바울에게서 얻어야 할 배움의 요체는 바로 이것이다.

길들여진 혀

MB 정부의 '공정사회론'에 대하여

> 사람의 혀를 길들일 수 있는 사람은 아무도 없습니다.
> 혀는 걷잡을 수 없는 악이며, 죽음에 이르게 하는 독으로 가득 차 있습니다.
> ─ 〈야고보서〉 3,8

서기 1세기 중반 이후 어느 때쯤 자기가 '야고보'라고 주장하는 이는 세계 각처에 흩어진 이스라엘을 향해 글을 쓴다. 여기서 야고보는 누구일까? 1세기 예수운동에서 야고보라는 이름의 지도자에 대해서 우리는 네 사람을 알고 있다. 예수의 십자가 처형을 지켜보던 세 명의 여인 중한 사람은 "작은 야고보와 요세의 어머니"였다.(〈마가복음〉 15,40)[1] 두 번째 야고보는 세배대의 아들이자 요한의 형제 야고보다. 세 번째는 알패오의 아들 야고보다. 여기서 두 번째와 세 번째 야고보는 예수의 제자단인 '열둘'의 일원으로 알려져 있다.(〈마가복음〉 6,17~18) 그리고 마지막 네

---

1 '작은 야고보'는 아마도 세베대의 아들이자 요한의 형제인 야고보와 구분하기 위한 표기일 것이다. 〈마태복음〉은 "야고보와 요셉의 어머니"(요셉은 〈마가복음〉의 요세와 동일인일 것이다)와 "세베대의 아들들의 어머니"라고 말한다.

번째 인물은 주의 형제 야고보다.(〈마가복음〉6,3) 이 중 누가 〈야고보서〉의 저자라는 '야고보'일까?

　　모두가 가능하지만 일반적으로 앞의 세 사람은 이후에 이름이 거의 등장하지 않는다. 반면 주의 형제 야고보는, 바울에 의하면 1세기 중반 즈음 예루살렘의 그리스도파 공동체의 제1인자였다(〈갈라디아서〉1,19). 하지만 그가 그리스도파 사이에서만 존경받았던 것이 아니다. 그는 이스라엘 종교권에서 두루 존경받는 인사였다. 1세기 후반 이스라엘인 중에서 가장 저명한 역사가의 한 사람으로, 바리새파 사람이고 로마 황제의 열렬한 추종자였던 요세푸스는 예수에 대해서는 거의 알지 못했지만 그의 형제인 야고보라는 인물의 죽음을 의인의 죽음으로 묘사할 만큼 경의를 표하였다. 그 밖에 1세기 말 혹은 2세기 전반기의 그리스도파 지도자들의 문서들인 〈베드로복음〉〈고린도인들에게 보낸 로마의 클레멘스 서신〉〈도마복음〉 등에서도 주의 형제 야고보는 가장 중요한 그리스도교 지도자의 한 사람으로 언급되어 있다. 그렇다면 '야고보'라는 이름으로 지중해 지역에 흩어진 이스라엘인들에게 편지를 보낼 만한 인물은 주의 형제 야고보일 가능성이 제일 높다.

　　다만 이 서신의 저자 '야고보'가 주의 형제인 야고보 자신인지(친서) 아니면 그의 이름으로 편지를 보낼 만큼 그의 열렬한 추종자인지(위서)는 알 수 없다. 그 자신인지 그의 추종자인지에 따라 저작 연대를 사람마다 60년 전후이거나 1세기 말~2세기 초라고 주장한다.[2] 아무튼 저자의 이 서신은 헬라어에 능숙한 이의 필체로 쓰였고 이스라엘 사회보다는 지중해권의 대도시 문화에 익숙하다. 이것은 분명 주의 형제 야고보의 흔적이 아니다. 하지만 대필자가 그런 사람일 수 있으니 여전히 친서인지 위서인지의 문제는 가려지지 않는다.

하지만 나는 위서에 한 표 보탠다. 그것은 〈야고보서〉가 그리스도 공동체가 어느 정도 제도화된 상황을 가정하고 있기 때문이다. 생전에 바울은 그리스도파 지도자들 사이에서 그리 좋은 평을 받지 못하여 인정투쟁에 많은 노력을 기울였다. 그러나 그가 죽고 얼마 지나서 그의 서신들이 많은 교회들 사이에서 널리 회자되었고 1세기 말 이후에는 그리스도파 교회들 사이에서 가장 중요한 인물로 부상했다. 그런 점에서 이 서신의 연대로 좀 더 적절한 것은 1세기 말 이후였다고 생각한다.

〈야고보서〉 저자가 보는 주의 교회들은 부자들이 중심에 있었다. 이런 사정은 한 세대 전 바울이 만들었던 공동체들의 경우에도 크게 다르지 않았다. 하지만 양자에게서 '부자'의 양상이 좀 다르다. 바울 당대에 부자는 빌라[3]를 가지고 있는 도시 중산층인 듯한데, 〈야고보

---

2 이 글에서 다루겠지만 〈야고보서〉의 내용은 바울을 염두에 두고 있다. 하여 바울의 서신들이 저작된 50년대보다는 늦고 실존인물 야고보가 사망한 60년대 초보다는 일러야 한다면 그 연대의 상한선은 60년 전후일 것이다. 한편 하한선을 1세기 말~2세기 초로 보는 근거는 야고보에 대한 신망도가 2세기 이후에는 크게 낮아지게 때문이다.

3 빌라는 좀 넓은 2층으로 된 가옥인데, 부유층의 집은 아니고 중산층 정도의 집이었다.

서〉에서는 시골에 소작을 준 꽤 큰 땅이 있는 부농쯤으로 보인다. 당시 4인 가족이 빠듯하게 살며 경작할 만한 소작지가 대략 3천 평 정도라고 하니, '착취당한 일꾼들의 아우성 소리'(5,4)라는 표현은 최소한 수만 평 이상의 토지를 소유하는 사람들이 교회 내에 다수 있었다는 뜻일 것이다.

> 보십시오, 여러분의 밭에서 곡식을 벤 일꾼들에게 주지 않고 가로챈 품삯이 소리를 지르고 있습니다. 그래서 그 일꾼들의 아우성소리가 전능하신 주님의 귀에 들어갔습니다.
>
> —〈야고보서〉5,4

흥미로운 것은 50년 전의 바울과 대조되는 주장이 이 문서의 중심축을 이루고 있다는 것이다. 아마도 바울적 신학이 그의 선교관을 넘어서 하나의 교회신학으로 정착되고 있던 상황에서, 그것과는 다른 견해를 제시하면서 주류 교회에 대한 비판과 대안적 교회관을 제시하기 위해 만들어진 문건이 바로 이 문서가 아닐까 한다.

첫째로, 양자는 모두 부자와 가난한 자의 화해를 강조하지만, 주류 교회가 이해하는 바울은 양자의 화해를 위해 '사랑의 가부장주의'를 제안하고 있다. 즉 서로를 사랑으로 배려하는, 하지만 위계질서 자체는 문제시하지 않는 방식의 화해를 강조하고 있는 것이다.[4] 반면 〈야고보서〉는 '수평적 연대'를 강조한다. 그러기 위해서는 관계의 역전이 필요하다. 하여 그는 역전의 수사를 도처에서 사용하고 있다.

> 비천한 신도는 자기의 처지가 높아짐을 자랑스럽게 여기십시오. 부자는 자기의 처지가 낮아짐을 자랑스럽게 여기십시오.
>
> —〈야고보서〉 1,9~10

> 하느님께서는 세상의 가난한 사람을 택하셔서 믿음이 좋은 사람이 되게 하시고, 하느님을 사랑하는 이들에게 약속하신 그 나라의 상속자가 되게 하셨습니다.
>
> —〈야고보서〉 2,5

주류 교회가 이해하고 있는 바울은 부자들을 향하여 '배려의 윤리'를 강변하는 것으로 나타나는 반면, 야고보는 가난한 자들의 '정체성의 정치'를 통해 가능성을 도모한다. 즉 약자들이 수동적 존재가 되는 것이 아니라, 자신의 자존성을 가지고 공동체를 향해, 부자를 향해, 세상을 향해 말할 수 있게 하는 것, 이것이 그가 말하는 새로운 공동체 이상이었던 것이다.

---

4 바울 자신은 이런 해석과는 달리 매우 급진적인 활동가였다.

둘째 차이는, 흔히 알고 있는 것과 같이, 바울의 믿음론에 대해 이 문서는 실천론을 제시하고 있다는 것이다. 바울은 디아스포라 회당의 바리새주의적 율법관이 주변부 대중을 이방인화하는 배제의 신학적 메커니즘임을 비판하면서, 그것으로부터 자유로와짐을 상징하는 언표로 '믿음'이라는 말을 사용하고 있다. 즉 믿음은 '무엇을 할 것인가'의 문제가 아니라 '무엇으로부터의 탈출'의 문제를 가리키는 말인 것이다. 그러므로 믿음은 율법에 대한 해체의 언술이며, 스스로는 비어 있는 말, '공백의 기표'다. 곧 개념화할 수 없는 말, 개념화를 거부하는 말이다.

이것은 훌륭한 신학적 성과이지만, 바울 자신도 그 공백의 기표를 더 해명해야 할 필요에 직면하게 되었다. 그리고 후대에 갈수록 이 공백의 기표는 '채움의 기표'로 전환된다. '그것은 이런 것'이라고.

이제 믿음은 '새로운 율법'이 된다. 특히 새로운 공동체로서의 교회적 윤리를 수행하는 것이 된 것이다. 예전(禮典)에 참여하고 공동체의 규율에 순종하는 삶의 태도 같은 것들이 비어 있는 기표인 믿음의 의미로 채워졌다. 한데 그럴수록, 의미가 단단히 규정될수록 믿음은 다른 것들을 가리는 언어가 된다. 가령, 믿음의 자녀들 사이의 계층적 차이와 그들 사이의 현실적 삶의 갈등 같은 것은 가려진 것이다. 우리가 그리스도교인들에게서 보는 그러한 현실의 갈등에 대한 무심함은 이런 이유 탓이다.

〈야고보서〉는 바로 이 점을 먼저 각인한 문서인 듯하다. 저자가 주장하는 믿음은 실천을 통해야만 살아 있는 것이다. 이때 믿음은, 위에서 본 것처럼, 아무것도 행하지 않는 삶이 아니라 교회적 윤리에 몰두한 삶의 태도를 말한다. 그리고 실천은 이 문서가 내내 말하고 있는 것처럼 부자와 가난한 자 사이의 갈등을 넘어서려는 삶의 태도를 의미한다.

이 문서의 이와 같은 문제제기의 연장선상에서 우리는 '길들여지지 않은 혀'에 대해 이야기하려 한다. 이 혀의 주체는, 저자 자신과 같은 존재, 곧 '교사'다. 우리식으로 말하면 지식인 같은 자다. 여기서 지식인의 '길들여지지 않은 혀'는 지식이라는 권력자원을 가지고 군림하는 태도를 가리킨다. 하여 그것은 '세속적이고 육욕적이며 악마적인 지혜'다.(3,15) 요컨대 '길들여지지 않는 혀'는 영적 수련이 결여된 이를 의미하는 것이다.

아무튼 부자가 화폐라는 자원을 통해 권력을 행사하는 것이 문제라면, 지식인은 지식, 곧 혀를 통해 권력을 행사하는 것이 문제라는 것이다. 특히 저자는 무엇보다도 이 길들여지지 않은 혀를 강조하여 비난하고 있는 것이다.

2010년 8.15 경축사에서 이명박 대통령은 '공정'이라는 단어를 무려 10회나 사용했다. '공정한 사회'라는 말을 새로운 국정의 아젠다로 제시한 것이다. 이때 '공정사회'란, 대통령 자신의 설명에 따르면,

"모든 분야에 기회를 균등하게 주자는 것이고, 그 결과에 대해선 각자가 책임져야" 하는 사회다.

그 직후 터져 나온 외교부 장관 딸의 특채비리, 그리고 연이은 유사사건들은 우리 사회가 그 핵심부에서부터 대통령이 말한 공정사회와 거리가 멀다는 것을 여실히 보여주었다. 당사자들은 이런저런 변명으로 정당화하려 했지만, 그럴수록 '길들여지지 않은 혀의 저주'는 그들을 더욱 옥죄었다. 그러니 대통령의 공정사회 주장은 한편에선 공허한 소리 같기도 하지만 다른 한편에서는 자기 뼈를 깎으면서까지 제기되어야 할 꼭 필요한 의제임이 분명해졌다. 어찌 보면 MB 정부가 그토록 거리두기하려고 애썼음에도 결국 참여정부가 강조한 '특권 없는 사회'론으로 돌아간 것이라고도 할 수 있을 것이다.

또는 MB 정부가 집권 직전부터 강조한 '선진화' 주장이 긴 우회로를 지나 이렇게 도달한 것이라고도 할 수 있겠다. 집권 직후, '잃어버린 10년'에 대한 복수심(?)에 불탄 나머지 뭐든 이전 정부의 것을 청산의 대상으로 삼으려 한 결과, 일종의 무뢰배정치 같은 방식으로 밀어붙여댔다가, 우여곡절을 겪은 뒤 이제야 '선진화'의 내용을 이렇게 채워가고자 했던 것이 아닐까?

나는 MB 정부 집권 직전 '선진화론'이 처음 제기될 때부터 깊은 관심을 가지고 저들의 주장을 예의 주시해왔다. 필경 이 정부 내에는 선진화론자들이 다수 포함되어 있고, 그들은 한국 보수주의 정치를 미학화하는 주역이 될지도 모른다는 우려 때문이다. 보수주의가 미학화되면 보수적 가치를 매우 설득력 있게 제도화할 수 있는 동력이 생긴다. 그렇다면 진보정치의 틈새는 더욱 비좁게 될 것이다.

공정사회론은 아직 대중으로부터 깊은 의혹의 대상이 되고 있지만, 그것은 그 주장 자체가 문제여서가 아니라 그 진정성이 의심받고 있기 때문이다. 그러니 공정사회 주장 자체가 새로운 국정 아젠다로서 충분한 평가를 받고 있는 것이다.

청와대 참모진이 그 연설문을 가지고 한 달가량 20회 가까운 토론을 거쳐 만들어진 것이니 이 의제는 용의주도하게 기획된 것이라고 할 수 있을 것이다. 그것은 '길들여지지 않은 혀'처럼 쉽게 드러나는 권력비리 같은 것이 아니다. 그 속에는 이전보다 더 세련되고 설득력 있는 정치가 도사리고 있다.

한데 공정사회론이 주장하는바, 가난해도 공부할 기회를 공정하게 얻을 수 있고 아프면 진료를 차별 없이 받는 사회는 가난한 이가 왜 주어진 기회를 누리지 못하는지, 왜 여전히 불결한 사람으로 취급되는지에 대한 검토가 없다. 가난은 단지 가진 것이 없는 현상만이 아니라 '무력함'을 동반하기에 동등한 기회만으로 공정성, 곧 정의는 실현될 수 없다. 하여, 〈야고보서〉가 하듯이 약자의 자존성 회복에 관한 담론적, 제도적 노력이 뒷받침되지 않으면 그 화려한 수사는 단지 '길들여진 혀'의 장난에 지나지 않을 것이다.

사회의 몰락을 저지하라

설날 연휴가 시작되면 뉴스의 첫 번째 기사는 언제나 고속도로 현황 리포트다. 그만큼 많은 이들이 고향으로 길을 떠나기 때문이겠다. 한국 인에게 설날은 흩어진 가족들이 모이는 '대가족의 꿈'이 춤추는 시간인 것이다. TV 프로도 가족을 주제로 하는 특집들이 편성되고, 가족이 함 께 먹으면 좋을 만한 음식이나 식당, 가족들이 함께 볼 만한 드라마나 영화 등이 소개된다.

　　한데 그런 생각은 좀 과장되어 있다. 귀성객 수는 매년 줄고 있고, 3대 이상 모이는 가족도 현저히 줄었다. 많은 사람들, 특히 젊은 이들이 생각하는 가족의 범위는 2대에 한정되곤 한다. TV 프로도 여러 세대가 함께 시청하도록 기획되지 않은 것들이 훨씬 많다. 그뿐이 아니 다. 가족끼리가 아니라 친구끼리, 연인끼리, 혹은 홀로 떠나는 여행자들이 점점 늘고 있다. 홀로 TV를 시청하는 이들도 너무나 많다. 심지어 '혼밥족'(혼자 밥 먹는 사람들을 지칭하는 속어)을 위한 명절 도시락이나 간편식 기획상품들이 대형마트나 편의점에 즐비하게 진열되었고, 그 시장은 빠르게 신장되고 있다.

그것은 1인 가족이 전체 가족 구성에서 가장 큰 비율은 차지하게 된 현실과 무관하지 않다. 2015년 현재 1인 가족은 27.1%나 된다. 게다가 그 증가 속도가 놀라울 정도다. 미국의 1인 가족 비율은 우리와 큰 차이 없지만 그 증가 추세는 한국이 미국보다 두 배나 빠르다.

그런데 1인 가족의 명절은 어떨까? 우선 1인 가족 중 60세 이상 노인의 비율이 거의 절반이다. 예상했던 대로 그들은 대부분 홀로 지낸다. 이들의 자살률이 명절 직후에 가장 높게 나타나는 것은 이때가 외로움의 체감도가 가장 높을 때이기 때문이다.

그 밖에 1인 가족의 또 다른 주요 요소들은 이혼자와 비혼자다. 독거 노인의 절대다수가 극빈자인 것과 비교하면 이들의 양극화는 훨씬 두드러진다. 물론 수에 있어서는 하위에 속한 이들이 훨씬 많지만 말이다. 300만 원 이상 소득자와 100만 원 이하 소득자의 비율을 보면 무려 하위 소득자가 7배나 많다.

1인 가족을 'S족', 즉 '솔로족'이라고 부르고, 그중 상위의 S족을 '골드솔로', 하위의 S족을 '솔로푸어'라고 부르기도 하는데, 골드솔로는 명절 때 홀로 혹은 연인과 여행을 떠나거나 가족과 만나는 반면, 솔로푸어는 홀로 지내는 이들이 훨씬 더 많다고 한다. 그것은 솔로푸어의 상당수가 불완전 노동에 종사하고 있기 때문이겠다. 이런 열악한 노동 환경은 명절 때 며칠씩 쉴 수 있는 기회를 선사하지 않는다. 설사 명절 때 일을 쉰다고 해도 가족에게 선물도 줄 수 없는 형편인 경우가 많아서 고향으로 떠나기보다는 집에서 홀로 두문불출하며 지내곤 한다. 요컨대 신자유주의적 체제 아래서 과잉노동과 과잉빈곤이 중첩된 지점에서 솔로푸어가 대대적으로 출현한다는 것이다.

그런데 골드솔로는 간섭받기 싫어하는 성향이 강함에도 명절 때 가족과 함께하는 경우가 제법 많은 것은 왜일까? 그것은 골드솔로가 되는 데 있어 자기 자신의 능력만이 아니라 부모의 상속과 증여가 한몫하기 때문이다. 상속과 증여의 사회학적 효과로 중상위층의 세대별 가족친화성이 상대적으로 높다는 점, 그것이 바로 골드솔로의 가족주의를 이해하는 근거가 된다는 것이다.

그런데 중상위계층적 성향이 가장 뚜렷하게 나타나는 한 대형교회를 살펴보면 유사한 현상이 엿보인다. 이 교회 교인들 중에도 간섭받기 싫어하고 간섭하기도 싫어하는 이들이 꽤 많다. 해서 서로의 신상에 대해서 잘 묻지 않고, 교회 밖에서 같은 교인임을 알아도 서로 아는 체하지도 않는다. 서로에게 무관심한 것이 아님에도 말이다. 그런 이들은 가족끼리도 쿨한 경향이 있는데, 뜻밖에도 이 교회는 세대별 가족친화성이 매우 높다. 세대별 가족이 만나는 기회가 더 많고, 청년·대학부는 부모세대의 가치와 청년세대의 가치가 교차하는, 잘 짜인 결혼 시장이기도 하다. 물론 그것은 이 교회 교인들의 세대간 관계가 금숟가락으로 연계되어 있다는 점과 무관하지 않은 것으로 보인다.

한편 박근혜 정부는 2015년 9월 11일 기획재정부가 입안한 '중장기 조세정책 운용계획'을 국회에 제출하였는데, 이 중에는 상속세와 증여세 감면안 등 전체적으로 불평등의 구조화를 조장할 것이 우려되는 조항들이 적지 아니 보인다. 상속세와 증여세 감면안의 근거는 고령화가 심화됨에 따라 소비 부진이 우려되기 때문에 소비를 촉진하기 위해서는 젊은 세대로의 부의 이전이 더 활발해야 한다는 것이다. 그러려면 세금의 감면이 필요하다는 논리다.

또 한 번의 부자 감세 사례로 논란이 일어날 만하다. 서민증세가 꽁꽁 얼어붙은 소비시장을 더욱 경직되게 하고 있는 상황에서, 중상위계층의 소비 증진을 목표로 하는 감세안은 아무리 생각해도 설득력이 없어 보인다. 더구나 중상위계층이 활성화시킬 소비시장의 상당 부분은 국내소비가 아닐 것으로 보이는데 말이다.

아무튼 이런 증여세와 상속세의 감세안은 어린 시절부터 외국에서 성장하고 국적까지 외국 국적인 자녀들과 부모세대 간의 세대별 가족연대성을 유지시키는 장치로 활용될 가능성이 높다. 반면 중하위계층의 상대적인 박탈감은 세대 간 연대를 더욱 약화시킬 가능성이 크다. 물려받을 재산이 없는 자녀들은 부모를 더욱 원망하게 될 것이기 때문이다. 게다가 노동의 불완전성 때문에 가족 간의 만남 자체가 매우 어려워질 우려가 있다.

그런데 앞서서 이런 부자 감세안이 중상위계층의 가족연대성을 높일 것이라고 했는데, 좀 더 장기적으로도 그럴 것인가는 의문이다. 우리 사회의 양극화가 점점 더 심화되어 거의 임계점에 다다르고 있다는 경고는 더 이상 낯설지 않다. 이 경고는 결국 모두를 공멸하게 할 것이라는 종말론적 예언으로 귀결된다. 그렇다면 중상위계층의 가족연대성이 잠시 높아질지라도 결국은 그들도 예외 없이 파멸로 귀결될 것이 아닐까.

성서는 바로 그런 사례들을 꽤 많이 담고 있다. 대표적인 것이 〈아모스서〉와 〈호세아서〉다. 이 문서들은 기득권층이 공공성을 상실하고 자신의 이익에 몰두하는 사회에서 가장 안전하다는 계층이 어떻게 몰락하는지를 생생하게 증언하고 있다. 그리고 그 증언은 얼마 후 사실로 귀결되었다. 이것은 훗날 이 예언자들의 말들을 수집하여 예언 신탁집으로 묶어내게 하는 결정적인 동기가 되었다.

이러한 예언을 더 잘 이해하기 위해 시대를 그 얼마 전으로 거슬러 올라가보자. 〈열왕기상〉 21장은 아모스와 호세아보다 약 한 세기쯤 전의 역사를 담고 있다. 여기에는 고대 이스라엘국 초기의 사회적 변화를 이해하는 데 중요한 역사적 실마리가 있다. 그 줄거리는 이렇다. 왕이 한 농부의 땅을 구입하려 했는데 그 농부가 거절하자 왕은 상심했다. 이때 왕의 부인이 나선다. 그녀는 계략을 써서 그 농부에게 신성모독과 반역죄를 뒤집어씌워 처형함으로써 왕이 그 땅을 차지하게 되었다는 얘기다.

왕인데도 백성의 땅을 함부로 빼앗지 못하던 시대가 있었다. 물론 정당한 값을 치르고 구입할 수는 있다. 하지만 백성이 거절하면 왕은 그 땅에 대한 욕심을 거두어야 했다. 그 왕은 이스라엘국을 일약 시리아-팔레스타나의 최강국으로 일으켜 세우고 저 강력한 아시리아 제국의 동진을 막아낸 장본인인 아합(기원전 868~854년 재위)이다. 그리고 그 농부의 이름은 나봇이다. 잘 알려져 있는 것처럼 이때 해결사 역할을 한 왕비는 이세벨이라는 여인인데, 그녀는 페니키아 공주였다.

여기서 그녀가 페니키아 출신이라는 점이 중요하다. 왜냐면 페니키아는 오래전부터 왕과 귀족의 사적소유 개념을 가장 발전시킨 나라였기 때문이다. 이세벨이 나봇을 처형한 것은 페니키아의 원칙에 따른 것이었다. 이 사건 이후 이 원칙은 이스라엘의 원칙이 되었다. 하여 이 사건을 계기로 이스라엘국의 군주와 귀족은 백성의 땅을 훨씬 더 '손쉽게' 빼앗을 수 있게 되었다.(마치 오늘날 제동장치 없는 신자유주의적인 기업친화적 정책들처럼 말이다.)

이렇게 왕은 '손쉽게' 대지주가 되었고, 그것을 바탕으로 해서 강력한 군사력을 보유하게 되었다. 이제 이스라엘국은 전제군주국이 된 것이다. 그리고 아합의 나라는 이스라엘국 역사상 최전성기를 구가

하게 된다. 물론 아합을 따랐던 귀족세력도 이 시기에 많은 농민의 땅을 강탈하여 상당한 부를 축적했다.

그러나 아합의 아비 오므리가 세운 왕조는 아합이 죽은 뒤 얼마 안 돼서 쿠데타에 의해 무너진다. 쿠데타의 주역은 예후라는 이름의 군벌이었다. 이제 예후(기원전 839~822년 재위)가 새로운 군주가 되었다. 그와 그의 측근들은 오므리 왕조의 인사들을 무자비하게 학살했다. 하지만 이런 철저한 인적 청산에도 불구하고 아합이 구축한 전제군주적 지배 양식은 거의 하나도 변함 없이 계승되었다. 예후와 그의 측근들은 청(소)년 시절 아합이 농민의 땅을 빼앗는 것을 보았고 그것에 기반을 두고 강력한 전제군주가 되어 이스라엘국을 시리아-팔레스티나의 제국으로 급부상하게 하는 짜릿한 도약을 두 눈으로 목도하면서 자랐다. 너무나 강렬한 인펙트를 주었던 그 시대의 정치적 경험들은, 헝가리 출신 지식사회학자 칼 만하임의 코호트(cohort) 개념을 입증이라도 하듯, 그 시대에 성장한 청(소)년들의 이후의 삶에 중대한 의미가 있었던 듯하다. 비록 그들은 쿠데타를 일으켜 아합을 축출하였지만, 아합을 보면서 성장했던 시절 몸에 새겨진 정치적 기억이 이후 그들의 평생을 좌우했다. 그렇게 아합의 군주국은, 그 지배의 양식은 쿠데타 이후에도 그대로 모방되었다.

아니 그 이상이었다. 예후 왕조의 왕실과 귀족들은 예후로부터 한두 세대 지나게 되면서 너무나 무자비한, 정도(正度)를 넘어도 너무나 멀리 넘은 착취의 화신이 되어버렸다. 그 무렵에 활동한 예언자들이 바로 호세아와 아모스다. 이들은 저 체제의 흡혈귀들을 향해 강도 높은 비판을 소리 높여 외쳤다. 이러한 비판적 신탁의 모음집이, 앞서 얘기했듯이, 〈호세아서〉와 〈아모스서〉다. 여기에는 당대 지배층의 사치스런 행각, 부도덕한 행태, 야만적인 착취 행위 등이 적나라하게 묘사되어 있다.

그뿐이 아니다. 예후 왕조의 군주들과 귀족들은 자신들에게 유리한 법체계와 종교체계를 확립해놓았다. 하여 군주와 귀족들의 착취로 몰락한 농민은 법으로부터도 종교로부터도 보호와 위로를 받을 수 없는 상황에 놓였다. 땅을 빼앗기고도 끝없이 계속되는 착취에 마을을 이탈하는 이들이 걷잡을 수 없이 늘어났다. 이것은 마을들의 붕괴를 야기했다. 아시리아의 침공으로 국가가 몰락하기 전에 이미 수많은 마을들이 사라졌다. 외적의 침공으로 국가가 사라지기 전에 이미 이스라엘은 내적으로 사회가 몰락하고 있었던 것이다. 여기에 아시리아의 침공이 이어지자 이렇다 할 힘도 못 쓰고 이스라엘국은 역사의 무대에서 완전히 퇴장하고 만다.

내가 겨울 별장과 여름 별장을 짓부수겠다.
그러면 상아로 꾸민 집들이 부서지며, 많은 저택들이 사라질 것이다.
—〈아모스서〉 3,15

이렇게 국가가 끝을 향해 추락을 거듭하고 있을 때 이 구절은 현실이 되었다. 자기들만의 호화주택을 만들고 자기들만의 호화가구로 치장해놓은 집들이 산산이 부서져버렸다. 그들의 소비를 정당화했던 법정도, 그들의 소비에 축복을 선포했던 성전도 다 잿더미가 되었다. 그들의 가족은 깨졌고 서로 뿔뿔이 흩어져 다시 만날 수 없는 처지가 되었다. 젊은 시절 보았던 오므리 왕조와 예후 왕조의 수탈의 기억을 더 철저히 실행에 옮겼던, 그 성찰 없는 세대는 국가를 망치고 자신도 망쳤다.

그렇다면 우리 시대는 어떠한가. 이 시대의 권력자들도 자기를 제외한 모두를 '손쉽게' 희생시킬 수 있는 수단을 만들고, 자신들과 그들 자신의 가족만의 향락에 몰두하고 있지 않은가. 법도 종교도 언론도 그러한 체계의 부역자가 되어버린 지 오래다. 이러한 사회에서 신자유주의의 약탈적 경제와 그 피해자들은 점점 국민의 대열에서 탈락하고 있다. 이웃도 지역공동체도 민족도, 아니 가장 기초적 단위인 가족까지도 해체되었다. 그중 어떤 이들은 분노를 조절하지 못하는 자가 되었고, 또 어떤 이들은 무력감에 빠지고 유민의 길에 들어서서 국경 안이든 밖이든 무적자가 되어버렸다.

또 일본의 고위관료인 마스다 히로야(增田寬也)가 진단하고 예고했던 '지방소멸 현상'이 우리 사회에도 빠르게 진행되고 있다. 그는 그런 현상의 임계점에 이른 사회를 '극점사회'라고 불렀다. 한국은 그런 극점사회가, 마스다가 우려하고 있는 일본보다 더 빠르게 출현하게 될지 모를 만큼 우려스런 상황에 놓였다. 국민의 대열에서 이탈한 자만이 아니라 국민이 될 이들이 급격히 줄고 있기 때문이다. 출산율 저하가 그 주된 이유다. 그것은 국민들이 자신의 후손을 국민으로 만들고 싶지 않을 만큼 사회에 대한 기억이 충분히 부정적이기 때문이다.

그렇다면 극단의 도덕적 해이에 빠진 정부와 지배층들을 향한 아모스(와 호세아)의 경고는 이미 우리 시대를 향한 통렬한 경고로 실감되는 상황이라 할 수 있겠다. 하여 우리는 이 권위주의적 체제를 중단시키고 그 체제의 하수인이 되어 국민을 호도하는 우리 시대의 '산당들'을 해체하며, 민주주의와 공공성의 회복을 향한 새로운 도정을 더 늦기 전에 서둘러 시작해야 할 때에 직면했다.

산당들을 폐하라
극우적 대중정치의 장소들에 대한 정치비평

2016년 4월 5일 초판 1쇄 인쇄
2016년 4월 11일 초판 1쇄 발행

지은이 | 김진호
기 획 | 도지개
펴낸이 | 김영호
펴낸곳 | 도서출판 동연

등 록 | 제1-1383호(1992. 6. 12)
주 소 | 서울시 마포구 월드컵로 163-3
전 화 | (02) 335-2630
팩 스 | (02) 335-2640
이메일 | yh4321@gmail.com

ISBN 978-89-6447-307-8 03200